Ingrid Ebert

Hammer, Kreuz und Schreibmaschine

Aus dem Tagebuch einer gelernten DDR-Bürgerin

ONCKEN VERLAG WUPPERTAL UND KASSEL

ABCteam-Bücher erscheinen in folgenden Verlagen:

Aussaat Verlag Neukirchen-Vluyn
R. Brockhaus Verlag Wuppertal
Brunnen Verlag Gießen und Basel
Christliches Verlagshaus Stuttgart
Oncken Verlag Wuppertal und Kassel

Ein Tagebuch wie das vorliegende zu führen, war in der DDR nicht ohne Risiko. Manches schrieb ich so, dass nur ich selbst es verstehen konnte; statt Namen auszuschreiben, verwendete ich nur Initialen. Dennoch hatte ich Angst, meine Aufzeichnungen könnten gefunden werden, und versteckte sie zeitweilig bei einer Freundin.
Für dieses Buch habe ich einige Stellen um des besseren Verständnisses willen überarbeitet und die Namen bis auf wenige Ausnahmen ausgeschrieben. I. E.

Umschlaggestaltung: Dietmar Reichert, Dormagen
Umschlagfotos: Privatbesitz / Gesine Ebert, Berlin
Gesamtherstellung: Breklumer Druckerei Manfred Siegel KG
ISBN 3-7893-1224-X
Bestell-Nr. 111 224

Wir waren doch alle so lustig

Eiskalte Hände. Sie zittern leicht. Ich spüre einen unangenehmen Druck in der Magengrube. Deutlicher gesagt: Kotzübel ist mir an diesem Freitagabend im Januar 1992.

Kommt jetzt alles wieder hoch? Jahrelang geschluckt und nie verdaut.

Schritte hallen in der Dunkelheit, verlieren sich mit dem Abstand.

Ich sitze an der Schreibmaschine und versuche, das Geschehene festzuhalten. Vielleicht finde ich so eine Möglichkeit, damit umzugehen. Ich hatte unerwarteten Besuch. Er ist wieder gegangen. Die Wohnungstür ist hinter ihm ins Schloss gefallen. Geöffnet aber hat sich eine andere Tür, eine Tür in die Vergangenheit. Ist die Vergangenheit vielleicht gar nicht vergangen?

Es klingelt. Wie hätte ich ahnen können, wer vor der Tür steht?

Ich öffne und stehe einem Mann gegenüber. Mitte fünfzig. Graues Haar. Er trägt einen hellen Trenchcoat.

Staatssicherheitsdienst, durchfährt es mich wie ein Blitz.

Unsinn. Das ist vorbei. Gott sei Dank! Trotzdem bleibt das ungute Gefühl in der Magengegend.

»Erinnern Sie sich an mich?«, fragt der Herr vor der Tür. »Ich war Ihr Schuldirektor.« Es dämmert. Natürlich, F. Was will er? Fünfundzwanzig Jahre nach dem Abitur. Um ihm nicht zu begegnen, war ich zu keinem Klassentreffen mehr gegangen. Als greife er den Faden meiner Gedanken auf, sagt er: »Ich habe da etwas aus meiner Vergangenheit zu klären. Darf ich hereinkommen?«

»Treten Sie ein«, höre ich mich sagen. Warum sage ich nicht: »Nein!«? Manche Leute holt man sich nicht in die eigenen vier Wände. Ich höre mich sagen: »Nehmen Sie doch Platz.« Dabei will ich diesen Mann nicht an meinem Tisch haben. Warum ist er in meine Gegenwart gekommen? Ich warte.

Er, zögerlich: »Mir wird da eine Geschichte vorgeworfen. Meine Arbeit als Lehrer hängt davon ab.«

Also unterrichtet er noch immer, denke ich. Seit dreißig Jahren drückt dieser Mann jungen Menschen seinen Stempel auf. Erst Schulinstrukteur der SED-Kreisleitung, dann Schuldirektor der

Erweiterten Oberschule. Der aufstrebende Funktionär der 60er Jahre hält auch im vereinten Deutschland die Kreide in der Hand. Für den Funktionär funktioniert die Welt wie gehabt. Welchen Klassenstandpunkt hat er wohl jetzt eingenommen? Ich frage ihn nicht. Mein Hals ist zugeschnürt. Ich muss nicht fragen. Ich weiß doch: Menschen wie er passen sich gefügig in jedes System ein. Hatte ich je die Illusion, er hätte nach der Wende Rückgrat gezeigt und wäre freiwillig aus dem Schuldienst gegangen? Mein Herz pocht stark gegen die Stimmbänder.

Was hatte mir eine ehemalige Kommilitonin, Mitarbeiterin beim Berliner Rundfunk, unmittelbar nach der Wiedervereinigung Deutschlands etwas verbittert in einem Brief geschrieben? »Du wirst ja jetzt gute Berufschancen haben. Du als Christin und Redakteurin einer CDU-Zeitung stehst ja auf der Seite der Sieger.« Ich wusste ihr nichts darauf zu antworten, außer, dass Karrieremacher wohl immer Karriere machen und unbequeme Menschen in jeder Gesellschaftsform unbequem sind. Und dass Funktionäre funktionieren. So einfach ist das.

Er habe einen Fragebogen ausfüllen müssen, sagt F. in meine Gedanken hinein. Ob unter seiner Leitung Schülern oder Lehrern Steine in den Weg gelegt worden seien, ob Menschen unter seiner Leitung Schaden erlitten hätten. Er habe dies mit gutem Gewissen verneint. Aber jetzt werde ihm da eine Geschichte mit einer Schülerin vorgehalten. Diese Schülerin soll ich gewesen sein. Er könne sich allerdings an gar nichts erinnern.

Peng! Wie einen Gummiball unter Wasser habe ich die Erinnerung an die Schulzeit niedergedrückt. Nicht mehr daran denken. Einen Strich unter die Vergangenheit ziehen. Fertig, erledigt. Aus und vorbei. Dachte ich.

Jetzt schnellt der Ball an die Oberfläche. Mit aller Gewalt. Peng!

Die Hände kann ich unter der Tischkante verstecken. Wie bekomme ich die Stimme in den Griff?

»Ich kann mich sehr gut erinnern«, sage ich leise. »Sehr gut. An jedes Detail. Ich habe damals alles aufgeschrieben. Ich habe die Tagebücher noch. Alles steht da drin. Nichts ist vergessen.«

»Sie sollen sich geweigert haben, Frösche zu sezieren«, sagt F.

Die Froschgeschichte. In den Akten steht sie also. Die Biologiestunde mit all ihren Folgen. Für mich. Und jetzt, fast drei Jahrzehnte später, mit Folgen für ihn, für den Schuldirektor. Ein Akt später Gerechtigkeit?

»Ich habe mich nicht geweigert, Frösche zu sezieren. Es war anders«, sage ich.

Alles war anders.

9. September 1966: Biologie in der 12. Klasse. Narkotisierte Frösche unter scharfen Seziermessern. Nicht alle der an den Teichen eingefangenen Tiere werden in dieser Stunde zum Objekt wissenschaftlicher Begierde. Ein paar bleiben übrig, erwachen aus der Narkose. »Die schlagen wir tot«, ruft ein Schüler. Schon greift sich einer einen Frosch und schlägt ihn hart gegen die Tischkante. Der Frosch ist zäh. Er zappelt. »Wir können sie doch zurückbringen!«, rufe ich. »Sie zu töten ist doch unsinnig. Hört auf!«

Einer der Frösche fliegt quer durch das Klassenzimmer. Die Jungen machen sich einen Spaß, werfen ihn wie einen Ball hin und her. »Hört auf! Ihr seid Sadisten!«, rufe ich. »Ihr redet immer davon, wieso die damals so brutal waren, die Männer im Krieg. Ihr seid doch auch nicht anders. Ihr seid brutal! Lasst doch die Tiere leben!«

Keiner der grasgrünen Tümpelfrösche überlebt diese Stunde.

Mir vermasselt der Zwischenfall beinahe das Abitur.

Nur wenige Tage sind nötig, da ist er Gesprächsthema in der Kreisleitung der SED. Die Mutter einer Schülerin, Mitarbeiterin des Rates der Stadt, hat den Vorfall gemeldet. Ich soll während des Unterrichts behauptet haben, man werde an der Erweiterten Oberschule zum Krieg erzogen. Damit würde ich nicht länger an eine Erweiterte Oberschule gehören.

Aus dem Zwischenfall wird ein Fall. Über Nacht werde ich zum Störenfried, Provokateur, Saboteur, Querulant, eine Gefahr für die Gesellschaft.

In der Schule kocht die Gerüchteküche. Mitschüler erklären sich zu meinen Gegnern. Sie distanzieren sich vom Klassenfeind.

Relegationen aus politischen Gründen gehören zum sozialistischen Schulalltag. Ich will die Reifeprüfung absolvieren. Wenn ich jetzt von der Schule fliege, bedeutet das: lebenslänglich ohne Abitur.

Ich will das Abitur. Und ich will der Schulleitung nichts in die

Hand geben, woraus sie mir einen Strick drehen könnte. Jeder weiß doch, wie schnell das geht. 1962 waren Oberschüler aus Anklam gegen den Kurs der SED aufgetreten. Mit aller Härte wurde gegen sie vorgegangen. Der Wortlaut des »Anklam-Beschlusses« des Politbüros der SED ist mir nicht bekannt. Aber ich bin sicher, man wird ihn durchsetzen. Man wird alles tun, um »Reste bürgerlich-liberaler Denkweisen unter Lehrern und Schülern der Oberschule zu unterdrücken«. Wer mit seiner Haltung nicht mit der Linie der Partei übereinstimmt, hat kein Abitur zu beanspruchen.

Ich will nicht mit einem 8. Klasse-Abschluss durchs Leben gehen wie Christian, der Sohn des Superintendenten. Er hat 1964 die Erweiterte Oberschule ohne Abitur verlassen.

Er hatte zugegeben den »Hetzsender« RIAS zu hören. Er weigerte sich zu heucheln. Er verweigerte die Unterschrift, als sich alle verpflichteten, keine »Feindsender« zu hören. Er meinte, man müsse sich allseitig informieren, um sich eine eigene Meinung zu bilden. Das war zu gefährlich. Die Schule bildet Meinung. Außerdem verweigerte Christian jeden Morgen aufs Neue konsequent den FDJ-Gruß »Freundschaft«. »Ich bin nicht Mitglied dieser Jugendorganisation.« Schulleiter F. gegenüber argumentierte er: »Ich sage doch auch nicht ›Grüß Gott‹ zu Ihnen. Warum können wir uns nicht einfach einen Guten Morgen wünschen?« Diese Provokation ließ sich die Schule nicht gefallen. Er musste gehen. Ohne Abitur. Er hat die Linie verlassen, auf der wir uns alle zu bewegen haben.

(Erst drei Jahrzehnte später sollten wir uns wieder sehen, Christian und ich. Es war im Sommer 1990, als er überraschend bei mir zu Hause auftauchte. Auch er stand eines Abends unerwartet vor der Tür, wie heute F. Im Gegensatz dazu aber war es eine gute Begegnung. Christian erzählte viel von sich. Theologie hat er studiert. Er wurde Assistent für Kirchengeschichte und arbeitete jetzt am Institut für deutsche Geschichte der Akademie der Wissenschaften. Wir redeten lange über die gemeinsame Schulzeit. Trotz allen Widerstandes ist er seinen Weg gegangen. Oder wegen des Widerstandes?)

1966 stehe ich ungewollt im Fokus. Der Konflikt spitzt sich zu. Inzwischen liegt der Frosch-Fall der SED-Bezirksleitung vor. »Wir können gar nicht mehr zurück«, sagt der Vorsitzende der

FDJ-Grundorganisationsleitung (GOL) eines Tages zu mir. »Der Fall hat schon zu weite Kreise gezogen.«

Rausschmiss? Nach elf Schuljahren einen 8. Klasse-Abschluss? Nacht für Nacht plagen mich Albträume:

Ich stehe im Foyer eines großen Hauses. Es ist mit dunklem Holz getäfelt. Eine Treppe führt zu den oberen Räumen. Man sagt mir, ich müsse hier sein, weil ich wahnsinnig sei. Das bringt mich in Wut. Ich will alle vom Gegenteil überzeugen. Ich packe jeden, der auf mich zukommt, am Hals, schüttle ihn mit aller Kraft und schreie: »Ich bin nicht wahnsinnig! Ich bin nicht wahnsinnig!« Ich schüttle ihn, bis er tot vor mir niedersinkt. So erwürge ich einen nach dem anderen. Ich bin entsetzt über mich selbst. Immer, wenn ich einen Menschen getötet habe, kommt ein anderer und sagt: »Sie ist wahnsinnig. Wahnsinnig.« »Nein, das bin ich nicht!«, schreie ich, und schon würge ich den nächsten. Überall im Foyer liegen Tote. Plötzlich ergreift mich ein Grauen. Was habe ich getan? Das wollte ich nicht. Ich bin verzweifelt. Und sehr einsam.

In einer außerordentlichen FDJ-Mitgliederversammlung soll die Entscheidung fallen. Wahrscheinlich ist sie längst gefallen und es soll demokratisches Herangehen vorgegaukelt werden.

Ich habe furchtbare Angst. Ich bete. Ich suche Hilfe in der Bibel. Ich blättere wahllos. Da bleiben meine Augen an einem Satz hängen: »Ihr sollt euch nicht fürchten noch zagen vor diesem großen Haufen; denn ihr streitet nicht, sondern Gott.« Das unterstreiche ich dick, schreibe mir die Bibelstelle in den Buchdeckel: 2. Chronik 20,15. Die Taschenbibel verschwindet in der Schulmappe. Dieser eine Satz, ich spreche ihn immer wieder vor mich hin, wird mein Beistand sein. Ich will mich nicht fürchten. Nicht vor diesem Haufen.

Die Klasse hat sich versammelt. Vorn stehen der Schuldirektor, der Klassenlehrer und der Biologielehrer. Hinter uns sitzen Lehrer, Eltern, der Sekretär für Agitation und Propaganda der SED-Kreisleitung, der Abteilungsleiter für Jugendfragen und Sport vom Rat des Kreises, ein Vertreter der Gesellschaft für Sport und Technik. Sie alle sind gekommen, um der »Gerichtsverhandlung« beizuwohnen.

Der GOL-Vorsitzende liest die Anklagepunkte vor. Ich bin zu aufgeregt, um etwas zu verstehen.

Schüler sagen aus. Vorurteile. Verurteilungen. Lügen. Ich weiß nicht, warum sie lügen. »Sie liest prinzipiell keine sowjetische Literatur!«

»Sie lehnt es ab, sich sowjetische Filme anzusehen!«

»Sie ist ein Gegner des Landes Lenins.«

»Sie hetzt offen gegen die Sowjetunion!«

»Sie hat sich auf dem Schulhof staatsfeindlich geäußert!«

»Sie ist ein Gegner der Nationalen Volksarmee!«

»Sie ist Pazifist!«

Pazifist – sie sprechen dieses Wort wie ein Schimpfwort aus. Warum werde ich hier gnadenlos ans Messer geliefert? Was habe ich ihnen getan?

Längst geht es nicht mehr um den Vorfall im Biologieunterricht. Es geht nicht darum, ob man die Frösche zurück zu den Teichen hätte bringen sollen. Es geht nicht um die Ehrfurcht vor dem Leben. Es ist noch nie darum gegangen. Nur um eines geht es hier: Der Klassenfeind ist vom revolutionären Kern der Klasse zu trennen. Ich stehe im Kreuzverhör. Armee, Verteidigung, NATO, Bollwerk für den Frieden, Angriff ist die beste Verteidigung, Pazifismus schadet der Sache, die Sowjetunion ist ruhmreich, der Arbeiter-und-Bauern-Staat in Gefahr, der Klassenfeind gefährlich aktiv.

Der Klassenfeind. Er manifestiert sich in dieser Nachmittagsstunde in einer Person. In meiner Person. Ich bin ein Feind der Arbeiterklasse. Beistand erwarte ich nicht. Ich weiß, wie viel Mut dazu gehört, sich so kurz vor dem Abitur auf die Seite eines Geächteten zu stellen. Alle wollen das Abitur. Aber ist es nötig, dass sie mir so in den Rücken fallen?

Das Netz wird enger gezogen.

Ich habe zu erklären, wie ich mich zur Nationalen Volksarmee stelle, zum Frieden, ob der bewaffnet sein müsse, zum gerechten Krieg, zur Sicherheit durch Aufrüstung.

»Selig sind die Friedensstifter«, denke ich und sage, dass Gewalt bisher nur immer wieder neue Gewalt hervorgebracht habe, nie aber wirkliche Lösungen. Durch Krieg könne kein Frieden werden. Ich fühle, dass es eine Gratwanderung ist, auf die ich mich begebe. Ich habe Angst abzustürzen. Ich will die 12. Klasse abschließen. Ich will aber auch nicht mein Gesicht verlieren, will mich auch nach dieser Versammlung im Spiegel anschauen können ohne Verachtung.

Der SED-Sekretär für Agitation und Propaganda mischt sich in die Diskussion. Er fragt: »Wenn jetzt hier die Tür aufgeht, und einer kommt herein, bis zu den Zähnen bewaffnet, und bedroht die Klasse, Ihre Kameraden. Würden Sie ihn erschießen oder würden Sie tatenlos zusehen, wie Ihre Kameraden getötet werden?«

Lauernd schaut er mich an. Im Klassenraum ist es totenstill.

Was will er mit dieser Frage erreichen? Ich bin ein Mädchen. Gott sei Dank stellt sich für mich die Frage des Wehrdienstes nicht. Warum ist ihm meine Meinung wichtig?

Noch ist das Wort Bausoldat nicht gefallen. Kaum einer in der Klasse weiß um die Möglichkeit des waffenlosen Dienstes in Baueinheiten der Nationalen Volksarmee. Für Wehrpflichtige, die »aus religiösen Anschauungen oder aus ähnlichen Gründen den Wehrdienst mit der Waffe ablehnen«, gibt es den Spaten auf den Schulterklappen. Bausoldat sein, das heißt, Dienst ohne Waffe. An der Erweiterten Oberschule, die sich als Kaderschmiede für die Offizierslaufbahn versteht, wird von Bausoldaten nicht gesprochen. Abiturienten, die studieren wollen, dienen wenigstens drei Jahre in der Nationalen Volksarmee, dienen möglichst an der Grenze, werden am besten Berufsoffizier.

Die Oberschule versteht sich als militärische Kaderschmiede. Sie hat ein Soll zu erfüllen. Die Lehrer stehen unter Erwartungsdruck. Am Ende der 12. Klasse sind es stets zu wenige Abiturienten, die in der Armee ihre berufliche Laufbahn sehen. Dabei haben viele Jungen in ihrer Bewerbung für die Erweiterte Oberschule ausdrücklich vermerkt, dass sie die Offizierslaufbahn anstreben. Der sicherste Weg zum Abitur, selbst bei extremer Leistungsschwäche.

Karsten und Bernd nutzten diesen Fakt geschickt für sich aus. In mehreren Fächern tendieren die beiden zur Fünf. Damit ist ihre Versetzung gefährdet. Unlängst haben die beiden auch noch auf dem Schulgelände mit Luftgewehren herumgeballert. Es sollte ein Spaß sein, meinten sie hinterher. Die Schießerei wäre vielleicht nicht der Rede wert gewesen, hätten sie nicht ausgerechnet auf den Leiter der Grundorganisation der SED und auf den Leiter der FDJ-Grundorganisation gezielt. Da hört der Spaß auf. Das wurde ihnen politisch ausgelegt, zumal sie sich an jenem Tag vor der FDJ-Versammlung gedrückt hatten. Als Wiedergutmachung für ihre Entgleisung verpflichteten sich die beiden spontan per Unterschrift zur Offizierslaufbahn. Ich bin mir sicher, Karsten und Bernd werden das Abitur schaffen.

»Würden Sie schießen?«

Ich schrecke aus meinen Gedanken auf. Was sage ich?

»Ich kann mir eine solche Situation jetzt nur schwer vorstellen«, weiche ich vorsichtig aus, »aber wenn ich Leben retten könnte, und ich hätte den Mut dazu, ich würde Leben retten wollen.«

»Jede andere Antwort hätte dich das Abitur gekostet«, sagt mein Vater später. Die Frage des SED-Funktionärs sei die entscheidende Frage in jener Versammlung gewesen. Er weiß das aus der Parteiversammlung.

Ich komme mit einem blauen Auge, sprich, mit einer Rüge vor dem Fahnenappell davon. Zwei Schritte muss ich nach vorn treten am Samstag nach der letzten Schulstunde. Über mir weht die Fahne mit Hammer, Zirkel, Ährenkranz. Es ist 12 Uhr. Die Sirene auf dem Dach des Feuerwehrgerätehauses heult wie jeden Samstag laut auf. Am liebsten möchte auch ich heulen. Ich presse die Zähne gegen die Zunge. Es ist 12 Uhr und eine Minute. Ich bin gebrandmarkt. Ich trete in die Reihe der Klasse zurück. Eigentlich aber stehe ich noch immer draußen. Keiner will durch unnötige Kontakte mit mir seiner persönlichen Zukunft schaden.

Nur der Biologielehrer wagt es. Einzig er. Ihm hätte ich das am allerwenigsten zugetraut. Er bedauert in der nächsten Biologiestunde, dass sein Unterricht Ausgangspunkt gewesen sei für diesen »Vorfall«. Weiß er, was er mit dieser Äußerung aufs Spiel setzt? Er hätte es mir doch auch unter vier Augen sagen können. Er nimmt vor versammelter Klasse die Schuld dafür auf sich. Er hätte die Unterrichtsstunde besser im Griff haben sollen, sagt er. Es sei seine Verantwortung gewesen. Er bittet mich, sein Versagen zu entschuldigen. Ist er verrückt?

Wer hat ihn verpfiffen? Im neuen Schuljahr ist er nicht mehr Lehrer der Erweiterten Oberschule.

Ich konfrontiere meinen ehemaligen Schuldirektor mit der Frosch-Geschichte. Er zuckt mit den Schultern. »Ich kann mich gar nicht an einen solchen Vorfall erinnern.« Er habe ja auch immerzu studiert damals. Vielleicht sei er gar nicht anwesend gewesen.

»Sie waren anwesend«, sage ich. »Sie haben mir die Rüge erteilt.«

»Wir waren doch alle so lustig«, setzt F. meinen Worten entgegen. »Wir haben uns doch alle gut verstanden, damals. Es war eine schöne Zeit.«

»Ja, für Sie«, sage ich, und ich spüre die Wut in mir.

F. zählt einige Namen auf. »Diese Schüler haben doch auch zur Kirche gehört«, sagt er, »und alle haben studiert.« Ich staune. Das weiß er also noch ganz genau. Er kennt die Namen der wenigen Christen aus unserer Klasse. »Studiert, ja«, sage ich, »aber erst später, als Sie keinen Einfluss mehr hatten.« Dann platzt es aus mir heraus. Er müsse sich doch erinnern, wie er Studienwünsche seiner Schüler mit einem Satz in der Beurteilung durchgestrichen habe. Wer nicht Mitglied der FDJ war, dem wurde kurzerhand »mangelnde Persönlichkeitsentwicklung« bescheinigt. Selbst Helmar, unser Primus, Mitglied der Jungen Gemeinde, hat nicht studieren dürfen, obwohl er die Reifeprüfung mit »Auszeichnung« abgelegt hatte. Ihm sei noch vieles unklar, hatte es lapidar geheißen, das merke man an den Fragen, die er im Unterricht stellt. Ja, unser Klassenbester stellte manches in Frage. Und wer fragte, der passte nicht ins System.

»Ich erinnere mich nicht«, sagt F. und nimmt eine abwehrende Haltung ein.

Ich werde immer wütender. Meine Stimme wird laut. »Die wunderbaren Jahre, Reiner Kunze hat sie in seinem gleichnamigen Buch beschrieben. Ich habe sein Buch nachts abgetippt, in den 70er Jahren, mit fünf Durchschlägen, es war ja nicht zu haben in den Buchläden, es ging heimlich von Hand zu Hand. Es erzählte, was wir in den 60ern erlebt hatten, worunter wir gelitten hatten, in den wunderbaren Jahren. Sie werden doch noch wissen, dass es die Zeit des unerbittlichen Kirchenkampfes in den Klassenzimmern war, dass uns die Bekenntniskreuze von den Jacken gerissen wurden, dass es uns verboten war, auf dem Schulgelände über Kirche zu reden, dass Christen den Machthabern ein Dorn im Auge waren, selbst wenn diese Christen noch Kinder waren, gerade, wenn es noch Kinder waren. Das können Sie doch nicht einfach alles vergessen haben!«

Aufgeregt hole ich mein Reifezeugnis aus der Schublade, lege den Finger auf das Blatt, lese ihm erregt vor, was er damals, am 1. Juli 1967, unterschrieben hat: »Sie ist ehrlich und kritisch, und dies kommt auch bei politischen Diskussionen zum Ausdruck. Hier müsste sie als Arbeiterkind mehr im Sinne unseres Staates wirken.«

Die Rüge vor dem Fahnenappell und dieser Satz im Reifezeugnis, dazu die Weisung, ich solle in die Produktion gehen, um mir einen Klassenstandpunkt zu erarbeiten, um mich zu bewähren – er habe doch wissen müssen, dass er mir damit den Weg zum Psychologie-Studium verbaute, ja, zu jedem Studium verbaute. Und dass die Schule meine Bewerbungen um einen Studienplatz erst gar nicht weitergeleitet hat, das könne er doch nicht vergessen haben.

»Ich kann mich nicht erinnern«, sagt F. und zuckt mit den Schultern. Er blinzelt nervös hinter den Brillengläsern. Seine Pupillen haben sich zu einem winzigen Punkt verengt. Er schiebt mein Zeugnis mit seiner Unterschrift zur Seite. Und so unerwartet, wie er gekommen ist, sagt er jetzt, er müsse gehen. Ich halte ihn nicht auf.

Als sich die Tür hinter ihm schließt, fällt mir ein, dass ich ihn nicht an den April 1970 erinnert habe, an die Kreistagssitzung und daran, dass er mich damals angezeigt hat bei der Abteilung Inneres des Rates des Kreises wegen »verbotener kirchlicher Propaganda«. Ob er das auch vergessen hat?

Ich hätte ihm wenigstens ein Wort mit auf den Weg in die Nacht geben sollen. Bei einem französischen Philosophen fand ich es: »Vom ethischen Standpunkt aus bin ich für alles verantwortlich, worauf ich einwirken kann. Nur für dieses, aber für dieses alles.«

Es ist spät geworden. Wilfried hat sich längst ins Schlafzimmer zurückgezogen. Ich sitze am Schreibtisch. Es darf nicht einfach alles vergessen werden. Nur, wer sich erinnert, kann loslassen und wird frei für Kommendes. Ich will mich erinnern. Neben der Schreibmaschine liegt ein Formular für die »Gauck-Behörde«. Schon mehrere Wochen liegt es da. Die Zeit ist reif. Heute Nacht will ich es ausfüllen. Die Gefühle im Bauch sind gemischt. Soll ich besser die Finger davon lassen? Vielleicht werde ich es hinterher bereuen.

Egal. Jetzt noch die Adresse auf einen großen Umschlag: An den Bundesbeauftragten für die Unterlagen des Staatssicherheitsdienstes der ehemaligen Deutschen Demokratischen Republik, Außenstelle Frankfurt/Oder.

Vom Kirchturm schlägt es zwölfmal. Ich ziehe mir den Mantel über und gehe los, um den Brief einzustecken. Die gelbe Klappe des Briefkastens fällt. Meine Entscheidung ist gefallen. Ich will meine Akte sehen.

Seit 1991 sind in Frankfurt/Oder die Unterlagen der ehemaligen Staatssicherheits-Bezirksverwaltungen Frankfurt/Oder und Cottbus verwahrt. 8,5 laufende Kilometer Akten, davon 3,8 Kilometer Akten aus der Bezirksverwaltung Cottbus. Wenn es eine Akte über mich gibt, gibt es sie hier.

Ich muss mich nicht rehabilitieren. Ich muss mich keinem Überprüfungsverfahren stellen wie Mitarbeiter des öffentlichen Dienstes. Es gibt nichts, was an mir wieder gutzumachen wäre. Gott hat längst alles gut gemacht. Ich will auch keine Abrechnung. Ich will es einfach wissen und Zusammenhänge begreifen. Vor unliebsamen Überraschungen habe ich Angst, zugegeben. Aber wie, wenn nicht über meine eigene Akte, kann ich mehr von der Maschinerie flächendeckender Bespitzelung erfahren?

Persönliche Neugier? Die Neugier einer Journalistin? Sicher beides. Vor allem will ich endlich verdauen, was ich bisher nur geschluckt habe. Manches Geschehene muss man öfter wiederkäuen. Wie oft muss ich vierzig Jahre DDR wiederkäuen?

Episoden fallen mir ein.

Es ist Frühling, Anfang der 60er Jahre. Ich bin zwölf Jahre alt. Mit meinen Freunden spiele ich im Wald Verstecken. Auf einer Lichtung finde ich ein Bündel Papier. Es sind Flugblätter. Auf ihnen ist Walter Ulbricht karikiert, unser Staatsratsvorsitzender. Unter dem Mann mit dem Ziegenbart steht: »Was der nicht kann, schafft Neckermann!« Ich verstehe den Sinn der Worte nicht. Wer in aller Welt ist Neckermann? Aber ich verstehe, dass diese Blätter staatsfeindlich sind. Was sollen wir damit tun? Sie zur Polizei bringen? Ich zeige sie meinem gleichaltrigen Cousin. »Das darf keiner bei uns finden«, sagt der und steckt sie ein. »Wer solche Zettel hat, wird eingesperrt.« Ich kann doch nichts dafür, dass ich sie gefunden habe. Ich habe sie doch nur gefunden. Nachts schrecken mich Albträume.

Neckermann. Ich lege dieses Wort in die Truhe der unaussprechlichen Worte. Hier liegt seit Jahren gut verpackt der 17. Juni. Keiner sagt mir, was es damit auf sich hat. »Halt den Mund!«, heißt es. »Sibirien ist nicht weit.« Es ist also gut, manche Worte nicht in den Mund zu nehmen. »Sonst bist du ganz schnell weg vom Fenster«, heißt es. »Feind hört mit.« Ich lerne schnell, zu sortieren.

Was weiß ich als Kind in der DDR von der Geschichte, die Deutschland geschrieben hat? Nur so viel: Es war Krieg. Den haben die Nazis gemacht. Nazis gibt es in der DDR nicht mehr. Was weiß ich von Stalin? Seinen Namen spricht man besser nicht aus. Meine Heimatstadt wird 1945 zur Frontstadt und damit zur Grenzstadt. Ich kenne es nicht anders. In unserem Haus drängen sich Familien auf engem Raum. Viele lebten vor 1945 jenseits des Grenzflusses. Umsiedler. Keiner sagt »Vertriebene« zu ihnen. Vertrieben ist ein Tabu-Wort, wie Russe und Vergewaltigung und Kapitulation und Stalin und 17. Juni und Ungarn und Polen.

Ich spiele mit anderen Kindern in Ruinen. Wir suchen auf Schutthalden nach Schätzen. Jede Pfütze wird zum See, wenn ich es will, jedes Stück Borke zum Schiff, jede Vogelfeder zum Segel. Kreisel und Peitsche, ein paar Murmeln in der Hosentasche, mehr braucht es nicht.

Ich bin fünf Jahre alt. Ich gehe zum Kindergottesdienst. Die Frau vor dem Gemeindehaus kenne ich. Sie steht immer da. Jeden Sonntag. Ich sage: »Guten Tag!« Sie antwortet nicht. Später schnappe ich es aus Gesprächen Erwachsener auf: Diese Frau soll die Gottesdienstbesucher zählen. Ich spüre, auch das ist etwas, worüber man nicht laut spricht.

Ich gehe gern in den Kindergottesdienst. Wir sind hier viele Kinder. Wenn wir uns in Gruppen teilen, sitzt in jeder Ecke des großen Saales eine Gruppe, auch in der Garderobe kommt eine Gruppe zusammen, auf der Veranda, in der Wohnung des Pastors. Wir wollen Geschichten von Jesus hören. Wir singen aus dem »Singvöglein«: »Gott ist die Liebe, er liebt auch mich ...« Wir stecken unsere Groschen in eine blecherne Sparbüchse. Sie sieht aus wie eine afrikanische Hütte. Ein Neger aus Blech im weißen Gewand dankt uns für die Gabe, indem er seine gefalteten Hände gegen die Stirn schlägt. Ganz weiß ist die Stirn an dieser Stelle. Ich will Missionarin in Afrika werden.

Erst einmal werde ich ein Schulkind. Die Zuckertüte ist so groß wie ich. Ein Napfkuchen steckt darin. Auch zwei weiße T-Shirts mit roten und blauen Streifen hole ich heraus. Mürbeteigplätzchen füllen die Hohlräume. In der Spitze unten knüllt sich Zeitungspapier. Betrug!

Unser Lehrer ist noch einer »von früher«. Vor seiner Stimme erzittern wir. Er schlägt uns, obwohl das verboten ist. Er sagt, er mache nur Spaß. Er wirft aus dem offenen Fenster, womit unsere Hände spielen: Radiergummi, Lineal, Bleistift. In der Schulpause laufen wir um die Wette, um alles wieder einzusammeln. Wir fürchten ihn, wir lieben ihn. Als er seinen 65. Geburtstag feiert, stehen die Blumen eimerweise in seiner Wohnung. Danach bekommen wir eine sehr junge Lehrerin. Sie sieht aus wie eine von den großen Schülerinnen. Sie lässt uns im Unterricht tun, was wir wollen. Wir dürfen Schule spielen. Jeder kann einmal Lehrer sein. Zur Christenlehre wandern wir quer durch die Stadt. Christenlehre wird nicht in der Schule unterrichtet. Die anderen lachen uns aus. Sie können schon nach Hause gehen und spielen.

Ich gehe in die Christenlehre, und ich trage das Pionierhalstuch.

Als ich vierzehn Jahre alt bin, schenkt mir meine Mutter zum Geburtstag ein Tagebuch. Ich beginne, Gedanken und Gefühle aufzuschreiben.

20. Mai 1962

Endlich habe ich meine eigene Bibel. In Perlschrift. Sie ist klein und passt in jede Handtasche. Ich habe sie heute im Gottesdienst als Erinnerung an den Bibelunterricht erhalten. Ich war ziemlich aufgeregt, wegen der Fragen, die ich zu beantworten hatte. Aber es ging alles gut. Beinahe in einem Atemzug habe ich die Bücher des Alten und Neuen Testaments genannt. Und den Psalm 23 könnte ich jetzt sogar aufsagen, wenn mich einer aus dem Schlaf reißt, so oft habe ich den vorher geübt.

26. Mai 1962

Fahnenappell. Es muss etwas passiert sein. Es liegt in der Luft. Nur was? Wir singen »Völker, hört die Signale ...« Die Fahne der FDJ wird gehisst. Bevor der Schuldirektor das Wort ergreift, ist es ungewöhnlich still. Er spricht von »Nest beschmutzen« und davon, dass solche »Angriffe auf die sozialistische Ordnung« auf gar keinen Fall geduldet werden und dass »man jederzeit mit allen Mitteln dagegen vorgehen« werde. Sein Ton klingt scharf. Vor Aufregung bekomme ich nicht gleich mit, um was es eigentlich geht. Erst, als bekannt gegeben wird, dass ein Schüler der 12. Klasse der Erweiterten Oberschule nicht länger wert ist, das Abitur abzulegen, kriecht Kälte über meine Haut. Jürgen? Den kenne ich doch. Das ist der Sohn vom Apotheker. Sein Bruder Wolfgang geht in meine Klasse. Ich drehe mich leicht zur Seite. Wolfgang schaut unbeweglich vor sich hin. Er ist erstarrt. Auch ich habe das Gefühl, zu Stein zu werden.

28. Mai 1962

Jetzt weiß ich, was passiert ist. Die ganze Stadt spricht davon. Die Schüler der 12. Klasse der Erweiterten Oberschule hatten zu Hause einen Aufsatz zu schreiben. Und Jürgen hat in seiner Arbeit die Deutsche Demokratische Republik im Staatsaufbau als undemokratisch beschrieben. Es wird erzählt, dass er das System mit einem Tümpel verglichen habe, mit einem stehenden Gewässer, in dem es langsam aber sicher zu stinken beginnt, weil es keine Bewegung mehr gibt, keinen Fluss, der für frisches Wasser sorgt. Jürgen soll in seinem Aufsatz behauptet haben, dass alles Leben in diesem Teich an chronischem Sauerstoffmangel sterben wird. Ich hätte mich nie getraut, so etwas auch nur zu denken.

13. August 1962

Vor einem Jahr wurde in Berlin die Mauer gebaut. Ich habe mich deshalb mächtig mit meinem Großvater gestritten. Er will nicht einsehen, wie wichtig diese Mauer zum Schutz der DDR ist. »Der Staat ist bankrott«, sagt er. Ich habe versucht, es ihm zu erklären: »Der Westen will uns kaputtmachen!« »Einsperren wollen uns die Roten«, sagt er. Unsinn. Das geht doch nicht. Man kann doch nicht ein ganzes Volk einsperren.

4. Januar 1963

Zehnte Klasse oder Abitur? Lange habe ich hin und her überlegt. Jetzt habe ich mich doch für die Erweiterte Oberschule entschieden. Heute habe ich den Antrag abgegeben. Als Studienwunsch habe ich Pädagogik angegeben. Ehrlich gesagt, weiß ich überhaupt noch nicht, was ich einmal werden will. Ich könnte mir so vieles vorstellen. Aber Lehrer werden gebraucht. Wer Pädagogik studieren möchte, hat bessere Aussichten, an der Erweiterten Oberschule anzukommen, als einer, der als Ziel Medizin oder Kunstgeschichte angibt. Freiheit ist Einsicht in die Notwendigkeit. Ich wäge meine Chancen ab.

Leider bin ich nicht die Einzige aus meiner Klasse, die das Abitur ablegen will. Und ich habe keine Ahnung, wie viele delegiert werden in diesem Jahr. Mit meinen Leistungen stehe ich mit an der Klassenspitze. Politisch-gesellschaftlich engagiert habe ich mich auch. Seit einem Jahr bin ich Wandzeitungsredakteurin der Klasse und außerdem für die tägliche Zeitungsschau verantwortlich. Allerdings habe ich mich auch zur Klassensprecherin gemacht, als wir uns dagegen wehrten, nebenher Kaninchen zu halten, um die Fleischproduktion anzukurbeln. Ein taktischer Fehler. Dagegen steht: Ich habe nicht selten in den unteren Klassen unterrichtet, wenn Lehrer fehlten. Und mein Vater ist Genosse. Aber ich gelte nicht als Arbeiterkind. Arbeiterkinder werden bevorzugt. Mein Vater ist Angestellter. Weil er studiert hat, wird es für mich schwer mit einem Studium. Gehe ich in die Produktion, könnte später mein Kind als Arbeiterkind leichter einen Studienplatz bekommen. Verrückt. Jetzt wünsche ich mir fast, dass mich die Kreiskommission ablehnt.

21. Januar 1963

Seit Tagen ist es außergewöhnlich kalt. Der Schnee liegt hoch. Schulklassen werden zum Schneeschippen auf den wichtigsten Straßen eingesetzt. Die Schulen in der Stadt werden ab sofort nicht mehr beheizt. Wir holen uns täglich um 9 Uhr in der Schule die Hausaufgaben ab. Am Tag darauf bringen wir die Lösungen zur Kontrolle hin und erhalten neue Aufgaben. Das soll so bis zu den Winterferien gehen. Für mich sind damit jetzt schon Ferien. Die paar Hausaufgaben sind schnell erledigt, und dann habe ich frei! Übrigens: In den Wohnungen darf Stadtgas nur zu bestimmten Zeiten verbraucht werden, damit die Versorgung nicht zusammenbricht.

26. Februar 1963

Klassenfasching. Schon lange haben wir Schrott und Altpapier gesammelt, um das nötige Geld in die Klassenkasse zu kriegen. Auch ein lustiges Programm haben wir auf die Beine gestellt. Doch dann, nichts als Ärger. Zuerst hieß es, gefeiert wird nur bis 18 Uhr. Kein Lehrer hätte länger Zeit, uns zu beaufsichtigen. Und ohne Aufsicht keine Feier. Die anderen Schüler bedrängten mich: »Rede du doch noch mal mit den Lehrern.« Ich bin von Lehrer zu Lehrer gelaufen. Aber es kam noch dicker. Plötzlich mischte sich die Pionierleiterin ein. Sie sagte: »Gefeiert werden darf nur bis 17 Uhr, denn danach wird es ja schon dunkel.« Jetzt wollte die Hälfte der Klasse das Geld zurück. Einige erinnerten sich daran, dass die Achte im letzten Schuljahr sogar bis 23 Uhr gefeiert hatte. Gleiches Recht für alle. Wir marschierten zum Sitzstreik Richtung Direktorenzimmer. Und der Schuldirektor hat dann die Pionierleiterin verpflichtet, über uns zu wachen. Bis 19 Uhr.

Hinterher gab es wieder Ärger. Das Bild von Ernst Thälmann ist im Trubel von der Wand gefallen. Die Scheibe ist zerbrochen. Ausgerechnet Thälmann. Vor kurzem wurde das Thälmann-Denkmal auf dem Platz des Friedens zerstört. Wer bösartig ist, könnte uns die zerbrochene Scheibe politisch auslegen.

1. März 1963

Tag der Volksarmee. In der ersten Unterrichtsstunde sprach ein Leutnant der Luftstreitkräfte zu uns über die allgemeine Wehrpflicht und die Vorteile einer Offizierslaufbahn. Bin ich froh, dass ich ein Mädchen bin. Die Jungen werden ziemlich stark unter Druck gesetzt.

19. März 1963

In zehn Stunden werden wir auf die Jugendweihe vorbereitet. Heute kam ein Arbeiterveteran in die Schule. Er erzählte vom Kampf gegen den Faschismus. Es gefiel mir nicht, was er über Pfarrer und Kirche sagte. Er machte zweideutige Witze und nannte den christlichen Glauben Volksverdummung. Plötzlich konnte ich mich nicht mehr zurückhalten. »Und Albert Schweitzer? Und Dietrich Bonhoeffer? Und Alfred Delp? Und die Geschwister Scholl? Und Martin Luther King? Alles Christen! Waren die dumm?«

Dann bin ich rausgelaufen. Ich war wahnsinnig aufgeregt.

21. März 1963

Es ist Post von der Erweiterten Oberschule gekommen. Jetzt habe ich es schriftlich: »Die Kreiskommission zur Aufnahme von Schülern in die Erweiterte Oberschule hat beschlossen, dass Ihre Tochter in die Erweiterte Oberschule aufgenommen wird.«

12. Mai 1963

Jugendweihe. Ich habe ein schlechtes Gewissen, weil ich daran teilnehme. Vor einem Jahr Bibelunterricht, jetzt Jugendweihe. Unser neuer Pastor sagt: »Das muss jeder selbst entscheiden.« Mein Vater sagt: »Sei nicht dumm! Denk an deine Zukunft! So wichtig ist das doch alles nicht, um sich deshalb den Weg zu verbauen.« Die Lehrer bedrängen uns seit Jahren, an der Jugendweihe teilzunehmen. Sie brauchen Erfolgsmeldungen. Schüler, die sich konfirmieren lassen, werden namentlich aufgelistet. Die »schwarzen Listen« kommen zum Kreisschulrat. Einmal angeschwärzt, immer angeschwärzt. Ohne Jugendweihe kein Abitur, heißt es. Ohne Jugendweihe kein Studium. Ich weiß nicht, ob das stimmt. Ehrlich gesagt: Ich hatte einfach keinen Mut, mich gegen die Jugendweihe zu stellen. Alle machen mit. Fast alle.

Es gibt in unserer Stadt eine kleine evangelische Kirchengemeinde, da läuft manches anders, kompromissloser. Wer Jugendweihe macht, wird dort nicht unbesehen zusätzlich konfirmiert. Pfarrer Herche verlangt Entscheidungen. Nur wenige Jugendliche fahren in seiner Pfarrgemeinde zweigleisig.

Ich schäme mich. Ziemlich wacklig stehe ich auf hohen Absätzen. Meine ersten Absatzschuhe. Ich fühle mich nicht wohl im festlichen Kleid aus blaugrünem Brokat. Ich habe ein schlechtes Gewissen wegen des Gelöbnisses. »Seid ihr bereit, mit uns gemeinsam eure ganze Kraft für die große und edle Sache des Sozialismus einzusetzen, so antwortet mir ...« Ich könnte mich damit herausreden, die Worte »Ja, das geloben wir« nicht wirklich mitzusprechen. Ich halte die Luft an und presse die Lippen fest zusammen. Aber ich weiß, so einfach ist das nicht. Ich stehe mit den anderen auf der Bühne des Hauses der Deutsch-Sowjetischen Freundschaft und stehe doch nicht dazu.

28. Mai 1963

Ich bin Mitglied der FDJ geworden. Ich will in der neuen Schule nicht als Außenseiter dastehen.Außerdem ist die FDJ die Jugendorganisation für alle Jugendlichen der DDR, auch für Christen. Wer sich engagieren will, muss organisiert sein. Ich will mich engagieren.

Pfingsten 1963

Die Jugendgruppe unserer Gemeinde hat sich zur DDR-Jugendkonferenz angemeldet. Thema: »Gott wirkt«. Schon die Bahnfahrt hat Spaß gemacht. Jetzt sitzen wir in Berlin-Weißensee zusammen. Jugendliche aus Westdeutschland sind auch dabei. Wir singen mit Gitarrenbegleitung. Wir beten. Wir reden. Die Stimmung ist einzigartig. Ich spüre: Hier gehöre ich hin. Nach Tagen intensiver Gemeinschaft fällt mir der Abschied schwer.

8. Juni 1963

Doreen und Silke sind neu in unserer Jugendgruppe. Sie sind begeistert. Silke sagte heute zu mir: »Wir glauben eigentlich nicht an Gott. Aber wir können hier ja einfach sagen, dass wir an Jesus und so glauben.« Ich entgegnete: »Das ist nicht nötig. Ihr müsst hier keinem etwas vormachen. Ihr müsst nicht so tun, als würdet ihr an Gott glauben. Hier könnt ihr sagen, was ihr denkt und fühlt.«

6. Juli 1963

In der dritten Unterrichtsstunde gab es Zeugnisse. Mit meinem Zensurendurchschnitt von 1,7 bin ich zufrieden. An die Drei in Sport bin ich gewöhnt. Sonst alles »gut« und »sehr gut«. Der Fahnenappell dauerte heute eine Ewigkeit, so viele Auszeichnungen gab es. Eigentlich hätte auch Elke, die Tochter unseres Pastors, eine Auszeichnung für ihre sehr guten Leistungen bekommen müssen. Aber die Ehrennadel gibt es eben nur für Pioniere. Das sagte die Lehrerin vorwurfsvoll. Elke freute sich, als hätte sie die Auszeichnung bekommen. Ferien gibt es jetzt für alle, auch für Nicht-Pioniere! Ich fahre zu meinen Verwandten nach Leipzig. Kinder hüten.

16. September 1963

Mein fünfzehnter Geburtstag. Ich sitze in meinem Mädchenzimmer und bete: »Herr, führe du mich durch das neue Lebensjahr, nimm mein Leben in deine Hand.«

Ich habe den Kopf voll mit guten Vorsätzen. Mein Leben soll einen Sinn haben. Ich möchte nicht nur für mich, ich möchte für andere Menschen leben, ihnen etwas bedeuten, ihnen helfen, wenn sie meine Hilfe brauchen.

Neulich war Allianzgebetswoche. An einem der Abende ging es um die Verantwortung der Christen in dieser Welt. Seitdem ist mir klar: Mein Weg ist festgelegt, und ich werde Kraft und Zeit für diesen Weg brauchen. Wo er entlangführen wird, weiß ich heute noch nicht, aber ich weiß, dass auf diesem Weg Christus durch mich für andere sichtbar werden will. Seltsam, am Sonntag nach der Allianzgebetswoche nahm mich unser Jugendleiter Manfred Preuße nach dem Gottesdienst zur Seite und sagte: »Ich glaube, bei dir hat Gott schon gefunkt.« Woher weiß er?

12. Oktober 1963

Welch ein Lapsus. In der üblichen Zeitungsschau vor dem Unterricht rutscht es dem verantwortlichem, Lehrer heraus: »Das habt ihr bestimmt in der Tagesschau gesehen.« Tagesschau. Wir halten die Luft an. »Aktuelle Kamera«, hatte er sagen wollen. Wir überhören den Versprecher. Wir haben gern bei ihm Unterricht.

1. November 1963

Ich gehe lieber zu den Treffs der Jungen Gemeinde als zu den FDJ-Veranstaltungen. In den wöchentlichen Versammlungen der FDJ werden nur Phrasen gedroschen. Fragen bleiben ungefragt. Die Antworten sind bekannt. Das langweilt. In der Jungen Gemeinde ist das anders. Hier wird diskutiert, offen und ehrlich und ohne Heuchelei – zur Mauer in Berlin, zum Wehrdienst, zu Umweltfragen.

14. Dezember 1963

Ein lauter Knall. Sirenengeheul. Ich schaue aus dem Fenster. Im Haus gegenüber quillt aus einem der oberen Fenster Rauch. Ziegel rutschen vom Dach, fallen scheppernd auf die Straße. Die Feuerwehr kommt. Polizei. Kriminalpolizei. Und schließlich Staatssicherheit aus der Bezirksstadt. Was will die hier? Auf der Straße erzählen sich die Leute hinter vorgehaltener Hand, Herr W., der erst vor einigen Wochen aus Westdeutschland in die DDR gekommen sei, habe im Suff einiges erzählt, was er besser für sich behalten hätte. Er sei da in einige Geschichten verwickelt gewesen. Aus Angst vor der Staatssicherheit habe er den Gashahn aufgedreht. »Anders kam der nicht mehr raus«, sagt einer leise neben mir.

22. März 1964

Das Lernen an der Erweiterten Oberschule nimmt mich sehr in Anspruch. Ich habe mich verschlechtert. Noch schlimmer ist, dass ich hier keine Freunde habe. Bis zur achten Klasse konnte ich Mitschülern eine Hilfe sein. Jetzt brauche ich selber Hilfe. Die Mädchen aus meiner Klasse scharen sich um Barbara. Sie trägt immer die neueste Mode und Salamanderschuhe.

14. Mai 1964

Ich bin zum Deutschlandtreffen delegiert. Gemeinsam mit den anderen Delegierten werde ich seit Tagen für Berlin geschult. Könnte ja sein, dass wir Kontakt mit westdeutschen Jugendlichen haben, dass sie uns nach der Mauer fragen, nach der Versorgungslage, nach dem Verhältnis von Staat und Kirche. Dann kommt es auf die richtigen Antworten an. Also üben wir: Frage – Antwort, Frage – Antwort, Frage – Antwort. Schulung junger Sozialisten nennt sich das. Ob die aus dem Westen uns auch so geschult fragen?

Pfingsten 1964

In Viehwagen fahren wir nach Berlin. Unser Quartier befindet sich in einer Berliner Schule. Nachts liegen wir auf Strohsäcken, eng nebeneinander wie die Ölsardinen. Dreht sich einer, müssen sich alle drehen. Wie im wirklichen Leben eben. Pro Etage eine Waschschüssel und ein Handtuch. Die Toiletten? Besser, man geht draußen in die Büsche. Wie genau nimmt man es dagegen mit der Hygiene und den Bestimmungen, wenn es um kirchliche Rüstzeiten geht. Bei der FDJ werden alle Augen zugedrückt. Das ärgert mich.

Großer Aufmarsch in Berlin. Stundenlanges Stehen an Kreuzungen, bis es wieder ein paar Schritte weitergeht. Zu sehen bekommen wir nicht viel. Wir sind nicht Publikum. Wir sind Kulisse.

Ich habe das Glück, an eine Eintrittskarte für das Konzert der

Thomaner in der Staatsoper zu kommen. Ich fühle mich mit dem Blauhemd bei diesem Konzert falsch angezogen, hätte lieber ein schönes Kleid an. Auch sonst fühle ich mich ziemlich unwohl in Berlin. Überall Massen von Menschen, die mir fremd sind. Und alle scheinen völlig enthemmt. Angesichts der vielen Pärchen fällt mir ein Witz ein, den ich zu Hause gehört habe: »Fährt Ihre Tochter auch zum Deutschlandtreffen?« – »Nein, sie hat schon ein Kind.«

Mir reicht es. Ich fahre mit der S-Bahn nach Berlin-Weißensee. Dort habe ich Freunde seit dem letzten Jahr. Ich klingele an der Haustür. Die Gardinen bewegen sich. Trotzdem bleibt mir die Tür verschlossen. Ich gebe nicht auf, klingele wieder und wieder. Endlich lässt man mich ein. »Wir haben gedacht, da will noch ein FDJler Quartier.«

8. Juli 1964

Für das Abzeichen für gutes Wissen in Bronze folgt auf eine schriftliche Arbeit die mündliche Prüfung vor einer Kommission in der Schule. Ich habe mich gut auf die Prüfung vorbereitet, habe mich ausführlich mit den Lehren von Karl Marx und Friedrich Engels beschäftigt, habe Lenin gelesen, habe immer wieder das philosophische Wörterbuch zur Hand genommen. Ich finde die verschiedenen Theorien zur Weltverbesserung interessant. Schade nur, dass sie in der Praxis nicht funktionieren. Als ich den Prüfungsraum betrat, wusste ich, was sie hören wollten. Ich kannte die Antworten. Die Prüfungskommission stellte einige Zusatzfragen. Gründung der KPD, kommunistisches Manifest, Basis und Überbau. Endlich durfte ich gehen.

Und dann bekam ich das Abzeichen. Sogar in Silber! »Das ist nicht gerecht«, sagte ein Mitschüler. »Die glaubt doch gar nicht daran.«

In der Urkunde wird Karl Marx zitiert: »Es gibt keine Landstraße für die Wissenschaft. Und nur diejenigen haben Aussicht, ihre hellen Gipfel zu erreichen, die die Ermüdung beim Erklettern ihrer steilen Pfade nicht scheuen.« Es gibt auch keine Landstraße zu Gott, denke ich, nur steile Pfade. Ich will sie erklimmen. Gott wird mir meinen Weg zeigen.

18. August 1964

Walter Ulbricht und Bischof Mitzenheim haben sich getroffen. Es geht darum, einen gemeinsamen Nenner zwischen Marxisten und Christen zu finden, um künftig nicht gegeneinander, sondern miteinander zu arbeiten.

9. September 1964

Rentner dürfen in den Westen fahren. Ich soll zu dieser neuen Regelung im Russischunterricht einen Vortrag halten. Auf Russisch natürlich. Stattdessen frage ich: »Sieht das nicht so aus, als würden wir die Rentner loswerden wollen, jetzt, wo sie nicht mehr im Arbeitsprozess stehen und den Staat nur noch Rente kosten?« Schon ist die schönste Diskussion im Gange. Auf Deutsch natürlich. Unsere Russischlehrerin ist wütend. Ich würde den Unterricht sabotieren, sagt sie.

17. Oktober 1964

Aufsatzthema: »Unbezähmbar ist des Menschen Drang, die Welt zu erkennen und zu erforschen«. Was mir dazu auch einfällt, es kommt mir abstrakt vor, blanke Theorie. Die Praxis sieht doch so aus: Wer etwas im Unterricht in Frage stellt, kriegt nur Ärger. Wie aber lässt sich etwas erforschen, ohne Fragen zu stellen? Das schreibe ich natürlich nicht, nur das übliche Blabla. Ich weiß ja, was sie hören wollen. Unsere Klasse musste an der Beisetzung eines ehemaligen Bürgermeisters teilnehmen. Keiner konnte ernst bleiben bei den langen schwülstigen Reden, die gehalten wurden. Viele Stunden standen wir vor dem Krematorium. Ich habe jetzt noch kalte Füße.

Ach, die Meldung des Tages hätte ich beinahe vergessen: Nikita Chruschtschow ist abgesetzt. Es heißt, er habe aus gesundheitlichen Gründen selbst darum gebeten. Das ist natürlich Unsinn. Auch sein Schwiegersohn soll entlassen worden sein. Vor einem halben Jahr wurde im »Neuen Deutschland« ein Wahnsinnswirbel um Chruschtschow gemacht, zu seinem 70. Geburtstag. Ich wette, bald wird der Mann vergessen sein.

3. Dezember 1964

Der Winter steht vor der Tür. Die Pioniere haben ihr »Manöver Schneeflocke«, die FDJler die »Hans-Beimler-Wettkämpfe«. Jeder aus unserer Klasse kann selbst entscheiden, ob er am Manöver teilnimmt oder auf dem GST-Schießplatz seine Pflicht erfüllt. Mir ist beides zuwider, aber was soll's. Wie die meisten entscheide ich mich für das Schießen. Das geht schneller.

Auf dem GST-Gelände bekommt jeder ein Kleinkalibergewehr in die Hand. Wer genug Punkte erschossen hat, darf gehen. Geschossen werden soll auf Pappmenschen.

»Ich schieße nicht auf Menschen«, weigert sich Margit. »Das ist doch nur Pappe«, heißt es. »Aber es soll einen Menschen darstellen«, entgegnet sie hartnäckig. Wir stellen uns auf ihre Seite. Die Pappmenschen werden gegen quadratische Pappen ausgewechselt.

28. Dezember 1964

Hals über Kopf packe ich den Koffer. Bei einer Bibelrüstwoche im Harz ist ein Platz frei geworden. Unser Jugendleiter klingelte Heiligabend an unserer Tür. Ob ich nicht fahren will. Ich will. Morgen früh geht es nach Gernrode. Es ist bald Mitternacht. Ich habe immer noch damit zu tun, alles zusammenzupacken, was ich für die Woche dort brauche. Wo steckt bloß mein Personalausweis? Aufgeregt durchwühle ich Schränke und Taschen. Mutter schaut zur Tür herein: »Geh schlafen«, sagt sie, »fährst du eben einen Tag später.«

Ich krame weiter. Verbissen. Und aus dem Nichts der Nacht kommen mir Zweifel. Ich kann sie richtig hören. Wem läufst du nach? Woran glaubst du eigentlich? An einen Gott? Wo ist er denn? Wie zeigt er sich? Diese Stimme macht mich wütend. Laut entgegne ich ihr: »Vielleicht ist es richtig, einen Tag später zu fahren. Alles, was Gott macht, ist richtig!«

Da fällt mir der Ausweis in die Hände. Er steckte in einem der Schulbücher, die ich beim Suchen aus dem Regal genommen habe. Nun werde ich also doch morgen früh fahren können. Danke, Gott.

3. Januar 1965

Gernrode. Nie werde ich bereuen, hergefahren zu sein. Hier werden viele Probleme angesprochen, die auch ich seit langem bewege. Ich bin von allen Teilnehmern die jüngste. Die anderen sind schon über zwanzig Jahre alt. Ich nehme viel in mich auf, kann aber nicht richtig aus mir herausgehen. So habe ich den Jahreswechsel noch nie gefeiert, in aller Stille, nur mit Gott im Gespräch. Wir zünden Kerzen an. Jeder zieht aus einem Kästchen einen Bibelvers, der ihn in das neue Jahr begleiten soll. Auf meinem Zettel steht: »Darum schäme ich mich nicht des Zeugnisses von unserem Herrn.«

Zum letzten Mal sitzen wir zusammen. In mir sind hundert Gedanken, und ich schaffe es nicht, auch nur einen davon auszusprechen. Es drängt mich, über das zu reden, was mich bewegt. Und doch bleibe ich stumm. Ich habe in den zurückliegenden Tagen nie über mich gesprochen. Soll ich mich nun öffnen? Ist hier von mir die Rede? Ja, die Rede ist von mir. Ich bin gemeint. Jedes Wort gilt mir. Und ich schweige. Wenn mich jetzt jemand anspräche, käme vielleicht alles aus mir heraus. So aber mauere ich mich ein, behalte es für mich, dass ich Gott ganz persönlich angenommen habe.

13. Februar 1965

Was ist eigentlich neu geworden in meinem Leben? Vielleicht das: Gott ist die Mitte. Er ist das Maß aller Dinge. Der Weg vor mir ist frei. Ich habe Zeit für andere. Und ich möchte für Christus alle Türen einrennen und laut die frohe Botschaft in die Häuser rufen. Die Freude in mir ist so groß, dass ich sie teilen muss. Ich bin voller Energie. Trotzdem sind Zweifel und Mutlosigkeit nicht verschwunden. Ich will ganz und gar für Christus leben und erlebe mein Versagen. Ich möchte anderen Wegweiser sein und irre selbst umher. Ich möchte Brücken bauen und richte Barrieren auf. Manchmal bin ich lustlos und müde. Es sind so viele Menschen, um die ich mich sorge. Ich will sie nicht aus den Augen verlieren. Dennoch gehen sie weg. Ich versuche zu halten. Es tut weh, wenn einer, der schon auf dem Wege war, weggeht. Manchmal geschieht ein Wunder: Einer kommt zurück. Das gibt mir Kraft.

10. März 1965

Könnte ich nur gelassener sein. Könnte ich es einfach Gott überlassen. Könnte ich den anderen loslassen im Wissen, dass Gott ihn immer noch hält.

Der Mitarbeiterkreis unserer Jugendgruppe trifft sich sonntags regelmäßig zur Gebetsgemeinschaft. Das gemeinsame Gebet gibt Kraft für die neue Woche. Mir fehlt die Weitsicht, aber ich kann zuversichtlich sein.

Herr, ich möchte Menschen mit deiner Liebe lieben können, um sie besser zu verstehen. Und ich möchte begabt sein, Menschen zu verstehen, um sie lieben zu können. Christus, von dir kann ich lernen, anderen in guter Weise zu begegnen. Wenn ich mich selbst in den Mittelpunkt stelle, dann dränge ich dich und jeden anderen an den Rand. Ja, Herr, ich mache sie alle zu Randfiguren. Dann ist mein Bemühen vergebliche Liebesmühe. Herr, sei du die Mitte meines Lebens, sei in mir die Mitte.

17. Juni 1965

Der 1. Sekretär der SED-Kreisleitung ist heute plötzlich in unserem Klassenzimmer aufgetaucht. »Ihr könnt mir alles sagen. Was euch bedrückt, was euch ärgert, womit ihr nicht einverstanden seid.« Er verteilte leere weiße Blätter. »Ihr könnt das anonym machen«, sagte er. »Ihr müsst die Zettel nicht mit euren Namen kennzeichnen. Uns interessiert nicht, wer welche Meinung hat. Wir wollen mit dieser Befragung Missständen entgegenwirken. Es gibt bestimmt manches zu verbessern am Sozialismus und in dieser Schule und im Freizeitbereich. Der Sozialismus ist nie so gut, dass er nicht noch besser gemacht werden könnte. Dazu brauchen wir eure Hilfe. Schreibt das, was euch dazu einfällt!« Endlich dürfen wir Kritik äußern. Ob es etwas hilft?

20. Juni 1965

Werner aus meiner Klasse sagt zu mir: »Manchmal wäre ich gerne ein Christ. Nur, um einmal gegen etwas sein zu können.« Ich will gar nicht gegen etwas sein. Es ist anstrengend, alles zu hinterfragen. Es ist anstrengend, sich zu entscheiden, für seine Überzeugungen einzustehen und mit den Konsequenzen zu leben.

29. Juni 1965

Einige Schüler aus unserer Klasse mussten am Nachmittag zur SED-Kreisleitung. Ich auch. Ich konnte mir schon denken, weshalb. Wegen unserer »Verbesserungsvorschläge«. Wir hatten uns einem stundenlangen Kreuzverhör zu stellen. Die haben uns richtig fertig gemacht. Und wir hatten vertraut.

Vertrauen?
Trau, schau wem?
Dem?
Der?
Dir?
Und mir?

10. August 1965

Seit gestern bin ich im Erzgebirge. In Johanngeorgenstadt. Die Freizeitwoche wird von Ruth Maaß geleitet. Ich habe ein Zimmer direkt unter dem Dach des Gemeindehauses. Eigentlich ist es eine Kammer. Ich teile sie mit einem netten Mädchen. Mir gefällt auch die Gruppe. Es wird mir Spaß machen.

17. August 1965

Ich will immer so fröhlich sein können wie in Johanngeorgenstadt.

In der letzten Nacht hatte ich einen eigenartigen Traum: Am Himmel steht eine große weiße Wolke. Sie verformt sich zu einer Hand, die in eine Richtung weist. Eine Margerite wächst im rechten Winkel in die Richtung, in die die Wolkenhand zeigt. Eine gewaltige Stimme spricht.

Ich wurde wach, schweißgebadet. Ich hatte das Gefühl, um eine wichtige Entscheidung gerungen zu haben, eine Entscheidung, die meinem Leben eine neue Richtung gibt.

Ich will mich taufen lassen.

5. Dezember 1965

In mir ist eine ganz große Freude und Leichtigkeit. Pastor Fuchs taufte mich heute. Von nun an begleitet mich ein Wort aus der Bibel: »Aber ich will mich freuen des Herrn und fröhlich sein in Gott, meinem Heil.« Das ist mein Taufspruch. Ja, fröhlich bin ich wirklich. Vor vierzehn Tagen habe ich meinen Glauben vor der Gemeinde bekannt. Gast in unserem Gottesdienst war Otto Ekelmann, der Gründer der Evangelischen Versandbuchhandlung. Mit donnernder Stimme fragte er mich: »Hast du Frieden mit Gott?«

Ja, ich habe Frieden mit Gott.

15. Januar 1966

Ich müsste mehr lernen. Aber ich bin auch sehr in die Gemeindearbeit eingespannt und ermüde oft unter der Belastung der Jugendarbeit. Welchen Sinn hat es, Zeit und Kraft zu opfern? Ich sehe keine Frucht. In meinem Kopf haben sich die Probleme der anderen eingenistet. Wie soll ich Hilfe sein?

Da ist Helga. Seit ich zur Schule gehe, kenne ich sie. Wir saßen bis zum Abschluss der 8. Klasse auf einer Schulbank, lernten miteinander, spielten zusammen, und natürlich habe ich sie bald zum Kindergottesdienst eingeladen, wie die meisten Kinder unserer kleinen Straße. Ich glaube, in unserer Gemeinde hat sie zum ersten Mal erfahren, was es heißt, angenommen zu sein, geliebt zu sein. Aber Gott, ein guter Vater?

Wie kann sie diesen Vater-Gott finden, wenn sie ständig einen betrunkenen Mann vor Augen hat, der sie nachts aus dem Bett zerrt, damit sie zusieht, wie er Mutter schlägt? Wie kann sie diesem Vater-Gott vertrauen, wenn sie es täglich mit einem unberechenbaren Vater zu tun hat, der heute vor Selbstmitleid heult und morgen die Wohnungseinrichtung zerschlägt, der heute einen Strick sucht, um Hand an sich zu legen, und morgen mit Gewalt auf andere losgeht? Wie kann sie diesen Vater-Gott lieben, solange sie immer wieder von ihrer Mutter geschickt wird, den Alten aus der Gaststätte zu holen? Einmal bin ich mit ihr gegangen und habe mit ihr die Scham geteilt und habe ihre Erniedrigung als meine eigene erlebt und den Ekel. Ich kann verstehen, dass sie begierig ist nach einem bisschen Wärme, nach einem bisschen Liebe. Sie hungert nach einem Mann, der sie väterlich in die Arme nimmt. Und dabei erfährt sie eine Enttäuschung nach der anderen, und ihr Hunger wird immer stärker.

Sie kommt seit Wochen nicht mehr zu den Gemeindeveranstaltungen. Ich sorge mich um sie, laufe ihr nach, rede auf sie ein, bitte sie ... Zwischen uns ist eine Wand, die ich nicht durchbrechen kann. Helga lebt, als wäre ihr Christus nie begegnet. Was können wir nur tun? Oft sehe ich sie tagelang nicht, denn sie weicht mir aus. Mir bleibt nur das Gebet. Nur? Vielleicht richtet mein Gebet mehr aus als all das tätige Bemühen?

Immer wieder muss ich auch an Traudel denken. Einen Kindergottesdienst ohne sie? Unvorstellbar. Sie war stets eine der ganz Treuen, auch später in unserer Jugendgruppe. Schlagartig änderte sich das mit ihrer Heirat, und sie heiratete sehr jung. Danach kam sie nicht mehr, schlug alle Einladungen aus. »Mein Mann hält nichts davon«, sagte sie, »und ohne ihn will ich nicht kommen.« Doch plötzlich tauchte sie wieder auf, war unter uns, ging mit uns spazieren. Wir sangen. Dass sie die Texte beinahe besser kannte als wir, erstaunte mich.

Sie erzählte mir, dass sie sich damals eines unserer Liederbücher mitgenommen habe und zu Hause oft daraus singe. »Und wenn ich sonntags im Radio den Gottesdienst höre, singe und bete ich immer mit.« Sie hat uns also nicht vergessen. Und wir?

Wer von uns hat in den letzten Jahren noch daran gedacht, sie zu besuchen, ihr nachzugehen, für sie zu beten? Jetzt, während ihr Mann seinen Dienst bei der NVA ableistet, kommt sie oft zu mir. Wir reden miteinander.

Könnte es nicht wie früher sein? Sie sehnt sich nach der Gemeinde. Sie möchte gern wieder dabei sein, aber nicht allein, nicht ohne oder gegen ihren Mann. Und sie kann ihn nicht für Christus gewinnen.

28. März 1966

Beinahe hätte ich ihn nicht erkannt. Siegfried kam kahl geschoren zur Jugendstunde. Aus Protest. Alles an ihm ist Protest. Ich verstehe ihn. Er hat Mühe, im Schatten der Nichtannahme groß und erwachsen zu werden. Schon als Kleinkind war er denen im Wege, die er hatte lieben wollen. Er störte allein durch seine Anwesenheit. Die Eltern geschieden. Die Mutter in Schichtarbeit und immer nervös. Da war er stets der ungezogene Junge, der immerzu etwas anstellte, der seiner Mutter auf die Nerven ging, der letzte Nagel zu ihrem Sarg, wie er so oft von ihr hörte. Ein ewiger Querulant. Und dann ein in die neue Ehe gebrachtes Kind, das Stiefkind seines Stiefvaters, der Stiefbruder seiner Stiefschwester. Und immer im Wege. Und nun vor der Tür. Die Familie hat ihn hinausgeworfen.

Wohin? Mit seinem provokanten Verhalten fordert er heraus, stößt auf Widerstand, überall, auch in der Gemeinde. Er entspricht nicht den Erwartungen. Er macht es sich und anderen schwer. Alles an ihm ist in den Augen der meisten anstößig. Seine langen strähnigen Haare bis vor kurzem. Aus Protest (oder Notwehr) ist er zum Friseur gegangen. Ich bin traurig, denn ich sehe seine innere Zerrissenheit. Unser Pastor sagt: »Wir müssen Siegfried lieben.« Müssen? Warum sagt er nicht: »Ich liebe ihn«? Auch in der Gemeinde stellen sich die meisten gegen ihn. Er ist ein Ärgernis.

Wer sieht schon, dass er sich danach sehnt, um seiner selbst willen geliebt und angenommen zu sein?

6. Dezember 1966

Unsere Jugendgruppe will in der Stadt über die Aktion »Brot für die Welt« informieren. Außerkirchliche Aktivitäten sind verboten. Auf Fragen anderer können wir aber antworten. Das kann uns niemand verbieten. Also müssen wir dafür sorgen, dass wir gefragt werden. Siegfried hat eine gute Idee. Wir basteln Anstecker. Auf weißem Hintergrund eine dünne schwarze Hand, die sich bittend streckt. Wir tragen die Anstecker an unseren Jacken. Wir fallen auf. Was der Anstecker bedeutet, fragt uns aber kaum einer. Und schon bald geht in der Stadt ein Gerücht um von der »Bande mit der schwarzen Hand«. Vielleicht war die Idee doch nicht so gut?

Silvester 1966

Ein schweres Jahr liegt hinter mir. Beinahe wäre ich aus der EOS geflogen, weil ich nicht »sozialistisch denke, fühle und handle«.

Rausschmiss aus der 12. Klasse. Mit einem 8-Klassen-Abschluss gehen zu müssen, davor hatte ich die größte Angst, Gott hat es verhindert.

Ein schweres Jahr liegt vor mir. Erst die Abschlussprüfungen und dann? Ich weiß nicht. Bisher wurden alle meine Studienwünsche durch die Schule vereitelt. Ich bete, dass mir Gott die nötige Gelassenheit schenkt. Alles, was kommt, geht durch seine Hände.

20. April 1967

Das Abitur steht vor der Tür. Ich büffle und büffle. In meinem Kopf nichts als Leere. Außerdem bin ich blockiert. Die Russischlehrerin hat mir als Vorzensur in Russisch eine Vier gegeben, obwohl ich auf einer sicheren Drei stehe. Dabei weiß sie genau, wie schwach ich im Mündlichen bin. Hat sie es gerade deshalb getan? Ist das ein letzter Versuch von ihr, damit ich durch die Prüfung falle? Oft genug habe ich mir von ihr anhören müssen, ich würde provozieren und den Unterricht sabotieren, ich sei mit meiner Einstellung zum Staat nicht wert, Schülerin dieser Schule zu sein. Eine Vier als Vorzensur. Ich fasse allen Mut zusammen und spreche sie deshalb an. Sie entgegnet kurz und bündig: »Na und? Die Vorzensur legt der Lehrer fest.«

3. Mai 1967

Schlaflose Nächte bereitet mir seit Monaten die ungewisse Zukunft. Wie soll es nach der Schule weitergehen? Gern hätte ich Psychologie studiert. Auch Biologie habe ich in Erwägung gezogen oder Jura. Aber die Schule befürwortet meine Bewerbungen nicht. Mein Vater hat einen Parteiauftrag bekommen. Er soll mich überzeugen. Ich soll mir nach dem Abitur im Gaskombinat Schwarze Pumpe in Hoyerswerda einen Klassenstandpunkt erarbeiten. Mein Vater lehnt es ab, mich in meiner Berufswahl zu beeinflussen. Er hilft mir stattdessen, einen Ausbildungsplatz zu finden. Aber entweder heißt es, ich sei mit dem 12-Klassen-Abschluss überqualifiziert, oder es wird Parteimitgliedschaft verlangt. Und eines weiß ich genau: Ich werde nie in die SED eintreten.

10. Juni 1967

Wir haben uns zu einem Radausflug getroffen, unsere Jugendgruppe und ein paar Leute aus der Jungen Gemeinde. Genau genommen war das eine illegale Jugendveranstaltung, denn es sprengt den Rahmen kirchlicher Jugendarbeit, ein Picknick zu veranstalten und Lieder unter freiem Himmel zu singen. Ein solches Vergnügen kann uns jederzeit als nicht angemeldete und deshalb nicht genehmigte Versammlung oder sogar als verbotene Demonstration ausgelegt werden. Vor über zehn Jahren hat das Politbüro beschlossen, »Tätigkeiten von Jugendlichen aller Religionsgemeinschaften (...), die über den Rahmen der in der Verfassung garantierten Religionsausübung hinausgehen (...) zu verbieten.«

Jungen Christen ist es mit dem Beschluss vom 27. Januar 1953 untersagt, zu wandern, zu zelten, Theater zu spielen, Chöre zu bilden, christliche Akademien zu besuchen, am Lagerfeuer zu sitzen, Würste zu grillen, Volkslieder zu singen.

Eigentlich ist alles verboten, was wir tun.

Jede körperliche und geistige Erholung auf Rüstzeiten wird zur Gesetzwidrigkeit. Rüstzeiten dürfen nur der Zurüstung für ein kirchliches Amt dienen. Der Begriff Freizeit wird aus dem Sprachgebrauch gestrichen. Kirche in der DDR ist nicht für Freizeit zuständig.

Wir haben die Gitarren mitgenommen zu unserer Radwanderung ins Grüne. Wir singen von der Liebe Gottes, in der wir uns geborgen wissen. Wir sitzen in einem Gartenlokal im Schatten hoher Kastanien. Unsere Lieder locken manchen aus der Gaststätte ins Freie. Man hört uns zu. »Singt weiter«, bitten manche.

24. Juni 1967

Seitdem ich die Leitung unserer Jugendgruppe in die Hand genommen habe, ist mein Zimmer Treffpunkt für viele. Jeder meint, ich müsse doch eine Stunde Zeit für ihn haben. Zeit für ein Gespräch. Zeit für ein Gebet. Immer häufiger kommen Jugendliche mit ihren Problemen zu mir. Ich kann keinen vor der Tür lassen. Ich staune über ihr Vertrauen. Wir kennen uns kaum. Und doch nehmen sie kein Blatt vor den Mund, wenn wir zusammensitzen. Und wenn sie wieder gehen, dann gehen sie erleichtert, beinahe fröhlich. Manche bleiben bis in die Nacht, andere bis zum Morgengrauen. Sie brauchen einen, der Zeit hat, ihnen zuhört. Sie suchen Antworten. Zeit und Gehör kann ich ihnen schenken. Antworten weiß ich selbst nicht. Mitunter bin ich sprachlos. Wie soll ich trösten, helfen, raten? Ob ihnen mein Schweigen hilft?

Gottes Wege sind keine Autobahnen. Aber es sind wunderbare Wege voller Überraschungen. Zu unserer Jugendgruppe gehören jetzt achtzehn Mädchen und Jungen. Wir treffen uns wieder regelmäßig zum Gebet. Lange Zeit glaubten wir, darauf verzichten zu können. Welch ein Irrtum. Wenn wir uns vor Gott öffnen, öffnen wir uns auch einander. Im Gebetskreis lernen wir uns besser kennen, verstehen und lieben. Es geht in die Tiefe. Das sind gute Erfahrungen. Manche Angst, sonst versteckt, wird offen ausgesprochen. Manche Schuld, sonst verschwiegen, kommt zur Sprache. Zweifel, Befürchtungen, auch Aggressionen. Vor Gott kann man sich nicht verstecken.

4. Juli 1967

Endlich. Die Reifeprüfung ist geschafft. Zum Abschlussball bin ich nicht geblieben. Ich habe mein Zeugnis genommen und bin gegangen. Ohne ein Aufwiedersehen. Ich will niemanden wieder sehen. Ich will mit dieser Schule nichts mehr zu tun haben. Es waren für mich vier schlimme Jahre. Und sollte ich einmal Kinder haben, möchte ich nicht, dass sie die Erweiterte Oberschule besuchen. Sie sollen nicht studieren. Sie sollen nicht zwischen die Mühlsteine der Agitation und Propaganda geraten. Sie sollen sich nicht täglich aufs Neue entscheiden müssen, ob sie sich als linientreue sozialistische Untertanen geben oder alternativ als Klassenfeinde geächtet werden. Sie sollen keinem revolutionären Terror ausgesetzt sein, sollen nicht in die Enge getrieben werden. Mögen sie ein ehrliches Handwerk lernen.

Ich werde im September als Volontärin im UNION-Verlag Dresden einen Ausbildungsplatz antreten. In der Schule weiß niemand davon. Ich habe es keinem gesagt. Ich will nicht, dass mir die Lehrer wieder einen Strich durch die Rechnung machen.

Im Frühjahr hatte ich schon einmal bei der »Lausitzer Rundschau« versucht, als Volontärin anzukommen. Ich bin durch die Aufnahmeprüfung gefallen. Es fiel mir schwer, meine Niederlage zu Hause zu bekennen. Beim Abendessen beichtete ich es dann zerknirscht. »Das habe ich heute Morgen schon in der SED-Kreisleitung erfahren«, sagte mein Vater nur. »Heute Morgen?«, erwiderte ich ungläubig. »Ich bin ja erst mittags geprüft worden.«

Eigentlich war es ja dumm von mir, ausgerechnet beim SED-Organ das Zeitungshandwerk erlernen zu wollen. Nun fange ich also bei der Tageszeitung der CDU an. Tageszeitung, das ist nicht gerade die Erfüllung meiner Träume. Aber vielleicht kann ich hier schreiben lernen. Und wenn ich richtig schreiben kann, dann wechsele ich zu einer Illustrierten oder zum Magazin oder werde Auslandskorrespondentin.

6. Juli 1967

Ein Tankwagen ist durch eine halb geöffnete Schranke eines Bahnüberganges gefahren und direkt in einen Zug gerast. Viele Tote und noch mehr Verletzte. Was, wenn ich plötzlich vor Gott treten müsste?

6. August 1967

Die letzten großen Schulferien. In den nächsten Wochen verdiene ich mir etwas Taschengeld. Ich werde als Betreuerin in einem Ferienlager der Konsumgenossenschaft arbeiten, bevor ich die Zelte in meiner Heimatstadt abbreche.

Helga hat mir von einer Bibelrüstwoche in Ilmenau geschrieben: »Ich kann Dir nicht beschreiben, welchen Kampf ich ausgestanden habe, um mich für Christus zu entscheiden, der sich längst für mich entschieden hat. Ich habe lange mit einer finsteren Macht gerungen, und ich bin froh, dass die Mädchen aus meinem Zimmer betend neben mir waren.« Halleluja! Ich lese weiter: »Nach einem Gespräch, in dem ich alles vor Christus gebracht habe, mein ganzes Leben, konnte ich mich zu ihm bekennen und entschieden ja sagen. Beim Beten fühlte ich, wie etwas in mir frei wurde. Ich wurde frei!

Die Tränen liefen mir über das Gesicht. Ich weinte und betete. Ich bin froh, dass Jesus mich angenommen hat. Nun hoffe ich, mit seiner Hilfe in der Nachfolge bleiben zu können. Und ich werde auch Eure Hilfe brauchen.«

Immer wieder lese ich ihre Zeilen. Ich bin so froh! Diese Freude kann ich mitnehmen. Der Abschied von meiner Heimatstadt, meiner Gemeinde, meiner Jugendgruppe, meinem Zuhause wird mir jedoch nicht leichter.

26. August 1967

Vor mir liegen Lehr- und Wanderjahre. Die Trennung von daheim fällt mir schwer. Aber es muss geschieden sein. Gut tut mir, dass diese Trennung auch meinen Freunden schwer wird. Ich lese, was mir Siegfried ins Gästebuch geschrieben hat: »Wir sind gedrückter Stimmung, weil du uns verlässt und wir nicht wissen, ob wir dich öfter sehen werden und bei wem wir uns künftig treffen können, um zu reden, zu lachen, zu weinen, zu beten, um am gedeckten Tisch zu sitzen.« Eine richtige Abschiedsrede hat er verfasst, die mit den Worten endet: »Wir wünschen dir neue Freunde und hungrige Kinder (adoptierte, wie wir).« Ihn und alle anderen zurücklassen, ist nicht leicht für mich. Aber zu der Wehmut gesellt sich schon die Freude auf neues Erleben.

3. September 1967

Görlitz. Ein neues Kapitel ist aufgeschlagen. Ich freue mich darauf. Ich habe Angst davor. Kaum bin ich in der Fremde, packt mich das Heimweh. Alles um mich herum ist fremd. Fremd ist die Stadt. Fremd ist mein Untermieterzimmer. Fremd sind alle Gesichter, in die ich schaue. In den Losungen der Herrnhuter lese ich das Wort: »Ich bin nicht allein, denn der Vater ist bei mir.« Danke, Herr, danke, dass gerade diese Tageslosung zum Begleiter wird. Nicht alles ist fremd. Du bist da. Unser Pastor hat mir die Adresse der hiesigen Evangelisch-Freikirchlichen Gemeinde mitgegeben. Mein erster Weg führt dorthin. Herzlich werde ich aufgenommen. »Wir brauchen dringend jemand in der Kinderarbeit. Du kommst wie gerufen.«

5. September 1967

Ich sehne mich nach meinem Zimmer zu Hause, nach meinen Freunden. Seit einer Woche wohne ich zur Untermiete bei einer 86 Jahre alten Dame. Sie möchte nicht, dass ich etwas an diesem Zimmer verändere. Nicht einmal ein Bild darf ich mir an die Wand hängen. Die Möbel sind alt. Es riecht muffig aus dem Kleiderschrank. Und Silberfischchen haben sich eingenistet. Zum Glück wohnt ganz in der Nähe eine Familie, die zur Gemeinde gehört. Ich kann sie jederzeit besuchen. Von diesem Angebot werde ich ganz sicher Gebrauch machen. Ansonsten versuche ich, mit dem wenigen Geld, das mir monatlich zur Verfügung steht, auszukommen. Fern von zu Hause merke ich, dass alles seinen Preis hat. Nur das Heimweh gibt es gratis.

10. September 1967

Mein Chef ist ein ruhiger, sensibler Mann. Seine Stärke sind Konzertkritiken. In der klassischen Musik, besonders auf kirchenmusikalischem Gebiet, kann ihm keiner das Wasser reichen. Wenn es um Politik geht, hält er sich vorsichtig zurück. Dass Journalisten trinkfest sein müssen, habe ich schon gehört. Trotzdem hätte ich nicht gedacht, dass es zu meinen ersten Aufgaben als künftige Redakteurin gehört, Bier für den Chef zu holen. Ein ganzes Einkaufsnetz voll. Er sitzt im Chefzimmer und trinkt heimlich, unheimlich. Es heißt, er sei am Krieg zerbrochen. Neulich bat er mich zu sich, zog ein Schubfach des Schreibtischs auf und legte mir wortlos einen Aufnahmeantrag für die CDU auf den Schreibtisch. Meinen Einwand: »Ich will in keine Partei«, schien er nicht zu hören. Er schob mir den Antrag rüber und meinte leise: »Mitgliedschaft wird vorausgesetzt.«

Ich habe unseren Pastor gefragt, wie ich mich verhalten soll. »Gott hat überall seine Leute«, sagte dieser. »Es kann nicht verkehrt sein, wenn auch engagierte Christen in der CDU sind.«

12. September 1967

Gott hat mich in seinen Dienst gerufen. Das weiß ich. Aber wie soll dieser Dienst aussehen? Unterwegs von der Arbeitsstelle zum Untermieterstübchen bin ich wieder einmal voller Fragen und erbitte von Gott Antwort. Was soll ich tun, Herr? Wozu willst du mich?

Da stolpert vor mir eine Frau und fällt mir direkt vor die Füße. Aus den Gedanken gerissen helfe ich ihr hoch, gehe weiter, versuche, mich erneut in das Gebet hineinzufinden, und dann hakt sich in mir der Gedanke fest, dass dies bereits die Antwort Gottes ist. Warum ist sie mir ausgerechnet »in mein Gebet hineingefallen«? Will Gott, dass ich Menschen aufhelfe, die gefallen sind, die am Boden sind? Ist das nicht vermessen? Habe ich dazu die Kraft? Und wenn ich selbst falle? Eine Stimme in mir sagt: »Du wirst nicht fallen.« Soll das meine Berufung sein, aufzuheben, was mir vor die Füße fällt? Sehr reizvoll scheint mir das nicht. Steht hinter einer solchen Aufgabe nicht mehr Selbstaufgabe, als ich zu geben bereit bin? Steht dahinter nicht mehr Verzicht, als mir lieb ist?

Herr, ich wünsche mir ein ganz normales Leben. Ich möchte heiraten und Kinder haben. Und wem sollte ich wohl helfen können? Ich kenne hier keinen Menschen, und keiner kennt mich. Ich bin hier fremd, Herr, und ich bin einsam. Ich bin es, die Hilfe braucht. Was soll ich also tun? Und die Stimme sagt: »Auf Gelegenheiten achten und handeln. Zum Aufhelfen bist du da.«

28. September 1967

In einem Schaukasten der Evangelischen Landeskirche hängt ein Plakat. Es lädt Alkoholiker und deren Angehörige ein, an Veranstaltungen einer christlichen Arbeitsgemeinschaft teilzunehmen. Das interessiert mich.

Ich bin hingegangen. Man hat mich sehr freundlich aufgenommen. Mit einigen aus dem Kreis kam ich gut ins Gespräch. Zur Gruppe gehört ein junges Mädchen, Rosi. Ihre Eltern sind Alkoholiker. Sie bettelte: »Du musst mich unbedingt besuchen. Sei meine Freundin.«

30. September 1967

Heute besuchte ich Rosi. Über ihr Zuhause war ich erschrocken. Das blanke Chaos. Aber sie war richtig glücklich, als sie mich sah. »Du bist wirklich gekommen«, sagte sie immer wieder, als würde sie es nicht glauben wollen. Dann hat sie mir einen silbernen Ring geschenkt. Ich soll ihn immer tragen und dabei an sie denken.

4. Oktober 1967

Ziellos und niedergeschlagen gehe ich durch enge Gassen der Stadt. Vieles bedrückt mich, macht mir das Leben schwer. Ich werde mit mir selbst nicht fertig. Vor einem der Häuser halte ich inne. Wohnt hier nicht die alte Frau Baer aus der Gemeinde? Ja, ihr Name steht am Hausbriefkasten. Ich steige die steile Treppe hinauf und klopfe. Sie öffnet mir und freut sich über meinen Besuch. Sie ist krank, braucht Hilfe. Rasch kaufe ich Medikamente und Lebensmittel ein, wasche ab, koche uns einen Tee. Sie erzählt, und ich habe Zeit, ihr zuzuhören. Sie weint, spricht davon, sterben zu wollen. »Für wen soll ich noch leben?«, klagt sie, »und wozu soll ich noch leben? Keiner braucht mich.«

»Ich habe dich heute sehr gebraucht«, sage ich ihr.

Was ist mein kleiner Kummer gegen ihr Leid?

5. Oktober 1967

Eigentlich wollte ich mit Klaus die nächste Jugendstunde vorbereiten. Er ließ mich aber vor der Tür stehen. »Was ist los?«, fragte ich erstaunt. »Mach es allein«, sagt er. »Ich will damit nichts mehr zu tun haben. Ich habe mich von der Gemeinde getrennt. Nicht von Gott, aber von der Gemeinde. Und dafür habe ich gute Gründe.« Ich begreife das nicht. Das kann doch nicht wahr sein. Klaus schob mich zurück, sagte nur noch: »Komm nicht mehr her, nie mehr! Spar dir alle weiteren Worte!« Ich stand draußen. In meinem Kopf dröhnte es. Alles war durcheinander in mir. Ich stieg in die nächste Straßenbahn und fuhr zu einer Frau der Gemeinde, von der ich weiß, dass sie Klaus sehr mag. Mit ihr kann ich reden. Wir sind beide betroffen. Wir haben für Klaus gebetet.

8. Oktober 1967

Die Entscheidung gegen die Gemeinschaft ist immer auch eine Entscheidung gegen Christus. Christsein geht nicht ohne Bruder und Schwester. Klaus hat mich nicht hineingelassen. Er hat vor mir die Tür zugeschlagen. Aber er kann mir nicht verbieten, für ihn zu beten.

Herr, lass ihn nicht bei seinem Entschluss bleiben. Lass ihn in die Gemeinschaft zurückfinden. Herr, mein Glaube ist nicht sehr groß. Ich kann damit keine Berge versetzen. Mein Glaube hat immer auch mit meinen Zweifeln zu tun. Wenn ich Klaus aufgebe, du gibst ihn nicht auf.

16. Oktober 1967

Ein Tag Arbeit in Dresden in der Druckerei der »Sächsischen Zeitung«. Das war interessant. Hinterher kaufte ich schnell noch eine Hand voll Bekenntniskreuze für unsere Jugendgruppe und musste auch schon wieder zum Neustädter Bahnhof rennen. Heute Abend ist CDU-Versammlung.

17. Oktober 1967

Ob es richtig war, in die CDU einzutreten? Was hat diese Partei mit meinem Glauben zu tun?

18. Oktober 1967

Ich dachte heute, ich seh nicht richtig: Klaus in der Bibelstunde. Immer wieder schaute ich zu ihm hin. Ich dachte an meinen Kleinglauben und war beschämt. Hinterher fragte ich unseren Pastor: »Wie kam es denn dazu?« Er nahm mich väterlich in seine Arme: »Hast du es nicht gewollt? Da fragt man nicht mehr.« Wieder hat Gott mir gezeigt, dass er größer ist als meine Zweifel.

Wie wenig Vertrauen
am Morgen.
Wie groß die Bedenken
am Tage.
Wie beschämt mein Kleinmut
am Abend.
Für die Nacht
bleibt nur Dank.

26. Oktober 1967

Überall hängen Plakate und Transparente: 50 Jahre Oktoberrevolution. Jeder will jeden übertreffen. Ein Schaufenster in der Passage ist ausschließlich mit roten Dessous dekoriert. Dazu das Plakat: Es lebe die Große Sozialistische Oktoberrevolution. Ich möchte zu gern wissen, wer sich diesen Witz erlaubt hat. Es hängen aber auch andere Plakate in der Stadt. Im Wichernhaus findet eine Jugendevangelisation statt. Ich habe mir alle Abende dafür freigehalten.

2. November 1967

Schon am ersten Abend kommen Hunderte ins Wichernhaus. Jugendliche aus kirchlichen Gruppen, aber auch sehr viele, die sich auf der Straße einladen ließen und nun zum ersten Mal von Christus hören. Das Haus füllt sich. Der Jugendchor singt: »Herr, hilf das Rechte sagen, hilf uns das Gute wagen, hilf uns das Gute wagen, Herr, hilf das Rechte tun.« Darum geht es. Das Rechte sagen.

Nicht immer weiß ich, was das Rechte ist. Zum Beispiel in diesem Augenblick. Da sind welche gekommen, um bewusst zu stören. Kaum sitzen sie, unterhalten sie sich laut, werfen Zigarettenschachteln hin und her, ein Brötchen wird unter lautem Gelächter versteigert. Es macht mich wütend. Es ist schließlich keiner gezwungen worden zu kommen. Und jeder kann gehen, wenn er will. Aber ist es nicht unfair, eine Einladung anzunehmen, um dann zu stören? Ja, es ist unfair den Veranstaltern gegenüber, die sich alle Mühe geben, und es ist unfair denen gegenüber, die wirklich hören wollen. Der Evangelist muss seinen Vortrag unterbrechen. Es ist zu laut im Saal.

Wütend stehe ich auf und sage, was ich darüber denke: »Wer nur stören will, sollte besser gehen.« Danach stehen viele neben mir auf und verlassen laut grölend den Saal. War das nun das rechte Wort zur rechten Zeit? Mir tut es Leid um die, die gegangen sind. Aber nun kommt es zu keinen Störungen mehr. Nach der Veranstaltung umringen mich Jugendliche, sprechen mich an. Sie wollen mehr wissen, sie haben viele Fragen.

3. November 1967

Auch heute Abend waren sie wieder da und haben andere mitgebracht. Es kommt zu keinen Zwischenfällen. Also war es vielleicht doch das rechte Wort zur rechten Zeit? Wenn ich das nur immer vorher wüsste.

8. November 1967

Fünf Tage Evangelisation. Am Ende reichte der große Saal nicht für alle aus. Seit dieser Woche kenne ich viele von denen, die an Straßenecken in Grüppchen stehen, am Kino und im Bahnhof, im Park und im Freibad. Und sie erkennen mich wieder. Oft halten sie mich an und wollen, dass ich ihnen mehr von Christus erzähle. Ich bin froh über diese Kontakte. Aber nicht jeder sieht das mit meinen Augen. Das erfahre ich bald. Nach einem Gottesdienst hält mich eine ältere Frau am Arm fest, zieht mich zur Seite und flüstert mir ins Ohr: »Man sieht dich oft mit jungen Männern in der Stadt, die keinen guten Eindruck machen.« Ein solcher Umgang gehöre sich nicht für ein junges christliches Mädchen. Ich solle doch bitte mehr auf meinen Ruf achten, es sei ja auch der Ruf der Gemeinde, und dann sei da auch die Gefahr, vom richtigen Wege abzukommen.

Ich winde mich aus ihrer Umklammerung und gehe. Kann ich erwarten, dass sie mein Verhalten versteht? Was weiß sie, was wissen die anderen in der Gemeinde von mir? Einer hat mich gesehen, auf der Straße, zwischen zwei Männern. Schon legen sie mich fest und wetzen ihre Zungen.

Was wissen sie von denen, die auf der Straße stehen und in Gaststätten sitzen? Was wissen sie von denen, die meine Nähe suchen, denen ich immer wieder von Christus sagen soll, weil sie sich nach einem sehnen, der für sie da ist, der sie liebt, der sie versteht, der sich ihrer nicht schämt, ja, der gerade sie meint? Es tut mir weh, missverstanden zu werden. Es tut mir weh, wenn über mich in schlechter Weise geredet wird, wenn ich ins Gerede komme. Aber ich werde mein Leben deshalb nicht verändern. Ich weiß, wie ich lebe. Und Gott weiß.

»Würdest du mit mir auf der Straße zusammen gehen? Würdest du das? Nein, du würdest dich schämen, nicht wahr? Hier in deiner Stube, okay, aber in der Stadt vor den Leuten. Würdest du das wollen? Nein, nicht wahr?«

Jetzt fallen mir die Worte wieder ein. Ein stadtbekannter Raufbold und Alkoholiker, von Kopf bis Fuß tätowiert, hat sie gesagt. Ich bin auf seine Provokation eingegangen. Was mag es ihm wert gewesen sein, dass ich mich mit ihm gezeigt habe, dass ich mich zu ihm bekannte?

Herr, du bekennst dich zu uns.

9. November 1967

Ein kleines silbernes Kreuz am Mantel hilft mir, mich zu bekennen, und bewahrt mich, denn es erinnert mich und andere daran, dass ich zu Christus gehöre.

11. November 1967

Ich stehe an der Haltestelle. Es regnet mehr als es schneit. Zwei Straßenbahnen sind schon ausgefallen. Alles um mich herum ist nass und grau. Ich habe kalte Füße und werde immer ärgerlicher. Es ist ein ausgesprochen hässlicher Tag. Die Hände tief in den Manteltaschen vergraben, den Kopf eingezogen und dazu ein Gesicht, dem Wetter angepasst. So stehe ich da. Ein älterer Herr tippt mich im Vorübergehen an und sagt: »Das freut mich aber.« Schon ist er im Schneegestöber verschwunden. Er hat auf das Ansteckkreuz getippt. Und auf einmal bin ich ganz froh, trotz kalter Füße.

29. November 1967

Eigentlich will ich gar nicht mehr Tagebuch schreiben. Die Zeit dafür könnte ich besser in Briefe an Freunde investieren. Aber manche Gedanken passen in keinen Brief.

Nach Feierabend komme ich immer am Bahnhof vorbei. Manchmal setze ich mich in die MITROPA-Gaststätte. In meinem Untermieterzimmer wartet niemand. Hier habe ich zum Abendessen Gesellschaft. Noch immer ist mir die Stadt fremd, und ich bin es, aber auf dem Bahnhof und in der Mitropa bin ich es nicht mehr so ganz. Da gibt es schon welche, die mir freundlich zunicken. Das tut gut. Auch eine Bahnhofsgaststätte hat ihre Stammkunden.

Der Tisch in der Ecke gehört den Alten. Dort sitzen sie in ihren abgetragenen Mänteln, eine Tasche mit leeren Bierflaschen neben sich, die Ausbeute des Tages. Sie schweigen meist, rühren mit dem Löffel in der Brühe, stippen das Brötchen hinein, nippen am Glas Bier. Nachts geht manchmal ein Transportpolizist durch die Tischreihen und lässt sich Ausweise und Fahrkarten zeigen. Dann müssen sie gehen, denn nachts ist die Mitropa nur für Reisende geöffnet. Sie gehen ohne Aufhebens, ohne Widerspruch. Sie gehen leise, und sie kommen ebenso leise nach einer Viertelstunde zurück. Hier ist es warm. Hier sind Menschen. Hier fühlen sie sich mehr zu Hause als in ihren eigenen vier Wänden.

Zwei Tische weiter geht es laut zu. Jugendliche kommen und gehen. Sie sind nicht zu überhören. Laut rufen sie nach Bier, tischen sich Abenteuergeschichten auf, erzählen sich ihre Träume.

Ich kenne inzwischen schon mehr als ihre Rufnamen. Und sie haben sich an meine Gegenwart gewöhnt. Das silberne Kreuz am Mantel hat sie neugierig werden lassen. Was will die hier? Ist sie was Besseres? Ist sie fromm? Oft erlebe ich, dass sie sich vor mir verteidigen, als hätte ich sie angegriffen. Greift sie allein meine Gegenwart an? Sie rechtfertigen sich, suchen nach Gründen, weshalb sie so sind, wie sie sind, warum sie hier sitzen, trinken, sich raufen, straffällig werden, warum sie nicht arbeiten, von zu Hause weg sind ...

Einer setzt sich zu mir, bringt sein Bier mit, stellt ein zweites vor mich hin und fragt: »Wenn es einen Gott gibt, warum ...« Viele unserer Gespräche beginnen mit diesen Worten. Sie provozieren. Sie spotten. Sie empören sich. Ich sehe, dass sie ihre brennenden Fragen verstecken. Aber dann passiert es, dass sie alle Masken ablegen, offene Gesichter bekommen, ehrliche Fragen stellen und offen sind für die Antworten. Dann sitzen plötzlich lauter einsame, traurige Menschen um mich, die sich nach Gott sehnen, die sich danach sehnen, zu hören: Da ist einer, der ja zu dir sagt, bedingungslos. Da ist einer, dem du wert bist. Da ist einer, der dich liebt.

»Liebe? Sag das Wort nicht! Sag das Wort nicht!« Sie nennen

den, der mir laut ins Wort fällt, »Starker«. Wir haben uns heiß geredet. Von allen Seiten hagelt es Fragen auf mich ein, Fragen, die ich allesamt auch nicht beantworten kann, dennoch will ich an der Liebe Gottes festhalten. Der Starke trinkt sein Bier in einem Zuge aus und zieht unter alle Fragen den Schlussstrich, indem er feststellt: »Das Leben ist eben einen Dreck wert, weil man nur arbeitet, isst und schläft und irgendwann stirbt.« – »Und die Liebe?«, frage ich. »Liebe, sag das Wort nicht! Sag das Wort nicht! Die gibt es nicht!« Ich schweige betroffen. Er glaubt nicht an einen Gott. Er glaubt nicht an einen Sinn in seinem Leben. Durch einen Zufall ist er in diese Welt gekommen, und irgendwann wird er nicht mehr sein. Er spricht pausenlos von Trieben und Instinkten, der Mensch sei auch nur ein Tier, und Liebe, das sei so ein ausgedachter Begriff für etwas, was sich die Menschen erträumen, wünschen, was es aber nicht gibt. Und der Starke schreit mir ins Gesicht: »Wer von Liebe spricht, der lügt!« Er greift schmerzhaft meinen Arm, kommt dicht an mich heran und brüllt: »Scheiße, Liebe ist Scheiße!«

Ich schweige betroffen. Da sitzt er vor mir, der Starke. Ein junger kräftiger Mann, langhaarig, auf beiden Armen eindeutige Bilder, nackte Frauen und viele Mädchennamen. Da sitzt er vor mir, wie ein kleines mutterloses Kind, das sich verlaufen hat und gefunden werden möchte. Ich bin betroffen. Er tut mir Leid. Und ich weiß nicht, wie ich ihm weiterhelfen soll, ihm von der Liebe Gottes sagen soll, ihm, der nie menschliche Liebe und Geborgenheit erfahren hat.

30. November 1967

Wir stehen auf dem Rummelplatz. Ich versuche, die Fragen Jugendlicher um mich herum so zu beantworten, dass sie weiterfragen. Bei manchen spüre ich echtes Interesse, andere provozieren, um mich lächerlich zu machen. Einer tritt vor mich hin, breitschultrig, groß: »Wenn du so gut Bescheid weißt in der Bibel, dann kennst du doch auch sicher den Satz: Wenn dich einer auf die rechte Wange schlägt, sollst du ihm noch die andere hinhalten. Ist das nicht idiotisch?«

»So idiotisch finde ich das gar nicht«, antworte ich und will mich auf ein Gespräch darüber einlassen. Aber da spüre ich seinen

Faustschlag im Gesicht. »So, findest du das immer noch nicht idiotisch?« Ich bin erschrocken. Derart handfest hat noch keiner mit mir diskutiert. Und jetzt blutet auch noch die Nase, und ich habe nicht einmal ein Taschentuch dabei.

Der Kreis um mich gerät in Bewegung. Einer reicht mir sein Taschentuch. Ein anderer sagt: »Was bist du für ein Schwein, Langer, dass du ein Mädchen schlägst.« Ein Dritter rempelt den Langen an und sagt: »Mach das noch mal mit mir.« Und ein Vierter legt mir die Hand auf die Schulter und sagt: »Komm, lass den doch, der ist doch blöd.« Die anderen gehen mit uns. Zurück bleibt der Lange. Auf einmal werden die Fragen echt.

4. Dezember 1967

Vor den Verkaufsständen des Dresdner Weihnachtsmarktes drängen sich die Menschen, mehr um zu schauen als zu kaufen. Überall Lärm und Gedränge. Mir schwirrt der Kopf. Die Tür der Kreuzkirche steht weit offen. Ich trete ein. Stille umfängt mich. Ich atme auf. In den leeren Bänken suche ich mir einen Platz, um mich von der Stille beschenken zu lassen. Immer wieder kommen Menschen für wenige Augenblicke herein, Einkaufspäckchen unter dem Arm, ein Pfefferkuchenherz in der Hand. Ich bin glücklich, denn ich empfinde: Im Trubel der Welt ist Sehnsucht nach Gott.

5. Dezember 1967

Victor ist ein Student aus Ghana. Ein liebenswerter junger Mann, dessen natürliche Fröhlichkeit ansteckt. In seinem Internatszimmer entdecke ich auf dem Lehrbücherberg die Neue Englische Bibel. Victor fragt, ob ich Englisch kann, und schlägt die Bibel auf. »Hier, das ist mein liebster Text. Kannst du ihn lesen?« Ein Blick genügt. Das kann ich auswendig, wenn auch nach Luther: »Denn also hat Gott die Welt geliebt, dass er seinen eingeborenen Sohn gab, auf dass alle, die an IHN glauben, nicht verloren werden, sondern das ewige Leben haben.«

Victor lacht: »Das du nicht haben übersetzt! Das du kennen!« Wir lesen den Text gemeinsam und beten das Vaterunser. Überall hat Gott seine Kinder.

7. Dezember 1967

Als Gast nehme ich an einer Gemeindeveranstaltung teil und muss erleben, wie der Leiter der Jugendgruppe sein Amt niederlegt, weil es in der Arbeit seit Monaten bergab geht. Er hat keinen Mut mehr. Ihm fehlt der Erfolg. Wie gut ich das kenne. Auch mein Elan ist vom Erfolg abhängig. Wenn nichts wächst, möchte ich davonlaufen.

Herr, du bist der gute geduldige Weingärtner, der sich des fruchtlosen Feigenbaums annimmt, ihn umgräbt und düngt in Hoffnung.

9. Dezember 1967

Katy hat geschrieben. Ich lese von ihren Nöten. Sie hat viel Vertrauen zu mir. Ich fühle mich sehr ohnmächtig dabei, denn ich weiß nicht, wie ich ihr helfen könnte. Oder bin ich zu bequem? Kann ich deshalb so wenig wirkliche Hilfe sein? Herr, ich tue so wenig. Vor dir ist es nichts. Du willst mich dennoch in deinem Dienst.

15. Dezember 1967

»Sie sind wohl der glücklichste Mensch auf dieser Erde?« Erstaunt blicke ich meinen Arbeitskollegen an und frage zurück: »Wie kommen Sie denn darauf?« – »Na, Sie können doch keine Sorgen haben. Ich sehe Sie immer fröhlich, immer mit einem Lächeln im Gesicht. Es tut gut, so einen Menschen neben sich zu haben.«

22. Dezember 1967

Die Weihnachtstage verbringe ich zu Hause. Mein Vater erzählt mir, er sei in der Parteiversammlung angesprochen worden. »Deine Tochter hat aber eine umfangreiche Korrespondenz«, habe einer festgestellt. Woher will der das wissen?

24. Dezember 1967

Wir haben in unserer Jugendgruppe Päckchen gepackt. Schuhkartons gefüllt mit Christbroten und Plätzchen, Äpfeln und Schokolade und kleinen Bibeln. Päckchen für Menschen, die Heiligabend arbeiten müssen. Ärzte und Schwestern, Bahnangestellte und Polizisten. Bevor wir in die verschiedenen Richtungen gehen, sitzen wir zusammen und beten. Wir wollen nicht nur Freude schenken, auch nachdenklich stimmen. Für viele ist Weihnachten ein Fest der Familie, ein Fest der Sonnenwende. Seit Jahren erklingen im Radio nicht einmal mehr christliche Weihnachtslieder. Dafür dudeln Schlager den ganzen Tag: »Fröhliche Weihnachten, Weihnachten steht vor der Tür ...« Welchen Grund es für ein fröhliches Weihnachtsfest gibt, wird hartnäckig verschwiegen.

3. Januar 1968

Mein Chef lebt nicht mehr. »So ein feiner Mann«, sagt die Sekretärin und schluchzt in ihr Taschentuch. »Er war zu gut für diese Welt.« Und nach einer Pause des Schweigens: »Der Krieg ist schuld. Der hat ihn kaputtgemacht.«

Das ist alles, was ich zum Tod meines Chefs erfahre. Die Leitung der kleinen Lokalredaktion liegt jetzt in den Händen einer Frau. Sie hat einen fünfjährigen Sohn, den sie allein erzieht. Sie ist geschieden. Sie ist nett.

1. März 1968

Diese Zeilen schreibe ich im Erzgebirge. Ich bin hier zu einer Schulung der Volontäre. Die Kosten trägt der Verlag. Ich fühle mich wohl unter den anderen. Ich bin selbstbewusster geworden. Das liegt auch an den guten Lernergebnissen. Die Prüfungen rücken näher.

5. April 1968

Martin Luther King ist tot. Ermordet. Warum? Weil er den gewaltlosen Weg gegangen ist. Nichts fürchten die Mächtigen so sehr wie Gewaltlosigkeit. Gewehren können sie Gewehre entgegensetzen. Der Gewaltlosigkeit haben sie nichts entgegenzusetzen. Vor ihr werden sie hilflos. Das macht ihnen Angst.

Selig sind die Friedensstifter. Ihnen wird das Erdreich gehören.

Das Volk in der DDR soll über die neue Verfassung entscheiden. Dabei ist längst entschieden. Überall steht die Entscheidung in großen Lettern: Ja! Überall schreit es dir entgegen: Ja!

Im Apollo spielen sie gerade den Film »Republik der Strolche«. Unter dem Filmplakat hängt die Losung: »Dazu unser Ja!«

6. April 1968

Das Volk hat Ja gesagt. Was hätte es sonst auch sagen sollen? Auch ich habe Ja gesagt. Ich wollte den Zettel durchstreichen, hatte dann aber nicht den Mut.

24. Mai 1968

Es hat einen Verkehrsunfall mitten im Stadtzentrum gegeben. Ich soll für einen Zeitungsbericht recherchieren, aber die Polizei lässt mich nicht durch die Absperrung. Keiner gibt mir eine offizielle Auskunft, was passiert ist. Erzählt wird, dass ein Armeefahrzeug von »unseren Freunden« von der Straße abgekommen und im Schaufenster eines Geschäfts gelandet ist. Der Fahrer soll ziemlich betrunken gewesen sein. Ich notiere mir, was die Leute erzählen. Als ich in die Redaktion zurückkomme, wissen die Kollegen schon Bescheid. Ein Bericht darüber erscheint natürlich nicht.

30. Mai 1968

Ich bin mit anderen Jugendlichen zum Polterabend eingeladen. Spätabends gehen wir ein wenig an die frische Luft, spazieren durch den Stadtpark, setzen uns auf eine Bank und reden miteinander. Plötzlich sitzen wir im Lichtkegel. Zwei Polizisten stehen vor uns und haben ihre Taschenlampen auf uns gerichtet. »Weisen Sie sich aus!« Ausweise? Die haben wir natürlich nicht dabei. »Zur Klärung des Sachverhaltes müssen Sie mitkommen. Wir müssen die Personalien aufnehmen!« Uns ist etwas mulmig zumute, als wir in einem abgeschlossenen Hof stehen, von einem Schäferhund bewacht, den sternenklaren Himmel über uns. Es dauert zwei Stunden, ehe unsere Personalien aufgenommen und überprüft worden sind. »Künftig immer den Ausweis dabeihaben«, sagt einer der

Polizisten streng. Das Feiern ist uns vergangen. Das Brautpaar wird sich gewundert haben, weshalb wir vom Spaziergang nicht zurückgekommen sind.

5. Juni 1968

In Leipzig wurde die Universitätskirche gesprengt, am 30. Mai. Einfach weggesprengt. Sie passte nicht in die neue Stadtplanung hinein. Die Kirche passt nirgends in die Pläne der Regierenden hinein.

12. Juni 1968

Das Prüfungsgespräch für Volontäre habe ich hinter mir. Erfolgreich. Auch beim anschließenden Wissenstest war ich ziemlich gut. Ich bin mit meiner Punktzahl zufrieden. Bald werde ich richtig als Redakteurin arbeiten können. Und ich bin gespannt, wo ich eingesetzt werde.

18. Juli 1968

Ich könnte die Welt umarmen. Ja, ich habe mich verliebt. Wieder einmal. Aber diesmal ist es anders. Ich kann mir vorstellen, mit ihm verheiratet zu sein. Er studiert am Predigerseminar und vertritt hier in den Sommerwochen den Pastor. Hanjo predigt, hält Bibelstunden, gestaltet Abende für die Jugend. Eigentlich kennen wir uns schon länger. Jetzt haben wir Gelegenheit, uns näher kennen zu lernen. Wir verstehen uns gut und können über vieles miteinander reden. Wir diskutieren in jeder freien Minute über Gott und die Welt, über die neue Verfassung, über die Reformen in der Tschechoslowakei, über die DDR-Politik. Vieles habe ich bisher nicht so gesehen, nicht in dieser Deutlichkeit.

1. August 1968

Hanjo ist heute abgereist. Er macht Ferien in der CSSR, und nach Ungarn will er auch ein paar Tage.

21. August 1968

Truppen des Warschauer Paktes marschieren. Es ist Nacht. Ein Konvoi rollt durch die Stadt. Ich höre die Armeefahrzeuge. Ich sehe sie. Ich stehe erstarrt am Fenster meines Untermieterzimmers und zähle die Fahrzeuge. Zähle. Um irgendetwas zu tun, zähle ich. Dann gebe ich auch das auf. Der Konvoi zieht über die Grenzbrücke. Richtung Prag. Die Räder rollen und rollen. Ich heule. Bis zum Morgengrauen liege ich wach. Ob Hanjo noch in der CSSR ist? Ich habe lange nichts von ihm gehört.

26. August 1968

Ich habe Angst. Bricht ein Krieg aus? Ist nicht schon Krieg? In der Redaktion wird über den Einmarsch des Warschauer Pakts gesprochen. Sehr verhalten. Es heißt, Journalisten sollen sich solidarisch erklären mit der Entscheidung, die »Positionen des Sozialismus« zu verteidigen. Panzer stehen in Prag. Das ist Unrecht. Ich kann nicht so tun, als fände ich das richtig. Sollte ich gezwungen werden, eine Unterschrift zu geben gegen meine innerste Überzeugung, kann ich nicht länger in diesem Beruf arbeiten. Ich habe Angst, mich entscheiden zu müssen. Am Wochenende war ich zu Hause. In der evangelischen Kirche war Familiengottesdienst. Pfarrer Gloege legte ein paar handfeste Dinge auf die Kanzel. Diese Dinge – eine Uhr, eine Tageszeitung, ein Kreuz, ein Gewehr, eine Fahne der CSSR – sprachen für sich. Jeder sollte wissen, was die Stunde geschlagen hat.

1. September 1968

Pfarrer Gloege ist verhaftet worden, weil er den Einmarsch der Truppen im Gottesdienst als Überfall bezeichnet hat. Inzwischen ist er wieder auf freiem Fuß. Ich habe Angst.

2. September 1968

Meine Unterschrift zum Einmarsch in Prag ist nicht gefragt. Gott sei Dank! Die Meinung eines Volontärs ist unwichtig. Die Meinung meiner Chefin nicht. Sie muss sich positionieren. Sie unterschreibt nicht. Stattdessen schreibt sie einen Ausreiseantrag. Sie will nicht länger in der DDR leben. Nach Kanada will sie. Dort hat sie einen Freund.

Samstag bin ich spätabends noch in den »Beat-Schuppen« gegangen, um ein paar Freunde zu treffen. Er war gerammelt voll. Durch dichtes Gedränge führte mich der Einlassdienst an einen Tisch. Hier war Platz. Hier saß ein Herr ganz allein. Ich habe mich besser gleich wieder von ihm verabschiedet und bin in der Menge untergetaucht.

17. September 1968

Wiedersehen mit Hanjo. Er hat viel zu erzählen. Wir tauschen uns über interessante Neuerscheinungen auf dem Buchmarkt aus. Richtig gute Bücher sind nur schwer zu bekommen. Meist braucht es Vitamin B dazu, Beziehungen. Hanjo bittet mich, ihm einige Bücher zu besorgen. Ich habe mir die Titel notiert. Vielleicht habe ich Glück. Es tut mir gut, mit jemandem offen diskutieren zu können. Damit bin ich in letzter Zeit sehr vorsichtig geworden.

7. Oktober 1968

Tag der Republik. Festempfang im Jugendklubhaus, für geladene Funktionäre. Im Foyer steht ein kaltes Büfett. Es gibt alles, was es eigentlich gar nicht gibt. Plötzlich stürmen Jugendliche ins Foyer, greifen, was sie greifen können – Bananen, Ananas, Lachsbrötchen, Aal, Schinken, Salami, Orangen. Sie bedienen sich auch bei Zigaretten und Sekt. Und schon hat die Dämmerung sie verschluckt. Die Polizei sucht vergeblich nach ihnen.

24. Oktober 1968

In der Redaktion weiß keiner so genau, wie es weitergehen soll. Meine Chefin arbeitet nicht mehr. Mit dem Ausreiseantrag und einem Kanadier als Freund ist sie untragbar. Sie passt nicht ins System. Ihr blieb nur, einen Aufhebungsvertrag zu unterschreiben, nach fast zehn Berufsjahren. Ob ich es so viele Jahre in diesem Beruf aushalte? Ich habe sie heute besucht. Sie sah blass aus. Sie hofft, die DDR bald verlassen zu können. Derzeit hilft sie im Büro der Kirchenmusikschule aus, verdient damit aber gerade nur genug, um sich mit ihrem Sohn über Wasser zu halten.

28. November 1968

Die Lokalredaktion wird umstrukturiert, eine Rationalisierungsmaßnahme. Ich wechsele entweder nach Karl-Marx-Stadt oder nach Cottbus.

4. Dezember 1968

Inzwischen steht es fest: Mein neuer Arbeitsplatz ist in Cottbus. Damit kann ich auch wieder die Jugendarbeit zu Hause übernehmen.

7. Dezember 1968

Abschied. Ich räume mein Untermieterzimmer aus. Ich freue mich auf zu Hause, freue mich auf die Jugendgruppe, auf die Gemeinde. Wieder einmal packe ich Koffer. Nach anderthalb Jahren.

Mit zwei sehr schweren Koffern stehe ich auf der Straße, und auf einmal ist sie da. Ich habe nicht mit ihr gerechnet. Die Wehmut. Gern verzichte ich auf dieses Zimmer. Hier bin ich nie heimisch geworden. Viel zu fremd waren mir die Möbel, viel zu kahl die Wände, nichts, was mein war. Aber ich nehme ja auch Abschied von den Menschen, die mir Freunde geworden sind, die ich lieben durfte. Und dieser Abschied fällt mir schwer.

6. Januar 1969

Eigentlich wollte ich in der Gaststätte an der Ecke nur schnell ein paar Flaschen Limonade kaufen. Während ich auf das Wechselgeld wartete, nickte mir eine Frau zu und bat mich, neben ihr Platz zu nehmen. Sie war ziemlich betrunken und hatte das Bedürfnis zu reden. Von ihren Kindern im Heim. Kommen sie zu Besuch, nimmt sie ihnen die Kleider weg und verkauft, was sich verkaufen lässt.

»Ich bin schlecht, ich bin schlecht«, sagte sie immer wieder und hielt mich fest.

Herr, überall um mich herum sehe ich Menschen, die Hilfe brauchen. Es sind zu viele, Herr, ich habe nicht genügend Zeit und Kraft. Es wird mir zu schwer. Doch ich weiß, deine Liebe gilt dieser Frau, und ich darf mich dieser Liebe nicht in den Weg stellen. Du willst diese Frau in diesem Augenblick durch mich hindurch lieben.

Alles, was ich tue, ist mir zu wenig. Ich bin unruhig und mit mir unzufrieden. Ich will mehr tun. Was kann ich tun? Herr, zeige mir meinen Weg!

12. Januar 1969

Mit unserem Gemeindeleiter spreche ich über Belastungen in der Arbeit mit Menschen. »Es ist eine schwere Arbeit«, bestätigt er mir, »aber ein Lichtstrahl macht sie zur schönsten.«

Ja, Herr, ich will. Ich will Zeit haben für den, der meine Zeit braucht. Ich will Liebe haben für den, der meine Liebe braucht. Schenke mir aus der Fülle deiner Liebe. Schenke mir wieder und wieder in der Finsternis der Belastungen einen Lichtstrahl.

Ich sehne mich nach einer Familie, nach privatem Glück.

Herr, schenke mir einen klaren Blick für meine Aufgaben.

10. April 1969

Ostersonntag war Taufe. Gundel und Ursula konnten nicht getauft werden, weil sie Grippe hatten. Das war aber auch das einzig Traurige an diesem Tag. Während des Taufgottesdienstes stand Karin auf und bekannte ihren Glauben. Sie will auch getauft werden. In wenigen Tagen werden wir also einen zweiten Taufgottesdienst haben. Das ist mehr als nur ein Lichtstrahl. Das ist heller Sonnenschein. Danke, Herr!

Zu unserer Gruppe gehören jetzt achtzehn Mädchen und Jungen, davon sind dreizehn Gemeindeglieder. Und da sollte es nicht zu einem lebendigen Gemeindeleben kommen?

Seit der letzten Jahresgemeindestunde vertrete ich die Jugend im Gemeinderat.

22. April 1969

Die Jugendarbeit beansprucht mich sehr. Es belastet mich, dass jeder von mir erwartet, dass ich für ihn Zeit habe, ihn verstehe. Ich soll versöhnen, nachgehen, zurückholen, ansprechen, mich kümmern. Dabei lasse ich mich viel zu schnell entmutigen. Die meisten verlassen sich auf mich. Manchmal fühle ich mich sehr verlassen in dieser Rolle.

Was erwartet Gott von mir?
Was erwartet der andere von mir?
Was erwarte ich selbst von mir?

29. April 1969

Aus Berlin kommt ein Brief. Achim aus Köpenick schreibt mir, sein bester Freund sei tödlich verunglückt. Dreiundzwanzig Jahre war er jung. Achim fragt: »Warum lässt Gott das zu?«

Wir wollen alles begreifen, verstehen, einen Sinn sehen. Und am Ende bleibt uns nur das Warum.

9. Mai 1969

Herr, ich möchte einmal in meinem Leben eine Woche lang ganz allein auf einer Wiese liegen, in die Wolken schauen, den Lerchen und Grillen zuhören und sonst keinem. Nur eine Woche, Herr.

12. Mai 1969

Eine Woche lang arbeite ich wieder in Görlitz. Ich vertrete einen kranken Kollegen. Nach dem Arbeitstag habe ich alle Zeit nur für mich. Ich bin nur für mich da. Wie ungewöhnlich. An die Tür des Hotelzimmers klopft es nicht. Keiner braucht meine Zeit. Keiner erwartet, dass ich ihn anhöre. Das ist erholsam.

Langsam schlendere ich abends durch die Straßen der Altstadt. Erinnerungen gehen mit. Die Gassen sind mir vertraut. Die Kirche steht wie immer offen. Ich trete ein. Angenehme Kühle umgibt mich. Ich fühle mich sehr geborgen. Eine Studentin übt sich im Orgelspiel. Ich sitze auf einer hölzernen Bank und bete. Dann schweigt in mir alles. Hier ist nur Gott, einzig Gott. Nicht hören müssen, nicht reden müssen, in der Stille sein, schweigen. Das ist es, was ich gebraucht habe.

15. Juni 1969

Christine ist ertrunken. Wenn ich ein Kind aus unserer Straße in besonderer Weise geliebt habe, dann sie. Tine, mein Kind. Sie hat in mir eine Mutter gesucht. Ich habe in ihr eine Tochter gefunden. Alles in mir lehnt sich gegen Gott auf. Alles in mir ist wütende Trauer, ohnmächtige Wut. Ich möchte schreien, schreien, schreien. Tine, fünf Jahre alt, und Gott lässt sie ertrinken. Worte können nicht trösten. Nichts kann trösten. Ich kann es nicht begreifen. Es bleibt nur das Warum.

Tine liebte mich bedingungslos. Sie konnte so zärtlich und zugleich wild sein wie eine junge Katze. Sie liebte völlig. Sie liebte ganz und gar. Ihr Vertrauen war grenzenlos. Ihre Liebe tat mir gut. Als ich am Vormittag zum Gottesdienst ging, sah ich sie. Sie war in ein Spiel vertieft. Ich hatte es eilig und rief sie nicht, obwohl ich mir wünschte, sie sähe mich, liefe auf mich zu, schmiegte sich an mich.

Da sah ich sie zum letzten Mal und ahnte nicht, dass man nachmittags, nur wenige Stunden später, in der Straße über ihren Tod im Fluss reden würde. Ich sehe sie noch vor ihrem Haus spielen. Es sind nur wenige Stunden vergangen seitdem. Sie ist tot, ist einen so sinnlosen Tod gestorben. Tine ist nicht mehr da. Sie wird nie mehr da sein. Gott, wenn ich wenigstens einen Sinn sähe! Begann ihr Leben nicht erst? Warum nimmst du mir das Liebste? Ich bin wütend, Gott!

Sag, Gott, warum hast du Tine nicht bewahrt? Wäre es dir nicht ein Leichtes gewesen? Sie ist mit ihrer Schwester in den Fluss gelaufen, um zu baden, während sich die Eltern umkleideten. Die Strömung hat beide Kinder fortgerissen. Die Schwester konnte gerettet werden. Für Tine kam die ärztliche Hilfe zu spät. Und wo warst du, Gott? Wo warst du?

11. August 1969

Es klingelt. Vor meiner Tür steht ein junger Mann. Wer mag ihm meine Adresse gegeben haben? »Ich muss mit dir reden«, sagt er und schiebt sich an mir vorbei in mein Zimmer. Vor wenigen Wochen aus dem Strafvollzug entlassen, findet er sich nicht oder nur schlecht zurecht. Jochen. 26 Jahre alt. Kinderheim, Jugendheim, Jugendwerkhof, Strafvollzug, wiederholt – das ist seine Biographie. Nun sucht er Hilfe und Geborgenheit. Er will weg vom Alkohol. Er will endlich anfangen zu leben. »Ich habe doch noch nicht gelebt«, sagt er. »Ich möchte einfach ganz normal leben. Warum gelingt mir das nicht?«

Er erzählt von sich. Ich höre ihm zu.

Wie ist das, wenn man als ungewolltes Kind zur Welt kommt? Wenn man weiß, Mutter hat mich im Krankenhaus gelassen, zur Adoption freigegeben, in ein Heim gegeben. Sie hat nichts von mir wissen wollen. Wie ist das, in Heimen aufzuwachsen und sich immer ein Zuhause zu wünschen? Wie ist das, zu wachsen, ohne zu reifen, weil es an Wärme, an Nähe fehlt? Wie ist das, ein Nichts zu sein? Wie ist das, wenn einer auf der Suche nach Menschen sich selbst verliert? Wie ist das, sich wertlos zu fühlen? Was tun gegen die Sehnsucht nach Liebe?

Eine Frau suchen und immer nur etwas fürs Bett finden, für eine Nacht oder zwei. Und alles mit dem Gefühl, ich bin eben nichts wert. Ich bin nichts. Und dann mit der geballten Faust zuschlagen, zurückschlagen. Und der Pflegemutter kein gutes Kind sein, ihr Ärger bereiten, ihr das Leben erschweren, um es erneut zu erfahren, was man längst in sich ahnte: Ich bin nicht liebenswert. Ich bin ein Nichts.

»Mutter liegt im Bett und ist ganz grau im Gesicht«, sagt er. »Ich bin ihr Tod, das hat sie gesagt, sie will nicht länger leben. Ich bereite ihr nur Schande. Das hat sie gesagt. Da bin ich weg von ihr. Straft mich Gott für meine Sünden? Lässt er Mutter sterben, um mich zu strafen? Kannst du für meine Mutter beten?«

Jochen verbirgt sein Gesicht in den Händen und weint. Ich erzähle ihm von einem Menschen, der schon als Kind getötet werden sollte, der verfolgt und gehasst wurde, der zum Tode verurteilt wurde und dessen Liebe uns allen gilt. Jochen fragt: »Wie kann man lieben, wenn man immer nur gestoßen und gehasst wurde?«

Als er geht, ist es spät geworden. Er geht mit den Worten: »Mir kann nur der Weg mit euch helfen. Kann ich kommen?«

18. September 1969

Unsere Jugendgruppe hat sich einiges vorgenommen. Wir gestalten uns im Keller des Gemeindehauses einen eigenen Raum für unsere Treffs. An dieser Aufgabe begeistern sich alle und sind mit Feuereifer dabei. Wir haben für das kommende Jahr eine Mannschaftswoche geplant. Wir brauchen nicht nur einen Raum für unser Zusammensein. Wir brauchen Raum für Jesus.

25. September 1969

Jochen versäumt keine Gemeindeveranstaltung. Er kommt zu jedem Gottesdienst, zu jeder Bibelstunde, zu jedem Jugendtreff. Mir ist es ein Wunder. Aber es bringt mich auch erneut ins Gerede, dass ich mich um Jochen bemühe. Ich brächte die Familie in Verruf, sagt man.

Was würde Jesus dazu sagen? Unser Pastor sagt: »Du kannst mit solchen Menschen umgehen. Das ist eine Gabe Gottes.« Doch würde er mit Jochen, der ja in der Stadt als Trinker und Schläger bekannt ist, um den jeder einen Bogen macht, gesehen werden wollen? Nach dem Gottesdienst gibt mancher Jochen die Hand, der auf der Straße an ihm vorbeigeht. Gefallenen aufhelfen. Leicht ist das nicht.

2. Oktober 1969

Manchmal glaube ich, Gott stellt mir die Menschen nicht in den Weg, damit ich sie zu Christus führe, sondern damit sie mich führen. Jochen konfrontiert mich mit Problemen, die ich vor der Begegnung mit ihm gar nicht kannte. Er ist eine Herausforderung für mich, für meinen Glauben.

Jochen hat sich erneut wegen Körperverletzung vor dem Kreisgericht zu verantworten. Ich habe mit denen zu tun, die am Rande stehen, die uns aus dem Blickfeld geraten wollen. Gott kennt kein Blickfeld. Sein Blick ist unbegrenzt. Unsere Gruppe ist sich zur Zeit selbst genug. Was uns fehlt, ist Mut zum Zeugnis.

6. Oktober 1969

Seit zehn Tagen warte ich vergeblich auf einen Brief aus Buckow. Warum schreibt Hanjo nicht? Ist meine Post verloren gegangen? Vorhin habe ich wieder einen Brief abgeschickt. Ich habe ihm von der Mannschaftswoche geschrieben, die wir vorbereiten, und wie toll unser Jugendraum im Keller geworden ist. In der Mannschaftswoche wollen wir vor allem auf die Straßen gehen und zu den Abendveranstaltungen einladen. Nun warte ich wieder auf Antwort.

7. Oktober 1969

Pünktlich zum 20. Republiksgeburtstag geht der Fernsehturm am Berliner Alexanderplatz in Betrieb. Höher als alle anderen Bauwerke bezeugt er sozialistische Macht. Die Kirche daneben sieht auf einmal winzig aus. Das ist offensichtlich Absicht. Aber wenn die Sonne scheint, erscheint auf der Silberkugel ein Kreuz. Journalisten sprechen vom »Telespargel«, das sei die liebevolle Bezeichnung der Berliner für den Fernsehturm. Stimmt nicht. Für den Berliner heißt das Bauwerk »St. Ulbricht«.

14. Oktober 1969

Heute endlich Post aus Buckow. Ungeduldig reiße ich das Kuvert auf. Aber im Briefumschlag steckt nur mein Brief. Ungeöffnet. Auf der Rückseite ein paar Worte. Hanjo ist im Urlaub nach Ungarn gefahren und hat sich nach Westdeutschland abgesetzt. Ich schließe mich in meinem Zimmer ein und heule.

21. November 1969

Seit einiger Zeit schreibe ich mir meine eigenen Psalmen:

> Du bist ein Gott der Kraftlosen.
> Du bist ein Gott der Ohnmächtigen.
> Du bist ein Gott der Zweifelnden.
> Deshalb kann ich dir
> meine Kraftlosigkeit bringen,
> meine Ohnmacht zeigen,
> meine Zweifel nennen.

Ich muss meine Schwachheit
vor dir nicht verbergen
und meine Traurigkeit
brauche ich nicht zu verstecken.
Ich kann zu dir kommen
mit meinen Ängsten
und kann dir meine Sorgen mitbringen.
Du bist ein Gott derer,
die am Ende sind mit ihrer Kunst,
die nicht mehr ein noch aus wissen.
Deshalb kann ich dich
in meiner Ausweglosigkeit erwarten
und damit rechnen,
dass du an mein Ende
deinen Beginn setzt.

12. Dezember 1969

»Wir sollten ein Fest für einsame Leute vorbereiten.« Irgendeiner aus der Jungschar hatte diese Idee. Gemeinsam wollen wir sie in die Tat umsetzen. Wen können wir einladen? Wer in unserer Nachbarschaft ist einsam? Ich gehe von Haus zu Haus, lade allein lebende Menschen zu einer Feier in unsere Gemeinde ein. Mit jedem Menschen, dessen Nähe ich suche, kommt Gott mir näher. Überall werde ich als ein Gast aufgenommen, der längst erwartet wurde. Jeder Besuch braucht seine Zeit. Zwischen Tür und Angel ist da nichts getan. Ich höre mir viele Geschichten an, sehe auch Not und Sorge.

15. Dezember 1969

Es ist soweit. Kinder und Jugendliche schmücken den Gemeindesaal mit Tannenzweigen und stellen Kerzen auf. Ob überhaupt einer von den Eingeladenen kommt? Ausgerechnet heute ist es sehr kalt. Es hat geschneit. Glatteis macht die Wege unsicher. Wer geht da schon aus dem Haus? Wir wollen um 16 Uhr beginnen. Noch ist eine knappe Stunde Zeit. Ich habe kalte Hände vor Aufregung. Da öffnet sich vorsichtig die Tür zum Gemeindesaal. Die ersten Gäste kommen, und dann kommen immer mehr. Der Raum füllt sich. Die Kerzen geben warmes Licht. Die Kinder strahlen. Sie bringen ihr kleines Programm dar. Wir spüren alle, wie Gott uns in dieser Begegnung segnet. Freude ist da. Im Verkündigungsspiel ist Dieter, der immer wieder Trost beim Alkohol sucht, ein blinder König. Ich spreche als Stern zu ihm:

»Ich scheine für dich.
Dies sagt dir der Schein:
Du sollst nicht länger ein Blinder sein,
sollst den Weg sehen,
den deine Füße gehen.«

Mögen diese Worte wahr werden. Möge Dieter doch nicht länger so blind sein. Leider bin ich kein Stern, der für ihn scheinen könnte. Ich bin selbst oft blind.

21. Dezember 1969

Seit Anfang November ist Winter. Seit hundert Jahren soll es nicht mehr so kalt gewesen sein. Erst wurde die Kohle knapp, dann das Gas, jetzt gibt es keine Kartoffeln zu kaufen. In Schulküchen und Betriebskantinen gibt es beinahe täglich Nudelgerichte. Die Züge sind ungeheizt. Jeden Tag komme ich durchfroren in der Redaktion an und friere dort weiter. Überall muss gespart werden. Wieder einmal zeigt sich: Das Wetter ist der größte Feind des Sozialismus. »Keine Kohlen im Keller, keine Kartoffeln im Sack. Es lebe der 20. Jahrestag!« Na gut, über Witze kann man wenigstens lachen. Warm wird einem davon aber auch nicht.

31. Dezember 1969

Ein Jahr geht zu Ende. Bin ich Gott näher gekommen? Bin ich den Weg gegangen, den er für mich vorgesehen hatte? Habe ich die Hände am Rande des Weges gesehen, ergriffen? Hab ich mich gegen sie gewehrt, vielleicht aus Angst, sie könnten mich zu fest halten, könnten mich vereinnahmen, vom Weg abbringen? Habe ich die frohe Botschaft von der Liebe Gottes weitergetragen? Hat mich Liebe regiert oder Hass oder beides? War Gott mir nah oder fern?

Viele Fragen sind am Ende des Jahres in mir.

Herr, glücklich und verzweifelt war ich. Du warst mir nah, wie ein Freund, und manchmal weit weg. Manchmal wollte ich aufgeben. Manchmal hatte ich keinen Mut mehr, keine Hoffnung. Aber immer dann, wenn ich es brauchte, bist du gekommen und hast mich beschenkt mit guten Erfahrungen. In der Wüste habe ich die Tür zum Garten Eden gefunden. Immer warst du bei mir, auch, wenn ich mich vergeblich nach dir umschaute. Immer warst du da. Und immer war deine Liebe da. Und immer deine Treue. Herr, gib mir deinen Frieden!

Das Jahr ist nun zu Ende.
Heut ist sein letzter Tag.
Ich falte still die Hände
und bete für die Wende
und bete, bitte, frag.

Viel Leid hast du gegeben,
doch noch im Leiden Glück –
es wuchs daraus mir Segen
auf allen meinen Wegen.
Drum will ich nicht zurück.

Oft konnt ich nicht verstehen,
was du von mir verlangt.
Ich musste den Weg gehen,
ohne den Sinn zu sehen.
Manchmal hat mir gebangt.

Ich stehe an der Wende
und bin voll Zuversicht.
Zu dir streck ich die Hände,
um zu empfangen. Sende
mir das verheißne Licht.

Die Jahreslosung für 1970 lautet: »Halte fest an Barmherzigkeit und Recht, und hoffe stets auf deinen Gott.«

Hoffnung brauche ich. Daran mangelt es mir. Am letzten Sonntag suchte ich in den Stuhlreihen vergeblich nach Dieter. Es war der erste Gottesdienst in diesem Jahr. Ich betete: »Herr, lass ihn doch heute kommen.« Als ich die Augen öffnete, ging die Tür auf und Dieter kam herein. Hoffnung. Manchmal erfüllen sich Hoffnungen, oft aber werden sie enttäuscht.

Jochen wurde zu zehn Monaten Freiheitsentzug verurteilt. Wir haben ihm nicht helfen können. Und ich hatte gehofft.

5. Januar 1970

Wann soll ich bloß Tagebuch schreiben? Nachts stört das laute Tippen auf der Schreibmaschine meine Eltern. Tagsüber ist keine Zeit. Warum hat ein Tag nur 24 Stunden? Zwölf bis dreizehn Stunden bin ich als Redakteurin für die Zeitung im Einsatz. Täglich brauche ich ein bis zwei Stunden für die Kinder- und Jugendarbeit in der Gemeinde. Wenn ich dann noch die Zeit für Essen, Waschen, Aufräumen abziehe, bleibt nur ein kläglicher Rest für meine persönlichen Bedürfnisse. Der Tag hat mir einfach zu wenig Stunden. Mir bleibt kaum Zeit, ein Bild zu betrachten, ein Gedicht zu lesen.

Lebe ich nach dem Willen Gottes?

Da ist die Kinderarbeit in der Gemeinde. Einmal wöchentlich treffen sich Mädchen und Jungen mit mir, um spielend und gestaltend von Gott zu lernen. Da ist die Arbeit mit jungen Erwachsenen. Manchmal sehe ich hier einen Sinn, doch öfter leide ich unter meinem Versagen. Manchmal kann ich verbindend wirken, kann Frieden stiften. Manchmal spüre ich das große Vertrauen, das mir andere entgegenbringen. Aber werde ich ihm gerecht? Ich kann allen nur zuhören, nie raten. Ich weiß keine Antworten. Was nützt mir mein guter Kontakt zu anderen, wenn ich unfähig bin, Kontakt zwischen Gott und ihnen zu schaffen?

19. Januar 1970

Die Mannschaftswoche rückt näher. Es gibt noch viel vorzubereiten. Die Jugendstunden nutzen wir, um Liederbücher herzustellen. Ende Januar müssen sie fertig sein. Wir lassen dafür die neuen Lieder fotokopieren. Das ist nicht ganz billig und ungesetzlich ist es außerdem. Aber was sollen wir tun? Zu kaufen gibt es doch keine Bücher mit neuen Liedern.

Soeben war unser Pastor bei mir. Er war verärgert und teilte mir mit, dass er jede weitere Mitarbeit in der Vorbereitung ablehnt. Der Grund: Marina hat etwas selbst in die Hand genommen, was eigentlich seine Aufgabe war. Wieder ist Streit da. Es ist nicht der erste. Und dabei bereiten wir eine Woche vor, die der frohen Botschaft dienen soll.

22. Januar 1970

Muss es in der Gemeinde immer so sein, dass alles durcheinander geht, wenn etwas vorbereitet wird? Aus jeder Mücke wird ein Elefant gemacht. Um die Frage zu klären, wer eine Hand voll Leute verpflegen und unterbringen kann, wurden zig Gespräche geführt, gab es erhitzte Gemüter. Dabei könnten diese Fragen doch sachlich geklärt werden. Wir halten uns an den Äußerlichkeiten fest und kommen nicht zur Sache. Das macht mich wütend!

25. Januar 1970

Unsere Jugendgruppe hat heute den Gottesdienst gestaltet. Die Kollekte kommt der Jugendwoche zugute. »Ihr müsstet öfter so etwas machen«, hieß es hinterher.

Am Nachmittag sind wir zu einer Dorfkirche gewandert. Dort wurde ein neuer Pfarrer eingeführt. Ob Freikirche oder Landeskirche, ob Jugendgruppe oder Junge Gemeinde, wir halten zusammen.

31. Januar 1970

Post vom Rat der Stadt. Ich soll Stadtverordnete werden. Wer hat mich bloß als Kandidatin vorgeschlagen? Ich will nicht. Man wird mich sicher bedrängen. Hoffentlich kann ich mich herausreden, ohne beruflich Schaden zu nehmen. Ich brauche mehr Zeit für die Arbeit in unserer Gemeinde. Die Mannschaftswoche steht unmittelbar bevor. In der Jugendstunde haben wir bereits zwanzig Liedmappen gebastelt. In drei Wochen kommt Werner Aust mit seiner Mannschaft.

16. Februar 1970

Endlich ist es soweit. Seit Wochen freuen wir uns darauf. Gemeinsam mit der Mannschaft wollen wir eine Woche lang auf den Straßen einladen und die frohe Botschaft weitersagen. Dafür haben wir Urlaub genommen. Der ganze Tag ist ausgefüllt. Stille Zeit, Bibelarbeit, Gebete, Gespräche. Und dann gehen wir auf die Straßen und laden zu den Themenabenden ein. Sinn des Lebens, Schuld, Vergebung, Entscheidung – das sind ein paar Stichworte aus dem Programm.

23. Februar 1970

Es muss aufgeräumt werden, wenn Gott neu beginnen soll. Wir wollten anderen von Gott sagen, aber erst einmal hat Gott zu uns gesprochen. Er hat uns gesagt, was bei uns anders werden muss. Mission beginnt immer bei mir.

24. Februar 1970

Ich habe Gott ganz neu erlebt. Nun bleibe in mir, Herr, bleibe in mir, damit sich nicht wieder so viel anderes ausbreitet, damit Hass, Neid, Lüge keinen Raum finden in mir.

Am ersten Abend der Evangelisation hatten wir wenig Zeit zum Einladen. Als ich endlich aufbrach, war es schon dunkel. Ich wollte ein Mädchen abholen, wusste aber nicht so richtig, in welchem Haus sie wohnt, wusste nur die Straße, die Straßenseite. Ich betrat irgendein Haus, tastete an der Wand nach einem Lichtschalter, drückte versehentlich auf eine Klingel, suchte schon nach einer Entschuldigung, da stand Gisela, das gesuchte Mädchen, vor der Tür. Gisela freute sich über die Einladung und kam gleich mit.

2. März 1970

Seit der Mannschaftswoche wächst unser Jugendkreis. Einige Jugendliche haben die Woche direkt miterlebt, andere lassen sich von ihrer Begeisterung anstecken. Wie werden wir den Ansturm verkraften? Wie soll die Arbeit unter den neuen Bedingungen weitergehen? Zu jedem Treffen kommen rund zehn Gemeindejugendliche und doppelt bis dreifach so viele junge Leute von der Straße. Sie hören zum ersten Mal in ihrem Leben von Christus. Sie wissen nichts von Gott. Sie haben noch nie eine Bibel in der Hand gehalten.

Wir sind durch die Woche aber nicht mehr Mitarbeiter geworden. Siegfried meint: »Wenn wir jetzt nicht richtig nacharbeiten, war alles umsonst.« Werden wir durchhalten?

Herr, du hast uns neue Menschen geschickt. Sie haben sich begeistern lassen von deiner Botschaft. Nun wollen sie mehr hören, wollen mehr wissen. Gib, dass wir die richtigen Worte für sie haben. Hilf uns, dass wir in guter Weise mit ihnen auf dem Weg bleiben. Herr, es ist schön, dass so viele zu uns kommen, aber damit ist für uns die Arbeit gewachsen. Wir sehen viele Aufgaben, werden mit manchen Problemen konfrontiert. Hilf uns, Herr.

7. März 1970

Unterwegs zur Mitarbeitertagung in Schmiedeberg nutze ich den Aufenthalt in Dresden, um mir die Prager Straße anzusehen. Es gefällt mir, wie sie gestaltet worden ist. In Dresden hat sich viel getan. Während ich an den Wasserspielen entlangbummele und die Frühlingssonne genieße, höre ich auf einmal einen herrlichen Tenor. Ich gehe dem Ton nach und stehe schon bald mitten im Gedränge vieler Leute, die einem singenden Russen Beifall spenden. Der russische Soldat steht auf dem Brunnenrand und lässt seine Stimme weithin tönen. »Gehen Sie weiter! Auseinander, los!« Ein Volkspolizist kommt und treibt die Menge auseinander. »Dawei, dawei«, sagt er zum Sänger und scheucht ihn mit seinen Händen vom Brunnen weg.

Warum ist es verboten, ein Lied zu singen, wenn einem danach ist?

9. März 1970

Der Jugendwart unserer regionalen Gemeindevereinigung hat mich fragend gemacht. Er meint, ich hätte zu viel Selbstvertrauen, verließe mich zu sehr auf meine eigene Kraft. Er meint, mein grenzenloser Optimismus treibe mich von Gott weg. Seine Worte gingen mir nach. Was weiß er eigentlich von mir? Was wissen die anderen von mir? Was zeige ich ihnen? Was sehen sie von mir? Sieht mich eigentlich einer so, wie ich mich sehe?

Keiner sieht meine Unsicherheit. Keiner spürt meine Kraftlosigkeit. Keiner ist neben mir, wenn ich müde aus mancher Begegnung mit anderen nach Hause gehe. Keiner ist dabei, wenn ich in meinem Zimmer vor Gott stehe und ihn um Kraft bitte, wenn ich bitte: »Herr, stärke mich!«

Grenzenloser Optimismus? Ja, ich bin optimistisch. Ich gehe mit Feuereifer daran, Ideen in die Tat umzusetzen, und ich glaube trotz aller Niederlagen daran, dass Gott an uns Großes tun will. Aber ich weiß auch um die Stunden der Verzweiflung, der Kraftlosigkeit, der Unsicherheit, der Hoffnungslosigkeit. Solche Stunden sind schwer zu ertragen. Dann bitte ich um Kraft, und Gott schenkt sie mir. Dann schreie ich nach neuer Hoffnung, und Gott gibt sie mir. Dann möchte ich Sicherheit, und Gott erfüllt mich damit. Dieser im Gebet errungenen Kraft, Hoffnung und Sicherheit brauche ich mich nicht zu schämen.

Man sagt mir, ich solle es andere spüren lassen, dass ich kraftlos bin und immer wieder versage. Spüren sie es nicht? Soll ich mit meinen Schwächen hausieren gehen? Um mich in meiner Unsicherheit, in meiner Verwundbarkeit dem anderen auszuliefern, müsste ich schon sehr großes Vertrauen haben. Ich würde mich damit sehr verletzlich machen, mich preisgeben. Vor wem kann ich das?

10. März 1970

Vier Rüsttage für Jugendmitarbeiter im Martin-Luther-King-Haus liegen hinter mir. Noch bin ich ganz erfüllt von den Begegnungen im erzgebirgischen Schmiedeberg. Und nun ist mir der Anschlusszug davongefahren. Ich stehe auf dem Bahnhof, rund zwanzig Kilometer von daheim entfernt, und der nächste Zug geht erst in drei Stunden. Ein paar Mädchen sprechen mich an. Ob ich mich an einer Taxifahrt beteiligen würde. Für alle gemeinsam wären die Kosten nicht so hoch. Eigentlich habe ich nicht viel Lust dazu. Die Mädchen haben mich aus meinen Gedanken gerissen. Ich war immer noch in Schmiedeberg. Aber vielleicht ist das eine Gelegenheit, die mir Gott gibt, damit ich diesen Mädchen etwas von Christus sagen kann.

Also steigen wir in ein Taxi. Unterwegs erzählt jede von ihrem Wochenenderlebnis. Dann bin ich dran. Erst hören sie mir zu, aber dann bestürmen sie mich mit Fragen und Argumenten: »Du versenkst dich in Ideen, die dir im Leben nicht helfen!«, »Das ist Irrsinn, reiner Irrsinn, Aberglaube!«, »Ich glaubte, wir sind damit längst fertig. Dass es noch Gruppen gibt, junge Menschen, die an Gott glauben, das habe ich nicht gewusst.«

Auf dem Bahnhof in meiner Heimatstadt trennen sich unsere Wege. Beim Abschied meint eines der Mädchen: »Ich bewundere dich. Du kannst so überzeugt für deine Sache eintreten.« Ich antworte ihr: »Ich bin überzeugt, denn ich erlebe Christus, ich lebe mit ihm.« Wir reichen einander die Hand. Sie sagt: »Ich kann das nicht glauben, aber es interessiert mich. Wann trefft ihr euch wieder? Ich möchte kommen, wenn es recht ist.«

22. März 1970

»Ich will kommen, wenn es euch recht ist«, hat sie gesagt. Sie ist nicht gekommen. Als ich mich nach ihr erkundige, erfahre ich, dass sie sich in der Ausbildung zur Pionierleiterin befindet. Alles klar. Sie darf gar nicht kommen. Es sei denn, sie kommt als Spitzel, sie kommt mit einem Auftrag.

In der Stadtverordnetenversammlung werde ich nicht mitarbeiten. Ich brauche meine Kräfte an anderer Stelle.

5. April 1970

Einige von unserer Gruppe sind nach Görlitz gefahren, um dort jungen Leuten die frohe Botschaft zu bringen. Was wir in unserer Stadt erlebt haben, muss doch auch woanders möglich sein.

7. April 1970

Warum haben die Genossen so viel Angst vor dem Bekenntniskreuz? Jedenfalls darf es nicht in den Schulen getragen werden.

Aber immer wieder kommen Jugendliche zu mir und fragen, ob ich ein Kreuz für sie hätte. Dieses winzige Kreuz, kaum zu sehen, es ist bedeutend kleiner als das Parteiabzeichen, aber welche Wirkung hat es.

Andreas und Holger aus unserer Jugendgruppe tragen es trotz des Verbots. Sie gehen in die 9. Klasse der Allgemeinbildenden Polytechnischen Oberschule (POS). In der Jugendstunde am Samstag erzählten sie von ihren Erfahrungen. In der Hofpause war Schuldirektor N. wütend auf beide zugegangen: »Macht die Dinger da ab.« »Nein«, sagt Andreas. »Die bleiben dran.« Wütend hat N. die Bekenntniskreuze abgerissen. Das hinterließ Spuren an den Jacken. »An meiner Schule gibt es das nicht«, sagte N. wütend. »Nicht an meiner Schule!«

Auch Regina musste in der Schule ihr Bekenntniskreuz abnehmen. Mit dem Tragen des Kreuzes verstoße sie gegen die Schulordnung, hieß es. Und wenn sie nicht riskieren wolle, suspendiert zu werden, füge sie sich besser.

Regina fügte sich. Am nächsten Morgen kam sie ohne das Bekenntniskreuz. Dafür aber trug sie eine Kette mit nicht zu übersehendem Kruzifix. »Das ist Schmuck«, sagte sie. »Ein Familienerbstück. Ich habe es von meiner Urgroßmutter. Ich glaube nicht, dass es ein Gesetz gibt, das das Tragen von Schmuck verbietet.«

Regina nimmt in Kauf, dass sie von ihren Lehrern der Lächerlichkeit preisgegeben wird. Sie nimmt in Kauf, dass Mitschüler über sie lachen. Sie trägt das Kreuz mit der Würde einer Königin.

16. April 1970

Der Kreistag konstituiert sich. Für die Kultur sorgt die Singegruppe der Erweiterten Oberschule. Kornelia singt auch mit. Die 17-Jährige kommt hin und wieder zu den Jugendstunden unserer Gemeinde. Ob ich sie zum Lichtbildervortrag über Albert Schweitzer einlade? Ich notiere Ort und Zeit auf einem kleinen Zettel. »Vielleicht kannst du kommen«, schreibe ich, falte den Zettel zusammen. Das Kulturprogramm ist beendet. Die Singegruppe verlässt den Saal. Als Kornelia an mir vorbeigeht, stecke ich ihr unauffällig den Zettel zu.

22. April 1970

Kornelia ist zum Lichtbildervortrag gekommen. Hinterher hat sie mich zur Seite gezogen. Der Schuldirektor habe ihr vor dem Sitzungssaal den Zettel abverlangt. Richtig wütend sei F. geworden und habe gedroht: »Das hat noch ein Nachspiel.«

24. April 1970

Ein Anruf aus der Abteilung Inneres des Rates des Kreises erschreckt mich. Der Abteilungsleiter B. kündigt an: Es handele sich um eine Sache, die nichts mit der Presse zu tun habe. Es ist wie ein Faustschlag in den Magen. Die Gedanken wirbeln. Was kann es sein? Meine Brieffreundschaft mit Ute aus Stuttgart? Etwas mit unserer Jugendgruppe? Haben die Genossen herausgefunden, dass wir neue Jugendlieder fotokopiert und uns Liederhefte angefertigt haben? Oder ist es wegen der Bausoldaten, die wir als Jugendgruppe betreuen, denen wir regelmäßig Päckchen schicken? Oder etwas ganz anderes? Die Gedanken wirbeln. Die Gefühle sind gemischt. Mit der Abteilung Inneres hat man lieber nichts zu tun.

27. April 1970

Kurzes Stoßgebet. Vor der Tür der Abteilung Inneres beim Rat des Kreises versuche ich, meinem Gesicht Gelassenheit aufzulegen. Dann klopfe ich und betrete den Dienstraum. »Setzen Sie sich«, sagt B. Auf dem Schreibtisch liegt eine Akte aufgeschlagen. Ich sehe den Zettel, den ich Kornelia zugesteckt hatte. Das ist es also.

B. wirft mir vor, ich hätte öffentlich kirchliche Propaganda betrieben. Diesmal sei ich entschieden zu weit gegangen.

Propaganda? »Was verstehen Sie darunter?«, frage ich ihn. »Zeigen Sie mir das Gesetz, gegen das ich verstoßen haben soll.« »Solch ein Gesetz kann es nicht geben, das wissen Sie ganz genau«, sagt B. und schaut zerknirscht. Dennoch hätte ich den Kreistag nicht nutzen dürfen, um zu einer kirchlichen Veranstaltung einzuladen. So etwas müsse Anstoß erregen. Das müsse ich doch verstehen. Und damit ich ihn verstehe, meint er: Er käme ja auch nicht mit Parteiabzeichen an der Jacke zu uns in den Gottesdienst.

»Könnten Sie aber«, sagte ich. »Wir würden uns freuen.« Das macht ihn wütend.

Seine Stimme nimmt einen kühlen und drohenden Ton an. Er wolle den Fall nicht hochspielen, wolle ihn schnell vom Tisch haben. Es genüge mein Versprechen, dass so etwas nicht mehr vorkommt.

»Ich bin bereit, mich an die Gesetze des Staates zu halten«, entgegne ich.

Jetzt droht er unverhüllt. Er könne auch anders, wenn ich nicht einsichtig wäre. Er könne auch meinen Chefredakteur über den Vorfall informieren. Und das habe dann sicher harte Konsequenzen für mich. »Ich kann dafür sorgen, dass Sie nie mehr als Journalistin tätig sind«, sagt er. Deutlicher geht es nicht. Warum diese Härte?

»Ich habe mich doch nicht in der Kreistagssitzung öffentlich zu Wort gemeldet«, will ich ihn von der Harmlosigkeit der Geschichte überzeugen und von der Lächerlichkeit dieser Anzeige gegen mich. »Ich bin doch nicht ans Mikrofon getreten, um kirchliche Propaganda zu betreiben. Ich habe auch keine Bibeln verteilt. Ich habe einer Freundin, die an mir vorbeiging, einen Zettel in die Hand gedrückt. Das ist alles.«

B. bleibt drohend. Er rate mir dringend, mich kooperativ zu verhalten. Er habe bisher nur deshalb keine weiteren Schritte unternommen, weil er das gute Verhältnis zu unserem Pastor schätze.

Ich spüre, es ist B. unangenehm, mit mir reden zu müssen. Muss er es denn? Hat er Angst vor F.? Vor wem sonst? Und warum hat F. mich bei ihm angeschwärzt? Warum tut er das? Hat auch er Angst? Vor wem?

»Glauben Sie mir, ich bearbeite solche Dinge ungern«, sagt B. gequält.

Ich glaube ihm das. Er sieht müde aus.

Es sei eben sein Beruf, sagt er.

Als ich nach Hause gehe, treffe ich F. auf der Straße. Zufall? Als er mich sieht, dreht er sich schnell weg und wechselt die Straßenseite. Ich hoffe, die Scham hat ihn getrieben.

16. Mai 1970

Seit einiger Zeit ist Klaus unter uns. Er begeistert sich für alles, was er bei uns kennen lernt. Er ist Feuer und Flamme, besucht Gottesdienste und Bibelstunden und kommt nun auch zu unserem Gebetskreis. »Hast du schon einmal gebetet?«, frage ich ihn. Er: »Nein, wie macht man das?« – »Kennst du überhaupt Gott?« – »Nein, er hat sich mir noch nicht vorgestellt.« – »Willst du ihn kennen lernen?« – »Ja, deshalb bin ich ja hier.« – »Nun, dann bitte Gott, dass er sich dir vorstellt.« Klaus tut es. Noch am selben Abend kommt er zu mir. »Ich will mich taufen lassen.«

Peter hat mich gefragt, ob er mitfahren kann zum Jugendtag nach Berlin. Peter ist FDJ-Sekretär. Seit der Mannschaftswoche kommt er oft zu unseren Veranstaltungen. Bisher hat er sich in Gesprächen sehr zurückgehalten. Manchmal frage ich mich, ob er uns aushorchen soll. Egal. Die Teilnahme am Jugendtag kann ihm nicht schaden. Samstag geht es los.

19. Mai 1970

Jugendtag in Weißensee. Wir sind sechsundzwanzig junge Leute, die nach Berlin fahren. Für viele von uns ist es der erste Jugendtag. Die Gegenwart Gottes wird spürbar. Es ist Pfingsten. Wir tanken Kraft Gottes.

20. Mai 1970

»Man müsste sich noch einen schönen Abend machen«, sagt einer der Jungen auf der Rückfahrt. »Mit dem Mitternachtszug können wir doch auch noch nach Hause fahren.« Es finden sich ein paar zusammen, die noch bleiben wollen. Mir ist das nicht recht. Wir hatten geplant, gegen 22 Uhr zu Hause zu sein. Ich will nicht, dass sich die Gruppe teilt, ich bin verantwortlich für sie. Ich äußere Bedenken und bekomme zu hören: »Mensch, hab dich doch nicht so! Wir sind doch keine kleinen Kinder mehr!« Ich sende einen Stoßseufzer zu Gott. Auf dem Busbahnhof angekommen, sagen die Jungen: »Wo steht denn nun dein Bus? Du hast uns überzeugt.«

Der Bus ist sehr voll. Wir stehen hinten eingezwängt zwischen

Reisenden und großen Koffern. Da stellt sich heraus, dass Peter und Bernd ohne Fahrschein sind. Sie glaubten, ich hätte für alle bezahlt. Ich will nach vorn, um nachzuzahlen. Die beiden halten mich zurück. »So dämlich kann man ja gar nicht sein«, sagt Peter, »so dämlich, dass man bezahlt, obwohl man schon drin sitzt und ganz offensichtlich keine Kontrolle kommt.« Und Bernd ergänzt: »Das merkt doch keiner. Spende das Geld lieber der Kirche. Da erfüllt es einen guten Zweck.«

»Ihr werdet mich nicht am Bezahlen hindern können«, sage ich. »Doch, können wir, wetten?« – »Okay, wetten wir!« – »Schon verloren«, sagt Bernd, »weil ich nämlich selbst bezahle.« Er will nach vorn zum Busfahrer. Aber es ist kein Durchkommen. Zu Hause angekommen, steigen wir hinten aus. Bernd rennt um den Bus herum, steigt vorn wieder ein und legt dem erstaunten Busfahrer das Geld hin. »Da, wir hatten noch nicht bezahlt«, sagt er atemlos. Wir lachen.

3. Juni 1970

Ein Gedanke lässt mich nicht los. Vergeude ich nicht viel zu viel Zeit und Kraft innerhalb der Gemeinde? Kann so Gottes Auftrag erfüllt werden? Wie klein ist die Zahl derer, die zu uns in die Gemeindeveranstaltungen kommen, wie groß dagegen die Zahl der Menschen auf der Straße? Wie klein ist die Gemeinde, wie groß die Welt? Wie vielen begegne ich täglich, die mit ihrem Leben nicht fertig werden und dringend Hilfe brauchen? Und ich habe zu wenig Zeit für sie, weil mich die Arbeit in der Gemeinde zu sehr beansprucht, die Kinder- und die Jugendarbeit, die Sitzungen des Gemeinderates, die Gottesdienste, die Bibelstunden, die vielen anderen Veranstaltungen.

Das kann doch nicht so von Gott gewollt sein, dass wir unsere Kraft in unseren eigenen Kreisen verausgaben. Gottes Botschaft will in die Welt gebracht werden. Das kann doch nicht so von Gott gewollt sein, dass wir uns in der Gemeinde gegenseitig mit Liebe überschütten, und die vielen anderen um uns gehen leer aus. Oder wir reiben einander auf und werden kraftlos.

Was antworte ich, wenn Gott mich fragt: »Wo warst du, als ich dich brauchte?« Was antworte ich? Wahrscheinlich sage ich dann: »Ich war in der Gemeinde.«

Was antworte ich, wenn Gott mich fragt: »Warum hattest du keine Zeit für mich?« Was antworte ich? »Entschuldigung. Mein Terminkalender war gefüllt mit kirchlichen Veranstaltungen.«

24. Juni 1970

Wieder einmal sind wir in der Redaktion mit der Arbeit nicht fertig geworden. Ich renne zum Bahnhof, komme atemlos an. Doch der Zug nach Hause ist weg. Also quer durch die Stadt, hin zum Stadtrand, per Anhalter nach Hause. Ich habe Glück. Zwar muss ich unterwegs noch einmal umsteigen, aber dann bin ich schnell zu Hause.

8. August 1970

Ich habe einen Artikel über das 6. Pioniertreffen zu schreiben. Ein Sonderzug fährt zum zentralen Treffen nach Cottbus. Ich fahre mit, um mich in der Bahn mit den delegierten Pionieren zu unterhalten. Der 1. Sekretär der FDJ-Kreisleitung mischt sich ein. Es stört ihn, dass ich keine FDJ-Bluse trage. »Das ist doch wohl meine Sache«, entgegne ich ihm. »Ich bin doch keine Delegierte, es ist meine Arbeit, zu diesem Treffen zu fahren. Ich fahre als Redakteurin mit diesem Zug mit.«

9. August 1970

Unser Pastor hat die Berufung in den Dienst einer anderen Gemeinde angenommen. Der Abschied von seiner Tochter fällt mir schwer. Wir stehen uns sehr nahe, seit wir miteinander getauft worden sind. Sie war mir immer wichtig. Mit ihr konnte ich beten. Wir haben uns beide gebraucht. Jetzt geht sie weg.

12. August 1970

Manchmal bin ich fix und fertig. Mein Beruf lastet mich eigentlich schon genug aus. Die Kinder- und Jugendarbeit in der Gemeinde aber auch.

Du wirst nicht zulassen, dass ich kaputtgehe.
Du wirst nicht zulassen, dass ich umfalle,
um nie mehr aufzustehen.
Du wirst nicht zulassen, dass ich den Weg aufgebe,
deinen Weg.
Manchmal fühle ich mich leer, leer und ausgelaugt.
Immer wieder Enttäuschung.
Manchmal bin ich müde, ja, groß ist die Müdigkeit.
HERR, wie sehr hätte ich eines Wortes bedurft,
heute, ein Wort nur oder ein Lächeln.
Nichts.
Da ist keiner, der mich verstünde,
Da ist keiner, der mich in meiner Müdigkeit sieht.
Ich leide darunter.
Niemand ist da, der mir hilft.
Ich habe nur dich.
Du bist da.
Du füllst mich mit deiner Kraft
und deine Liebe gibt mir Halt.

25. August 1970

Ich habe die Jungschar abgegeben. Die Jugendarbeit beansprucht mich zu sehr. Beides war mir schon lange zu viel. Die Kinder kamen immer zu kurz.

15. September 1970

Zwei Buchhändler leben und arbeiten im Stadtzentrum. Buchhändler Rothe führt ein Privatgeschäft. Er verkauft Bibeln, christliche Literatur, Spruchkarten, Kirchenkerzen. Wer bei ihm kauft, offenbart Gesinnung. Ein stiller bescheidener Mann ist er. Sein Haar ist weiß geworden im Laufe der Jahre. Und er ist weise geworden. In Gesprächen hält er sich vorsichtig zurück.

Fast unmittelbar neben dem kleinen Eckladen des Buchhändlers Rothe befindet sich die große volkseigene Buchhandlung. Den Leiter dieser Buchhandlung nennt man den roten Buchhändler. Er verkauft keine Bibeln. Nach einem offiziellen Interview schenkte er mir einen Blinddruck. Wir sind ins Plaudern gekommen. Er erzählte mir offenherzig, wie sie in ihren Blauhemden losgezogen sind, damals, in den 50er Jahren. »Wir wussten genau, wann die Junge Gemeinde zum Beten zusammenkommt. Wir sind schon vorher auf das Dach des Pfarrhauses gestiegen. Und dann haben wir Ziegel heruntergeworfen. Wir haben getobt und gejohlt, haben die Fensterscheiben eingeschlagen, haben die Kirchenwände beschmiert. Das war unsere Form von Klassenkampf. Wir wollten uns doch von den Christen nicht den Staat kaputtbeten lassen.«

18. September 1970

Unsere Redaktion ringt um den Titel »Kollektiv der Sozialistischen Arbeit«. Wir sammeln Punkte. Im Theater waren wir schon. Kultur ist also abgehakt. Heute haben wir uns zum Subbotnik getroffen. Freiwilliger Arbeitseinsatz in einer Grünanlage. Wieder können wir einen Pluspunkt verbuchen. Der Bezirksredakteur wirft mir vor, das schwarze Schaf in der Brigade zu sein. Ich sei schuld, wenn wir den Titel samt Prämie (und das ist es wohl vor allem) nicht bekommen. Weil ich nicht Mitglied der Gesellschaft für Deutsch-Sowjetische Freundschaft (DSF) bin und auch nicht werden will. »Ich habe doch nichts gegen Völkerverständigung«, versuche ich meine Haltung zu erklären. »Ich bin sogar sehr dafür, aber auch für deutsch-englische Freundschaft und für deutsch-französische Freundschaft. Und ich denke nicht, dass Völkerverständigung davon abhängt, dass ich jeden Monat ein paar Pfennige Mitgliedsbeitrag zahle.«

31. Oktober 1970

Die Zeit ohne Gemeindepastor ist für uns als Jugendgruppe eine große Chance. Wir können uns einbringen und unsere Fähigkeiten ausprobieren. Wir sind gefragte Mitarbeiter. Zur Zeit bereiten wir einen Gottesdienst vor. Viele machen mit. Manch einer wird zum ersten Mal vor der Gemeinde stehen, um einen Bibeltext vorzulesen oder ein Gebet zu sprechen.

3. November 1970

Ich bin voller Wut! Der Gemeinderat sitzt zusammen. Und von einem im Kreis muss ich mir anhören, unser Gottesdienst sei schockierend gewesen. »Schockierend, wieso schockierend?«, frage ich zurück, und dann höre ich, dass bei Britta der Rock zu lang war (»Wir sind hier schließlich in einem Gotteshaus und nicht beim Tanz«), und dann war da einer mit langen Haaren, und der hat auch noch aus der Bibel vorgelesen. »Nein, so geht das wirklich nicht!«

Wir haben uns mit diesem Gottesdienst so viel Mühe gegeben. Absichtlich habe ich die in die Gestaltung einbezogen, die wenig Kontakt mit der Gemeinde haben. Ich war froh über ihre Bereitschaft. Und nun? Mode. Es wird über Rocklängen diskutiert und über Haarschnitt. Was wird hier gespielt? Was ist das Wesentliche? Warum wird zertreten, was wächst?

Ich bin wütend! Warum kann man uns nicht so annehmen, wie wir sind? Warum schaut man uns auf den Rock und nicht ins Gesicht? Warum legt man mehr Wert auf das, was auf dem Kopf ist, als auf das, was darin ist? Warum passt die Bibel nicht in die Hand eines Langhaarigen? Ist diese Gemeinde Leib Christi? Wo ist Brüderlichkeit spürbar?

Und hier hinein wollen wir junge Menschen führen! Mädchen in Mini- und Maxi-Röcken, Jungen in verwaschenen Jeans und zu großen Pullovern, mit zu langen oder zu kurzen, zu gewellten oder zu glatten Haaren.

4. Dezember 1970

Brigadeabend im Cottbuser »Postkutscher«, getarnt als Veranstaltung zur Auswertung des zurückliegenden Jahres. Mein Kollege wird allerdings erst gar nicht in das Weinlokal hineingelassen. Sein weißer Silastikpullover, den er zum Anzug trägt, wird vom Einlassdienst nicht als ordentliches Kleidungsstück angesehen. Hansgeorg hat auch keine Krawatte mit. Da muss der Chef eingreifen. Gute Worte helfen allerdings nicht. Eine Krawatte wird besorgt. Hansgeorg zeigt sie dem Einlassdienst und knüllt sie dann in die Hosentasche. Für ihn ist der Abend gelaufen. Das zweite Missgeschick des

Abends geschieht mir. Ich bestelle ein Zigeunersteak, finde beim Essen eine dicke Haarsträhne zwischen dem Fleisch und der Käseschicht und darf mir ein zweites Essen bestellen. Die Gäste müssen Krawatte tragen, die Köche aber offensichtlich keinen Haarschutz. Eigentlich sollte es Backschinken geben und Feuerzangenbowle. Gab es aber nicht. Der Schinken war wohl alle. Wir blieben trotzdem bis zum Lokalschluss.

31. Dezember 1970

Unsere Jugendgruppe verbringt die letzten Tage des alten und die ersten des neuen Jahres in der Märkischen Schweiz, in Buckow. Das Haus Rehoboth von der Gossner Mission hat uns freundlich aufgenommen. Wir fühlen uns sehr wohl hier. Es ist gut, einmal Abstand von daheim zu haben. Wir kommen uns ein ganzes Stück näher, denn wir haben viel Zeit füreinander. Manchmal schauen welche aus dem Ort zu uns herein. Wir haben gute Gespräche. Mit Wilfried verstehe ich mich besonders gut. Er kam durch die Mannschaftswoche in unsere Jugendgruppe. Eigentlich gehört er zur evangelischen Kirche, wie auch andere, die neu in unsere Gruppe hineingekommen sind. Aber ist das überhaupt wichtig, in welcher Kirche einer zu Hause ist? Hauptsache, er ist bei Gott zu Hause!

Buckow ist so klein, dass wir als Gruppe auffallen. Ein paar Jugendliche aus dem Ort gesellen sich zu uns. Burkhard gehört dazu. Er verpasst keinen Abend.

5. Januar 1971

Post aus Buckow. Burkhard schreibt: »Für mich war alles neu. Ich kann nicht verstehen, weshalb ihr in die Kirche geht und an einen Gott glaubt. Aber es hat mir bei euch gefallen.«

16. Januar 1971

25 Jahre Union-Verlag. Bezirksredaktion und Bezirksleitung der CDU feiern das gemeinsam. Großes Anstoßen mit Rotkäppchen-Sekt auf noch größere Erfolge. Erneut setzt mich der Bezirksredakteur unter Druck. Ich soll endlich in die Deutsch-Sowjetische

Freundschaft (DSF) eintreten. »Nur, wenn Sie mir bestätigen, dass ich unter Zwang Mitglied in dieser Gesellschaft werde«, sage ich. »Die Mitgliedschaft ist freiwillig«, so mein Chef. Er nimmt mich zur Seite und fragt leise, ob ich gewichtige persönliche Gründe hätte für meine ablehnende Haltung, ob das vielleicht mit 1945 zu tun habe. Ich sage: »Nein. Ich will einfach selbst entscheiden können.«

7. Februar 1971

Zum ersten Mal gestaltet die Jugendgruppe einen Abendmahlsgottesdienst. Vorher hat es deshalb so manchen Streit gegeben. Wie sollen wir gut in die Gemeindearbeit hineinwachsen, wenn man uns nichts zutraut, wenn kein Vertrauen da ist, wenn jeder Schritt vorgeschrieben sein soll? Wie sollen wir mündig werden, wenn wir den Mund halten sollen? Wie sollen wir selbständig werden, wenn man nichts von uns stehen läßt? Wie sollen wir wachsen, wenn wir zurechtgestutzt werden?

Brot und Wein stehen bereit. Wir singen: »Christus schafft Gemeinschaft uns durch sein Wort, Brot und Wein bietet er an, kommt an seinen Tisch ...«

Uns verbindet nichts, außer Christus. Aber die Verbundenheit durch ihn ist stärker als alles Trennende.

14. Februar 1971

In der Jahresgemeindestunde spreche ich aus, was uns in der Jugendgruppe bewegt, was uns hemmt, was uns lähmt, woran wir leiden. Von allen Seiten Widerspruch. Aber nun wird wenigstens darüber geredet.

Die Tür schlägt laut zu. Nur weg von hier, nie wiederkommen. Immer wieder wische ich mir die Tränen vom Gesicht. Schon oft bin ich weinend aus einer Gemeinderatssitzung nach Hause gelaufen. Da ist einer, dessen Lieblosigkeit mir den Atem nimmt. Er hat mir schon so oft wehgetan, und nicht nur mir. Vielleicht kann er nicht anders. Und die anderen ziehen sich zurück, schweigen dazu, weil sie sich vor ihm fürchten. Ich fühle mich sehr alleine gelassen. Über so vieles wird geredet. Warum schweigt man zur Lieblosigkeit? Die Liebe ist doch der Maßstab, mit dem Gott misst.

18. Februar 1971

Der Bezirksredakteur lässt mir keine Ruhe. Er sagt, er werde jedes Mal in Dresden von »oben« sehr unter Druck gesetzt, nur weil ich nicht in der DSF bin. Also habe ich den Antrag unterschrieben. »Ich trete unfreiwillig in diese Gesellschaft ein«, habe ich ihm gesagt, »aber ich möchte Ihnen keine Schwierigkeiten bereiten.«

20. März 1971

Vor einigen Tagen war Pressegespräch im Volkspolizeikreisamt. Es ging um die 70er Jahresbilanz. Rundum positive Tendenz. Hatte ich etwas anderes erwartet? Mit am Tisch saß H., der Abteilungsleiter für Jugendfragen und Sport beim Rat des Kreises. Ich musste an den Witz denken, den neulich einer in der Jugendstunde über H. erzählte. »Sagst du dem, es regnet morgen, laufen am nächsten Tag garantiert alle von der Stasi mit einem Regenschirm herum.«

Nach dem Pressegespräch hielt mich H. zurück. Er habe da etwas für mich. Das könnte mich interessieren. Wir vereinbarten einen Termin, den 23. März.

23. März 1971

Inzwischen weiß ich: Es war ein faules Ei, was er mir da ins Nest legen wollte. Nichts für die Presse. Das merkte ich aber erst vor Ort. Die folgende Szene kam mir gespielt vor. Nach Applaudieren war mir jedoch ganz und gar nicht.

Kaum sitze ich dem Leiter der Abteilung Jugendfragen und Sport am Tisch gegenüber, klingelt auch schon sein Telefon. Mein Gesprächspartner nimmt den Hörer ab, sagt: »Gut, ich komme gleich«, sagt zu mir, er müsse nur einmal schnell weg und verlässt ohne jede weitere Erklärung den Raum. Erst jetzt bemerke ich einen zweiten Herrn im Zimmer. Er stellt sich mir als Leutnant B., Mitarbeiter der Kreisdienststelle Forst des Staatssicherheitsdienstes, vor. Er meint, auch er habe mir etwas anzubieten. Er wolle deshalb mit mir in ein Gespräch kommen. In zwei Tagen. Ich soll in die Kreisdienststelle kommen. Ich soll keinem etwas davon sagen.

Gehe ich hin? Kann ich einfach nicht hingehen? Hätte ich gleich sagen sollen, dass ich keinen Kontakt mit der Firma Horch & Guck möchte? Mit welchen Konsequenzen?

Ich glaube, ich werde hingehen. Ich habe Angst. Was können die mir tun?

25. März 1971

Ich bin hingegangen. Mit Herzklopfen. Die Ohren dröhnten mir davon. Mein Puls raste. Mein Hals schien zugeschnürt. Die Hände kalt. Angstschweiß in den Achselhöhlen. Angst, ich könnte jämmerlich versagen. Angst vor Schwierigkeiten, die sich auftun, wenn ich nicht versage. Und dann wieder die Angst vor dem Judas in mir.

»Den ich küsse, der ist es.«

Über den Hintereingang solle ich kommen, hat man mir gesagt.

Was sich abspielte, war wie aus einem schlechten Drehbuch. Welche Rolle war mir zugedacht? Welche habe ich gespielt? War ich überzeugend?

Ich betrete einen düsteren Korridor. Ein Mann tritt aus dem Schatten. Es ist Leutnant B. Schweigend gehen wir über eine unbeleuchtete Treppe nach oben. Ich finde mich in einem ausgebauten Dachboden wieder. Leutnant B. öffnet die Tür zu einem sehr kleinen Raum. Spartanisch eingerichtet. Zwei Betten, zwei Sessel, ein runder Tisch.

Wir beide sind alleine in diesem Zimmer. Keiner, der etwas bezeugen kann, fährt es mir durch den Kopf. Ob irgendwo eine Kamera läuft? Wird das Gespräch aufgezeichnet? Nichts deutet darauf hin. Mir ist kalt in diesem Raum.

»Es weiß keiner, dass Sie hier sind?«, fragt Leutnant B. Mir wird augenblicklich noch eine Spur kälter. Ich versuche, meiner Stimme einen festen Klang zu geben und locker zu erscheinen. Nicht zu betont. Auch das könnte falsch sein. Eben möglichst sachlich, neutral. »Ich arbeite für eine Tageszeitung. Wenn Sie Material für mich haben, dann doch sicher zur Veröffentlichung.«

Ich hole demonstrativ meinen Schreibblock aus der Tasche, lege ihn auf den Tisch, den Kugelschreiber startklar daneben. Ich registriere, dass meine Hände ein wenig zittern. Hoffentlich merkt der das nicht, denke ich und verstecke sie unter der Tischkante.

Mein Gegenüber soll meinen, ich sei ruhig, gelassen, ein wenig naiv. Stell dich um Gottes Willen blöd, denke ich. Wenn er in dir einen Feind sieht, bist du verloren. Wenn er in dir einen Freund sieht, bist du ebenfalls verloren. Stell dich einfach blöd.

»Unsere Arbeit ist nicht für die Öffentlichkeit bestimmt. Es geht uns mehr darum, dass Sie uns helfen«, offenbart sich jetzt mein Gegenüber. Ich tue verwundert: »Also haben Sie gar nichts für mich an Informationen?« – »Nein. Wir haben uns Gedanken über Sie gemacht.« Leutnant B. fährt fort: »Als Journalistin kommen Sie viel herum, erfahren so manches.« – »Ja«, unterbreche ich ihn, »und das steht dann in der Zeitung. Sie können meine Artikel gern jederzeit für Ihre Arbeit auswerten. Aber das geschieht sicher ohnehin.«

Der Mann lässt nicht locker. »In Gesprächen erfahren Sie bestimmt viel mehr, als Sie schreiben. Sie können doch nur einen kleinen Teil aus der Fülle des Stoffes für Ihre Beiträge verwenden. Und Sie haben auch Einblick in Vorgänge, über die Sie nicht schreiben.«

Vorsichtig schleicht er um den heißen Brei.

Ich folge seinem Schema, erwidere: »Stimmt. Journalisten verfügen auch über Hintergrundinformationen, die nicht für die Öffentlichkeit bestimmt sind.« Aber da sei ich eben auch an meine Schweigepflicht gebunden. Ich gebe außerdem zu bedenken: »Wer sollte mir etwas anvertrauen, was keiner wissen darf, wo doch jeder weiß, dass ich bei der Zeitung arbeite?« Ich sei schließlich keine Seelsorgerin. Ich sei Redakteurin.

Jetzt versucht es Herr B. anders. »Verstehen Sie, Sie sollen doch nichts für uns tun. Es geht um den Staat. Es geht um die Sache.« Diese Worte kommen mir bekannt vor. Als der UNION-Verlag sein 25-jähriges Bestehen feierte, schrieb der CDU-Bezirkschef in unser Brigadebuch: »Es geht um unsere Sache, die mehr ist als ein ›Ich‹. Es geht um uns.« Was hat er damit eigentlich gemeint? Wessen Sache ist »unsere Sache«? Für welche Sache lohnt es sich, Freiheit und Selbstbestimmung aufzugeben? Welche Sache rechtfertigt es, Menschen um ihrer Meinung willen zu verhaften? Welche Sache rechtfertigt, Mauern um ein Land zu ziehen? Welche Sache rechtfertigt die völlige Entmündigung erwachsener Menschen, das Abhören der Telefongespräche, das Eindringen in die Privatsphäre, den beobachtenden Blick bis hinein in die Schlafzimmer?

Leutnant B. wird eine Spur deutlicher: »Sie können doch als

Journalistin nicht gegen diesen Staat sein. Sie könnten doch gar nicht in diesem wichtigen Beruf arbeiten, wenn Sie gegen diesen Staat wären.« Und der Staat müsse nun einmal geschützt werden. Auch vor dem Feind von innen. Das müsste ich doch eigentlich wissen als Journalistin. Ich höre die feine Drohung heraus. Entweder ich gehorche oder ich gehöre nicht in diesen Beruf.

Wer oder was ist der Staat? Vor wem muss er geschützt werden? Gegen wen? Was ist das für ein Staat, der sich vor seinen Staatsangehörigen schützen muss?

Der Klassenfeind sei überall, sagt Leutnant B. »Und wir werden uns unseren Staat nicht kaputtmachen lassen.«

Der Klassenfeind. Ist das nicht inzwischen schon jeder, es sei denn, er ist konform? Ist das nicht jeder, der auch nur etwas in Frage stellt, der kritisch denkt, ach, was heißt kritisch? Ist nicht schon jeder allein deshalb ein Klassenfeind, weil er überhaupt denkt?

Wie groß ist die Angst in diesem Staat vor einem, der sein Gehirn gebraucht, wenn selbst das hundert Jahre alte Lied »Die Gedanken sind frei, wer kann sie erraten« aus dem Repertoire der Schulchöre gestrichen ist? Sind die Gedanken wirklich noch frei oder auch schon unter Kontrolle? Mir fällt Orwells »1984« ein. Mir wird übel. Worauf habe ich mich eingelassen?

Wie komme ich hier wieder heraus?

Ich versuche, vorsichtig freundlich abweisend zu sein. »Ich wüsste nicht, wie ich Ihnen helfen könnte.« Mein Gegenüber versteht dies als ein erstes Auf-ihn-Zugehen. »Das sagen wir Ihnen von Fall zu Fall«, fällt er mir geschäftig ins Wort. »Zuerst einmal geht es uns um Ihre grundsätzliche Bereitschaft.« Mir ist zum Kotzen. Meine Knie sind butterweich. Ich schwitze, obwohl mir kalt ist. Meine Knie schlottern. Ob ich jetzt überhaupt aufstehen kann? Ich wiederhole mich: »Ich wüsste nicht, wie ich Ihnen helfen soll.«

»Es geht doch nicht darum, dass Sie täglich zweimal herkommen sollen«, lenkt Herr B. ein. »Das wäre auch völlig unmöglich«, sage ich, und erkläre, dass ich dem Leiter der Bezirksredaktion gegenüber rechenschaftspflichtig bin, wie ich meine Arbeitszeit fülle. Und dass dieses Gespräch hier innerhalb meiner Arbeitszeit stattfinde. Und dass mir meine Arbeit als Redakteurin keine Zeit lässt für Nebenarbeiten, zumal auch bald mein Fernstudium beginne.

So leicht gibt Herr B. nicht auf. »Es geht uns speziell um Ihre

Mitarbeit, weil Sie viel mit Jugendlichen zusammenkommen.«

So. Jetzt hat er die Katze aus dem Sack gelassen. Nicht als Redakteurin bin ich gefragt, sondern als Jugendleiterin. Um die Jugendarbeit unserer Gemeinde geht es ihm. Junge Leute aus atheistischen Elternhäusern haben sich für ein Leben mit Christus entschieden. Sie haben sich taufen lassen. Sie bekennen sich öffentlich zu ihrem Glauben. Viele entscheiden sich gegen den Dienst mit der Waffe und für den Dienst mit dem Spaten. Sie werden Bausoldat. Das ist nur eine Konsequenz. Die Jugendlichen funktionieren nicht mehr so, wie sie sollen. Das sorgt für Unruhe unter den Funktionären. Junge Leute unter einem Kirchendach versammelt, das darf es nicht geben. Das passt nicht in das System.

Sie haben keinen, der unter uns spitzelt, geht es mir durch den Kopf. Aber welchen Anlass habe ich ihnen gegeben, dass sie ausgerechnet mir Zuträgerdienste zutrauen? Dass sie offensichtlich meinen, ich könnte geeignet sein, enttäuscht mich, ärgert mich, macht mich wütend. Verstehen kann ich, dass sie kirchliche Jugendarbeit unter ihre Kontrolle bringen wollen. Jugendarbeit gehört nach dem Willen des Staates in die Hände der Jugendorganisation Freie Deutsche Jugend. Die FDJ ist die Vorhut der Partei. Allein sie soll das Monopol für die Jugendarbeit haben, denn wer die Jugend hat, hat die Zukunft. Der Kirche wird in diesem Staat keine Zukunft eingeräumt. »Kein gebildeter Mensch glaubt noch an den lieben Gott. Nur ein paar alte Weiblein. Und die sind bald weggestorben.« Wie oft habe ich das in der Schule gehört. »Wir brauchen keinen Kirchenkampf, das mit der Kirche hat sich ohnehin bald erledigt.« Und doch ist er da, massiv, der Kirchenkampf.

Jetzt hat er die Katze aus dem Sack gelassen. Ich tue so, als wäre sie noch drin. »Eigentlich schreibe ich mehr für ältere Leser. Unsere Zeitung wird mehr von Rentnern als von Jugendlichen gelesen. Für Jugendliche gibt es ja die ›Junge Welt‹, das Zentralorgan der FDJ.«

Ich hole meine verschwitzten Hände unter dem Tisch hervor und packe meinen Notizblock ein. Ich habe mir nichts notiert. Ich musste mir nichts notieren. Alle Worte haben sich tief in die grauen Zellen eingenistet. So leicht werden sie nicht auszulöschen sein. Die Gedanken sind frei.

Wir erheben uns fast gleichzeitig aus den alten Sesseln. Leutnant B. startet einen letzten Versuch. »Können wir uns an Sie wenden, wenn es uns nötig scheint?« »Wenn Sie etwas für mich für die Berichterstattung haben, rufen Sie mich an«, sage ich und gebe ihm die Dienstnummer der Bezirksredaktion. »Und wenn Sie mich nicht erreichen, ist immer ein Kollege da.« Leutnant B. gibt mir auch eine Telefonnummer: »Wenn Sie einmal etwas haben, von dem Sie denken, es könnte uns interessieren, informieren Sie uns bitte.« »Das wird nicht vorkommen«, sage ich und stehe wieder im dunklen Flur. »Ich finde den Weg alleine heraus.« Er begleitet mich dennoch. »Dass Sie hier waren, also, es muss nicht jeder wissen. Sie verstehen?« Ich verstehe.

Und dann stehe ich vor dem Haus der Stasi-Kreisdienststelle am Stadtpark und denke: Wenn mich hier einer hat herauskommen sehen, bin ich erledigt. Dann habe ich keine Freunde mehr.

Ich zerreiße den Zettel mit der Telefonnummer in winzige Stückchen, wage es aber nicht, sie einfach dem Wind anzuvertrauen, sondern lasse sie in der Jackentasche. Und ich gehe wenige Schritte weiter durch das Tor in einen Metall verarbeitenden Betrieb. Mein Cousin Siegfried arbeitet hier. Er gehört zum aktiven Kern unserer Jugendgruppe. »Du wirst es nicht glauben, wo ich gerade herkomme ...«, sage ich zu ihm.

Und jetzt frage ich mich, ob es klug ist, das alles hier aufzuschreiben. Oder ob ich mir mit diesen Zeilen selbst einen Strick drehe, damit sie mich hängen können.

Maskiert

Ich mag nicht mehr lächeln.
Die Maske erstickt mich.
So tun als ob. Schein statt Sein.
Ich mag ihnen nicht meine Hand reichen,
während sie an der Grube graben,
in die ich fallen soll.
Ich mag mit ihnen nicht reden
und mag ihre Worte nicht hören.
Wer nimmt mir das falsche Lächeln aus dem Gesicht?
Wer sieht meine Angst hinter der Maske
und mein Misstrauen
und meinen Ekel?

29. März 1971

Es ist Passionszeit. Ich weiß schon um Ostern.

2. April 1971

Seit einiger Zeit besuche ich die Fahrschule. Hier ergibt sich manche Gelegenheit zum Gespräch. Neulich sagte mein Fahrschullehrer: »Ich kann nicht mehr an einen Gott glauben. Ich habe zu viel Schlechtes auf der Welt gesehen. An das Gute im Menschen glaube ich schon lange nicht mehr. Jetzt lebe ich so, wie die meisten leben. Ich suche das Beste für mich heraus. Auf was soll ich noch hoffen? Ich kenne die Menschen. Ich kenne das Leben. Mir kann man nichts mehr vormachen. Auch Sie können mir nichts vormachen.« Ein anderes Mal sagt er: »Es muss wohl im Wesen des Menschen liegen, dass er nur das Seine sucht, nur für sich lebt.«

9. April 1971

Heute bin ich mit meinem Fahrschullehrer richtig gut ins Gespräch gekommen. Über Kriege und Wehrdienst, Bausoldaten und Kriegsdienstverweigerer. »Es sind immer nur wenige, die sich auflehnen«, sagte er. »Die Masse wird man nie für eine gute Sache gewinnen können. Die Masse läuft einfach immer mit. Die Masse macht, was verlangt wird.«

Plötzlich zog er sich vor mir zurück. Er wurde deutlich einsilbig, meinte entschuldigend: »Man weiß eben nie, mit wem man zusammen ist. Man muss sehr vorsichtig sein.« Danach plauderten wir nur noch über Belanglosigkeiten. Schade. Dieses zerstörende Misstrauen überall.

Auch als ich Monika aus unserer Jugendgruppe besuche, begegnet es mir. Wir haben ein gutes Gespräch miteinander, reden uns stellenweise richtig heiß. Auf einmal steht sie auf, dreht das Radio lauter und schließt das Fenster. »Man weiß ja nie ...«, sagt sie.

11. April 1971

Ostern. Noch ist die Sonne nicht aufgegangen. Unsere Gruppe trifft sich um 5.30 Uhr. Schweigend wandern wir in ein benachbartes

Dorf, um dort den Tag der Auferstehung einzuläuten. So ist es mit dem Pfarrer abgesprochen. Aber die Dorfjungen lassen sich dieses Amt nicht nehmen. Sie warten, bis wir in Sichtweite sind, und empfangen uns mit dem feierlichen Klang der Glocken. Die Sonne geht auf. Und aus allen Dörfern des Umkreises erklingt es: Ostern! Ostern! In der kleinen Feldsteinkirche sammeln wir uns zum Gebet. Wir rufen uns zu: »Der Herr ist auferstanden! Er ist wahrhaftig auferstanden! Halleluja!« Österliche Freude erfüllt uns.

Schweigend sind wir gekommen. Singend ziehen wir wieder auf der Landstraße zurück. Zehn Kilometer in frischer Morgenluft haben uns hungrig gemacht. Im Kellerraum steht der Frühstückstisch bereit. Wir lassen uns Kaffee und Kuchen schmecken, reichen das frische Weißbrot weiter und essen hart gekochte Eier. Dann deckt uns Christus selbst den Tisch. Wir feiern einen Gottesdienst und lassen uns einladen, miteinander das Mahl zu feiern.

Später gibt es Ärger deswegen. »Wer hat euch das erlaubt?«, werde ich gefragt, und einer sagt: »Vielleicht kommt ihr morgen auf die Idee, einfach jemanden zu taufen?«

Wir lassen uns die Osterfreude nicht nehmen und empfangen alle Gottesdienstbesucher mit fröhlichem Gesang. Sicher, ein geübter Chor sind wir nicht, aber jeder freut sich, mit einem Lied begrüßt zu werden.

Zu Hause lege ich mir eine Schallplatte auf. Johann Sebastian Bach. Ich öffne das Fenster weit. Die Musik ist für mein kleines Zimmer zu groß. – Herr, mein Herz ist ebenfalls zu klein für die Freude, die in mir ist. Ich muss mich öffnen. Ich muss die Osterfreude hinaustragen, hinausrufen. Ich weiß es ganz neu und gewiss: Ich kann leben. Ich kann leben trotz meines Versagens. Christus ist auferstanden. Unser Herr lebt!

Das Grab ist leer!
Wenn du bisher
gezweifelt hast
an Gottes Macht,
dann sieh den Stein,
dann hör der Boten Ruf!
Den Tod besiegte,
der das Leben schuf.

16. April 1971

Mein Zimmer ist Treffpunkt für viele. Sie kommen täglich. Kommen, um Musik zu hören, um zu reden. Ich möchte gern einen richtigen Hauskreis daraus entstehen lassen, finde aber keinen Anfang.

18. April 1971

Unser Pastor sagt, er gehe davon aus, dass immer einer unter uns sitzt, der hinterher einen Bericht schreibt. »Und mit dem Gedanken kannst du frei predigen?«, frage ich und will wissen: »Was meinst du, wer es ist?« Das sei ihm egal, sagt er. Er wolle jedem mit gleicher Liebe begegnen. Unbefangen. Und sei das Wort Gottes nicht auch für jene eine wichtige Botschaft?

Mir behagt der Gedanke nicht. Ich will es wissen. Die Frau damals in den 50er Jahren, die vor den Gottesdiensten vor dem Gemeindehaus stand, um zu sehen, wer alles zum Gottesdienst geht, die Frau ist nie mit hineingekommen. Sie blieb immer draußen. Sie war keine von uns. Sie stand auf der anderen Seite. Und da gehörte sie auch hin. Der Gedanke, dass ein Zuträger mitten unter uns sitzt, dass ein Verräter mit uns singt, mit uns betet, mit uns das Brot beim Abendmahl bricht, sich mit uns unter den Segen Gottes stellt, der Gedanke ist mir unerträglich. Wenn ich davon ausgehe, dass ein Stasi-Spitzel unter uns ist, kann ich dann noch sein, wie ich bin? Kann ich dann noch reden, was ich denke und fühle? Muss ich dann nicht auch hier ständig sortieren?

Mich taufen zu lassen, das war meine erste und einzig wirklich frei getroffene ganz persönliche Entscheidung. Alles andere war obligatorisch, freiwilliger Zwang. Christ bin ich aus freien Stücken geworden. Und Freiheit ist so wichtig für mich. Ich ersticke, wo es mir zu eng wird. Gott hat meine Füße auf weiten Raum gestellt. Das steht in der Bibel. Ein neues Lied macht die Runde. Darin heißt es: »Herr, deine Liebe ist wie Gras und Ufer, wie Wind und Weite und wie ein Zuhaus. Frei sind wir, da zu wohnen und zu gehen. Frei sind wir, ja zu sagen oder nein ...« Ich brauche Wind und Weite. Ich ersticke sonst. Ich brauche die Freiheit der Entscheidung.

Diese Freiheit habe ich bisher nur in unserer Gemeinde gefunden. Und in diesem Raum der Freiheit soll ich vielleicht neben einem sitzen, der jeden Freiheitsgedanken im Keim erstickt, der meine im Vertrauen geäußerten Gedanken notiert? Allein der Gedanke daran verschließt mir Mund und Herz. Ich kann dann nicht mehr ehrlich sein. Und ich hasse es, mich zu verstellen, gute Miene zu bösem Spiel zu machen.

»Einer wird mich verraten«, stellt Christus fest, als er mit seinen Freunden das Abendmahl feiert. Er sagt das so sachlich. Ohne jeden Vorwurf. »Einer wird mich verraten.« Und jeder seiner engsten Freunde fragt: »Bin ich es?« Sie waren sich offensichtlich alle nicht sicher.

Eine Geschichte geht mir nicht aus dem Sinn: Ein Vater setzt seinen kleinen Sohn auf den Schrank, breitet die Arme aus und sagt: »Spring!« Das Kind springt. Der Vater tritt zur Seite, lässt seinen Sohn auf den Boden fallen und belehrt ihn: »Vertraue keinem!«

Ich finde, es ist eine furchtbare Geschichte.

22. April 1971

»Ich glaube auch, dass es mal einen Menschen gegeben hat, der Jesus hieß, vielleicht war er ein außergewöhnlich guter Mensch. Nur an die Sache mit dem Himmel kann ich nicht glauben. Meine Eltern haben immer davon gesprochen, vom lieben Heiland im Himmel.«

Es ist Frühstückspause. Meine Kollegin sitzt mir gegenüber und erwartet eine Antwort. Welch eine Gelegenheit, mich zu Christus zu bekennen, ihr vom lebendigen Gott zu sagen, Zeuge zu sein. Und was tue ich?

Ich suche nach Erklärungen, ich beginne damit, ihr das Wort Himmel zu erklären, gebe ihr zu bedenken, dass wir mit unserem menschlichen Denken Gott und den Raum Gottes nicht erfassen können, so wie die Linie nicht die Fläche begreifen kann und doch jede Linie in der Fläche begründet liegt. »Ja«, meint sie zögernd, »man kann es auch so erklären. Jeder sieht das eben anders.« Damit steht sie auf und geht ins Nebenzimmer. Vorbei. Die gute Gelegenheit ist vorbei. Ich wusste nicht, dass ich so feige bin. Ich habe versagt. Schade. Ich hätte ihr von meinen Erfahrungen mit Christus sagen sollen, stattdessen der misslungene Versuch, ihr etwas zu erklären, was sich nicht erklären, nur erfahren lässt.

Diskutieren, debattieren, argumentieren, das alles ist leichter als sich bekennen.

Herr, vergib mir die verpassten Gelegenheiten meines Lebens.

10. Mai 1971

Seit dem 5. Mai ist Walter Ulbricht nicht mehr der Erste Sekretär des Zentralkomitees der SED. Erich Honecker hat seinen Platz eingenommen. Welchen Kurs wird er einschlagen? »Es bleibt alles viel besser«, sagen die Leute.

16. Mai 1971

Täglich komme ich mit vielen Menschen zusammen. Ihre Verschiedenheit weitet mir den Blick und mein Herz.

Hilf mir, Herr, in jedem Menschen dein Abbild zu erkennen. Hilf mir, zu lieben.

22. Mai 1971

Britta und ich haben einen Bibelkursus zur Apostelgeschichte im Fernstudium mitgemacht. An diesem Wochenende ist Abschlusstagung in Blankenfelde. Wir trampen nach Berlin, um das Fahrgeld zu sparen, und haben Glück. Es dauert nicht lange, da hält einer und nimmt uns mit. Unterwegs erzählen wir, wo wir hinwollen und warum. Und schon sind wir mitten im Gespräch über Glauben und Christsein. Als wir uns trennen müssen, sagt der Fahrer: »Schade, dass wir unser Gespräch nicht fortsetzen können. Es war interessant für mich. Danke!«

23. Mai 1971

Die Tagung in Blankenfelde war gut. Hinterher sind wir noch zur Jugendstunde nach Köpenick gefahren. In Köpenick ist richtig was los. Es kommen eine Menge Jugendliche von der Straße zu den Jugendstunden. Deshalb geht es hier sehr locker zu. Ähnlich wie bei uns nach unserer Mannschaftswoche. Wenn Jörg die Gitarre in die Hand nimmt und singt, ist sofort Stimmung. Und ich bewundere, wie der Jugendleiter hier alles im Griff hat. So einen Mann wie Siegfried Schmidtmann könnten wir auch bei uns brauchen. Nichts bringt ihn aus der Ruhe. Er hat Verstand und Herz.

27. Mai 1971

In der katholischen Kirche hat Pater Kroll gepredigt. Hinterher habe ich ihn um ein Interview gebeten. Wir sind in ein gutes Gespräch gekommen. Natürlich habe ich mir bei dieser Gelegenheit sein Buch »Auf den Spuren Jesu« signieren lassen. Wenn ich doch einmal Jerusalem sehen könnte!

Pfingsten 1971

> Von allen Seiten kamen wir,
> verließen die Bequemlichkeit des Gewohnten,
> ertrugen die Mühen des Unterwegsseins,
> gingen das Risiko hautnaher Begegnung ein.
> Zur festgelegten Stunde
> am festgelegten Ort
> mit einem festgelegten Gott im Herzen.
> Wir sind gekommen,
> dich zu loben,
> dich zu preisen,
> dich aus der Enge des Herzens zu lassen.
> Indem wir uns einander öffneten,
> öffneten wir uns dir.
> Und das Wunder geschah:
> Du kamst aus uns heraus
> und auf uns herab
> und warst viel größer
> und warst ganz anders.

Jugendtage des Bundes der Evangelisch-Freikirchlichen Gemeinden in der DDR. Wir freuen uns, daran teilnehmen zu können. Unsere Gruppe ist klein geworden. Viele der Jungen sind bei der

Armee, andere haben mit der Berufsausbildung begonnen und den Ort gewechselt. Mit mir sind noch zehn andere nach Dresden gefahren. Thema: »Aufbruch in Gottes Zukunft«. Kaum angekommen, erreicht mich die Nachricht, dass Waltraud, die ich von einer Rüstwoche her kenne, einen Verkehrsunfall hatte und im Krankenhaus liegt. Die Verletzungen sind ernst. Ihre Mutter wird benachrichtigt.

Ich bitte den Leiter der Jugendtage darum, dass wir alle gemeinsam für Waltraud beten. Er lehnt ab. Der erste Tag soll nicht unter einem traurigen Vorzeichen stehen. Am nächsten Morgen ist Waltraud tot. Nach dem Gottesdienst wird es bekannt gegeben. Wir beten. Ich bin erschüttert. Diesmal ist nicht einmal mehr ein Warum in mir. Ich fühle mich völlig ohnmächtig. Ich bin krank. Das Fieber steigt. Ein Arzt kommt, verschreibt Tabletten. Bald fühle ich mich besser. Ich bin ja nicht nach Dresden gekommen, um im Bett zu liegen.

Am Abend entscheiden sich viele junge Menschen für ein Leben mit Christus. Ich werde gebeten, das Gespräch mit einem Mädchen zu führen. Wir suchen uns einen stillen Platz, was gar nicht so einfach ist, denn überall sitzen zwei oder drei zusammen. Es ist ein gutes Gespräch. Ich weiß nicht, ob ich ihr in ihren Fragen helfen kann, aber diese Begegnung hilft mir über Waltrauds Tod, über den Schmerz zu kommen. »Danke, dass du für mich da warst.« Ich höre ihre Worte und weiß, dieses Mädchen war für mich da.

Am Pfingstmontag lerne ich Waltrauds Mutter kennen. Sie ist nicht trostlos in ihrem Leid. Sie weiß sich geborgen in Gott. Es berührt mich sehr, wie sie den Tod ihrer Tochter annehmen kann.

Herr, wenn du mir Leid schickst, gib mir auch die nötige Kraft, es zu tragen, daran zu reifen, dir dadurch näher zu kommen. Ja, ich will am Leid reifen, nicht zerbrechen.

6. Juni 1971

Manchmal träume ich mir Zukünftiges. Was kann sich alles in meinem Leben ereignen? Was mag Gott mit mir vorhaben? Schon der nächste Tag kann so viel Neues in sich bergen. Als Lokalredakteurin komme ich jeden Tag mit anderen Menschen zusammen, lerne sie kennen in ihrer Verschiedenheit, lerne, mit ihnen im Gespräch zu sein. Ich erlebe mit, was sie erleben. Ich setze mich mit ihren Ansichten auseinander. Ich lerne durch meinen Beruf die verschiedensten Berufe kennen. Ich komme mit Künstlern zusammen, mit Ärzten, Politikern ... Das weitet meinen Horizont. Jeden Tag lerne ich Neues kennen. Deshalb liebe ich meinen Beruf so.

11. Juni 1971

Britta, Wilfried und ich trampen nach Malchow. Gar nicht so einfach, zu dritt und mit Gitarren wegzukommen. Ein Lkw hält. Wir dürfen hinten aufsteigen und zwischen Mehlsäcken Platz nehmen. Hinterher sehen wir selber aus wie Mehlsäcke. Der nächste Lkw-Fahrer lässt uns vorn einsteigen. Er bringt uns bis nach Berlin. Wilfried muss sich allerdings hinhocken. Das Fahrzeug ist nur für drei zugelassen. Bis Oranienburg soll uns die S-Bahn bringen. In Blankenburg langes Warten. Ich lege mich auf eine der Holzbänke, ein bisschen Schlaf nachholen. Wilfried nimmt seine Gitarre und übt ein paar Griffe. Schon steht ein Transportpolizist vor uns: »Musizieren auf den Bahnhöfen ist verboten«, sagt er barsch, und zu mir: »Und Sie setzen sich richtig hin!« Wir langweilen uns und knabbern ein paar Kekse. Das ist erlaubt.

Endlich kommt unsere Bahn. In Oranienburg versuchen wir wieder unser Glück auf der F 96. Nach zwei Stunden hat ein Autofahrer Erbarmen. Um 17 Uhr kommen wir in Neustrelitz an. Wir entdecken eine offene Kirchentür. Eine Plakatausstellung mit Grafiken von Matthias Klemm aus Leipzig fesselt uns. Ich entdecke einen Satz, der mir wichtig wird: »Christus hat keine Hände, nur unsere Hände, um seine Arbeit heute zu tun.«

Kurz vor 20 Uhr sind wir in Waren, unserem Ziel also schon sehr nahe. Um wieder ein Auto zu finden, müssen wir erst einmal die Stadt durchqueren. Plötzlich liegt ein Mann vor uns auf der Straße. Betrunken. Das Fahrrad neben sich. Leicht kann er überfahren werden. Wir können ihn nicht einfach liegen lassen. Unser Glück ist, dass er am Stadtrand wohnt, wo wir auch hinwollen. Aber dann hat uns das Glück erst einmal verlassen. Wir laufen und laufen und laufen. Kein Auto hält an. Und es regnet sich ein. Als es nur noch drei Kilometer bis Malchow sind, hält ein P 70 und bringt uns zum Freizeitheim.

12. Juni 1971

Wiedersehen mit Familie Fuchs. Es ist jetzt sechs Jahre her, dass Gerhard Fuchs mich getauft hat. Ich freue mich vor allem, Elke zu treffen. Sie ist meine treueste Briefpartnerin, seit wir uns trennen mussten. Es ist schön, Zeit zum Reden zu haben.

Wilfried und Britta musizieren mit den anderen von der Gitarrenrüste.

In der Bibelarbeit geht es um Mündigkeit. Einen Satz notiere ich mir: Die Welt wird durch Fakten verändert, nicht durch Programme.

13. Juni 1971

In der Predigt geht es um den Turmbau zu Babel. Ich mag die Geschichten des Alten Testaments. Sie sind ausdrucksstark und lebendig. Angeregt von der Predigt formuliere ich meine Gedanken zu einem Gedicht.

Hoch hinaus. Immer höher hinaus.
Gemeinsam sind wir stark.
Mit Gott vergleichen.
Spitze erreichen.
Wohl an! Auf geht's! Ans Werk!
Berühmt werden.
Gelten auf Erden.
Nicht länger namenlos.
Einen Turm lasst uns bauen!
Auf uns wird man schauen.
Gemeinsam sind wir groß.
Wir planen. Wir hoffen.
Die Welt steht uns offen.
Ein Volk. Eine Sprache. Ein Land.
Wir fühlen uns munter.
Und Gott steigt herunter
und nimmt uns
die Macht aus der Hand.

14. Juni 1971

»Wartet mal«, ruft uns Hartmut hinterher, als wir wieder unseres Weges ziehen. Der kleine Bruder von Elke kramt umständlich in seinen Hosentaschen und holt zwei Murmeln hervor. »Die schenke ich dir«, sagt er gönnerhaft zu mir. »Ich habe nämlich 402 Murmeln. Und 400 genügen mir.«

Wieder versuchen wir per Anhalter unser Glück. Und wir haben Glück. Hinter Rüdersdorf trennen wir uns von Wilfried und überlassen ihm unseren Proviant. Wilfried muss in ein Lager für vormilitärische Ausbildung. Hoffentlich kriegt er nicht allzu großen Ärger, denn er wird dort bereits seit dem Wochenende erwartet.

19. Juni 1971

Die Partei hat seit dem VIII. Parteitag eine Hauptaufgabe: die weitere Erhöhung des Lebensniveaus. Lebensniveau – wo?

15. August 1971

Ich war ziemlich erstaunt, heute im Gerichtssaal meinen ehemaligen Biologielehrer auf der Anklagebank zu sehen. Er hatte mich damals vor der Klasse um Entschuldigung gebeten. Seither arbeitet er in der Produktion, ungelernt. Vor Gericht zu verantworten hat er sich, weil er für seine Familie im Betrieb eine Heizungsanlage gestohlen hat. Und ich muss darüber schreiben. Er tut mir Leid. In der Verhandlungspause kommen wir auf dem Flur ins Gespräch. Er fragt mich: »Machen Sie immer noch in der Kirche mit?« – »Ja.« – »Ist das nicht eine hoffnungslose Sache?« – »Nein.« – »Ich habe Sie neulich gesehen, mit einer Gruppe Jugendlicher. Sie haben fromme Lieder gesungen. Wozu das alles? Ein Leben dafür, lohnt sich das?« Ich erzähle ihm von der Freude, die in mir ist, erzähle ihm von der Erfahrung, durch Christus ein freies Leben zu leben. Ich sage ihm, dass ich einen Sinn gefunden habe, ein Ziel vor Augen, dass ich um einen Weg weiß. Er: »Glücklich, wer diesen Glauben sein Eigen nennt.«

3. September 1971

Arbeit, immer wieder viel zu viel Arbeit. Außerdem hat mit dem September mein Fernstudium begonnen. Es ist ein kombiniertes Studium. Das heißt, ich werde auch immer wieder einmal für mehrere Wochen nach Leipzig zur Fachschule für Journalistik fahren. Studieren, arbeiten und dazu die Arbeit in der Gemeinde – es ist nicht leicht, alles unter einen Hut zu bekommen.

Ich sitze an der Schreibmaschine, versuche, mich zu konzentrieren. Es klingelt. Verärgert über die Störung gehe ich zur Tür. Eine Kinderhand schiebt sich durch den Spalt, klein und arg verschmutzt. Auf dem Handteller ein roter klebriger Himbeerbonbon.

Es ist Gabi aus dem Nachbarhaus. Sie lässt sich nicht wegschicken. Meine Argumente erschüttern sie nicht, das weiß ich längst. Wenn sie kommen will, kommt sie, und nun ist sie da, ganz und gar, ein Bündel Leben.

»Wir haben eine ganze Tüte davon zu Hause und dürfen sie auch essen«, sagt sie und hält mir noch immer das klebrige Ding entgegen. »Ich habe viel zu tun«, sage ich.

Bin ich schon so erwachsen, dass ich immer viel zu tun habe und nicht einmal mehr merke, wenn Gott mir einen Engel ins Haus schickt? Doch, ich merke es ja und lasse den Engel mit dem roten Bonbon herein.

Nach dem bedeutenden Besuch geht die Arbeit viel leichter von der Hand.

21. September 1971

Ich bin mitten drin im ersten Kursus an der Fachschule für Journalistik. Es ist ziemlich aufregend für mich in Leipzig. Ich teile das Internatszimmer mit zwei Kommilitoninnen, mit denen ich mich vom ersten Moment an sehr gut verstehe. Sie sind beide parteilos und mir gegenüber sehr tolerant. Vom Internat der Fachschule bis zur Evangelisch-Freikirchlichen Gemeinde sind es nur wenige Minuten. Zu Fuß brauche ich eine Viertelstunde, mit der Straßenbahn geht es noch schneller. Peter Müller ist hier Prediger und mir kein Unbekannter. Ich bin froh, dass ich hier Anschluss an eine Gemeinde gefunden habe.

22. September 1971

An der riesigen Karl-Marx-Universität erinnert nichts mehr an die gotische Kirche aus dem 13. Jahrhundert, die hier vor drei Jahren gesprengt wurde. Der Marxismus-Leninismus regiert.

24. September 1971

Inge und Birgit wollen ins Theater. Ich überlege, ob ich mitgehen soll, sage dann aber doch ab. Ich habe noch so einiges für Stilistik zu tun. Kaum habe ich mich in den Lehrstoff vertieft, klopft es an der Tür. Eine Kommilitonin aus dem Zimmer nebenan kommt herein. Zuerst versuche ich, sie abzuwimmeln. Aber sie lässt nicht locker. Sie setzt sich zu mir und erzählt einfach los. Es wird eine richtige Lebensbeichte. Sie ist Genossin, seit vielen Jahren. »Früher war ich Gott sehr nahe«, sagt sie, »dann wurde ich zum Sozialisten erzogen und bin aus der Kirche ausgetreten. Manchmal gehe ich heimlich in eine Kirche. Dann setze ich mich in eine hinterste Ecke. Bloß nicht gesehen werden. Die Parteileitung darf das nicht wissen. Ich weiß, dass es Gott gibt und dass ich ihn brauche. Aber was soll ich tun? Wenn ich mich zu Gott bekenne, zerstört das meine Existenz. Dann ist alles, was ich mir aufgebaut habe, hinfällig.« Sie wischt sich die Tränen vom Gesicht, steht auf und sagt: »Entschuldige.« Und schon ist sie gegangen.

28. September 1971

Vorlesung in Philosophie. Ich notiere mir einiges am Rande, Gedanken, die ich gegen das Gesagte setze. Bibelsprüche, Proteste, Ausrufezeichen, Fragezeichen. Ich kann ja nicht ahnen, dass unsere Aufzeichnungen eingesammelt und ausgewertet werden. Das fängt ja gut an.

29. September 1971

Der Dozent für Philosophie gibt uns die Schnellhefter zurück. Zu mir sagt er: »Sie müssen ja über umfangreiche Bibelkenntnisse verfügen, wenn Sie gleich passende Verse parat haben.« Ich merke, wie ich rot werde, und sage: »Es reicht noch nicht.« Der Hörsaal lacht. Am Abend kommt der Dozent für Politische Ökonomie zu mir ins Zimmer und fragt: »Haben Sie meine Vorlesung auch mit der Bibel ergänzt? Das würde mich dann wirklich interessieren.« »Habe ich nicht«, sage ich. »Ich kann das aber gerne nachholen.« Er lacht und geht wieder.

30. September 1971

Während der Vorlesung hole ich eine Tablette gegen Halsschmerzen aus der Tasche. Der Student hinter mir tippt mich an: »Was sagt denn der alte Mose zur Anti-Baby-Pille?« – »Seid fruchtbar und mehret euch!« Damit habe ich die Lacher auf meiner Seite und meine Ruhe. Vorerst.

6. Oktober 1971

Das Konzil der Jugend ist Gesprächsthema. Ein Satz ist mir besonders wichtig: »Der absolute Christus kommt, um im Innersten des Menschen ein Fest lebendig werden zu lassen. Er bringt uns einen Frühling der Kirche, der Kirche, die über keine Machtmittel mehr verfügt, bereit mit allen zu teilen, ein Ort sichtbarer Gemeinschaft für die ganze Menschheit. Er wird uns genügend Phantasie und Mut dazu geben, einen Weg zur Versöhnung zu leben. Er selber wird uns bereit machen, unser Leben hinzugeben, damit der Mensch nicht mehr des Menschen Opfer sei.« Für eine solche Kirche möchte ich mich einsetzen.

10. Oktober 1971

Ich freue mich, dass ich an der Arbeitstagung junger Christen der DDR in Hirschluch teilnehmen kann. Wir sind acht Baptisten. Insgesamt aber hundert Jugendliche aller Konfessionen. Es ist toll, wie offen wir hier miteinander reden können. Der Liedermacher Hans-Kurt Ebert ist auch da. Eines seiner Lieder geht mir nicht mehr aus dem Ohr: »Ich möchte heute, ich möchte morgen immer etwas klüger werden und davon leben. Ich möchte heute, ich möchte morgen diese Klugheit recht gebrauchen und weitergeben an die Menschen dieser Welt, wo Klugheit so oft fehlt.«

Viel zu schnell vergeht die Zeit der guten Gemeinschaft. Zuletzt sitzen wir beim Abendmahl zusammen. Hier ist es möglich, dass evangelische und katholische Christen mit Christen aus den Freikirchen Brot und Wein teilen.

Andriès, ein Gast aus Holland, gibt mir ein Wort zum Abschied mit: »Das Konzil der Jugend, überall, nicht nur für die, die in Taizé gewesen sind. Was kann ich tun? Konkret vertrauen, mit allen anderen, die in dem langen Marsch sind.«

25. Oktober 1971

Ob ich je einen Menschen finde, mit dem ich mein Leben teilen kann? Verliebt habe ich mich schon oft, aber entweder hat der andere meine Liebe nicht geteilt oder die »große Liebe« verlief sich nach ein, zwei Jahren im Sand. Vielleicht bin ich zu anspruchsvoll. Wichtig ist mir, mit dem anderen reden zu können. Aber es soll auch richtig funken zwischen uns. Die Basis muss stimmen. In Glaubens- und Lebensfragen sollen wir gleicher Meinung sein, denke ich. Und noch eines ist mir wichtig: Ich will mir diesen Menschen als Vater meiner Kinder vorstellen können.

7. November 1971

Ökumenischer Gottesdienst in der katholischen Kirche. Ein Zitat von Bernhard Lichtenberg notiere ich mir: »Der Blick sei nicht vor allem zuerst auf die Schwierigkeiten zu richten, sondern auf Ziel und Aufgabe. Man muss anfangen, man muss die eigenen Kräfte einsetzen, die der anderen mobilisieren und mit einsetzen und dabei alles, nicht nur ›den Rest‹, Gott anvertrauen.«

10. Dezember 1971

Ich finde es ja übertrieben, aber unsere Buchhalterin meint, wir sollen als Grundorganisation der Deutsch-Sowjetischen Freundschaft unbedingt an einem Kulturabend russischer Offiziersfrauen teilnehmen. Um nicht wieder als schwarzes Brigadeschaf dazustehen, gehe ich mit. Es soll ein Abend am Samowar sein, mit Lesungen sowjetischer Literatur. Es wird ein großer Reinfall. Tee und Gebäck gibt es nur für die Offiziersfrauen, nicht für uns. Und gelesen wird in russischer Sprache. Ohne Übersetzung. Zwei Stunden lang verstehen wir nur ›Bahnhof‹. Ich muss mich sehr zurückhalten, um nicht laut loszuprusten. Aber wir sind dem Titel »Kollektiv der sozialistischen Arbeit« wieder näher gerückt.

31. Dezember 1971

Manches war schwer im zurückliegenden Jahr, aber gerade im Leid, Herr, fand ich dich. Im Leid lernte ich beten. Im Dunkeln sah ich dein Licht. Dennoch wird es mir manchmal schwer. Du hast mir Augen gegeben, mit denen ich hinter die Masken sehen kann. Ich kann nicht mehr bei der Oberfläche bleiben, beim Vordergründigen. Ich muss auf den Grund. Ich kann mich nicht von der Maske täuschen lassen. Du zwingst mich, den anderen zu erkennen, seine Not zu entdecken, seine Unsicherheit, seine Verlorenheit zu sehen. Du hast mir Ohren gegeben, die feinhörig sind, die selbst das stumme Schreien der Verlassenen hören. Du hast mir Hände gegeben, die unaufhörlich halten wollen, aufhelfen und tragen. Du hast mir Füße gegeben, die nie den bequemen Weg suchen. Einen Mund hast du mir gegeben, der nicht stumm bleiben kann, wo Unrecht geschieht, und der von dir reden muss.

Danke, Herr, danke! Danke für alles, was du mir gegeben hast. Aber nun finde ich keine Ruhe mehr. Herr, ich leide, ich leide, wo Menschen leiden.

Ich frage dich: Hast du vergessen, mir einen starken Rücken zu geben? Hast du vergessen, mir breite Schultern zu geben? Hast du vergessen, mir ein großes, liebendes Herz zu geben?

Herr, bleibe du mein Weg. Dir will ich nachfolgen.

12. Februar 1972

Fritz Müller leitet ein Jugendwochenende in Buckow. Seine Lieder begeistern mich. Wilfried und ich fahren gemeinsam in die Märkische Schweiz. Im Haus »Rehoboth« treffen wir auch Gerald und Achim aus Berlin-Köpenick. Die Vorstellungsrunde leitet Fritz

Müller mit dem Lied ein: »Ich möchte immer unfertig sein, mit Spannung die Welt von morgen erhoffen. Ich möchte immer unfertig sein, nicht festgefahren im Glauben und Denken, im Glauben und Tun.«

Auch ich möchte nie so erwachsen sein, dass ich nichts mehr in Frage stelle.

5. März 1972

Wilfried ist unter die Dichter gegangen. Er schreibt in mein Gästebuch:

Wir sitzen hier bei Kerzenschein
und möchten gerne anders sein.
Möchten wir gern anders sein?
Manchmal ja und manchmal nein.

9. März 1972

Die Volkskammer hat ein Gesetz zum Schwangerschaftsabbruch verabschiedet.

Die CDU stimmte dagegen. Die Zeitungen sind voll von tendenziösen Beiträgen. Jedes Kind, das in der DDR geboren wird, soll ein Wunschkind sein. Ein glückliches Wunschkind mit glücklichen Eltern. Was maßt der Mensch sich an?

1. April 1972

Mein Chef hat mir die Berufungsurkunde der CDU überreicht. Sie ist von Gerald Götting unterschrieben. Ich bin nun nicht mehr einfach Redakteurin, ich habe vielmehr die »Funktion als Redakteur im Union-Verlag«. In der Urkunde steht, dass das Sekretariat des Hauptvorstandes der CDU von mir erwartet, dass ich meine ganze Kraft für die Gestaltung der entwickelten sozialistischen Gesellschaft in der Deutschen Demokratischen Republik und zur Erfüllung der Aufgaben der Christlich-Demokratischen Union Deutschlands einsetze. Jetzt habe ich es also schwarz auf weiß: Ich bin Funktionär und habe zu funktionieren. Manchmal denke ich, ich sitze im falschen Zug.

6./7. Mai 1972

Unsere Redaktion fährt nach Polen, nach Poznan. Seit Januar ist das ohne Pass und Visum möglich. Auch für Fahrten in die CSSR genügt seit diesem Jahr der Ausweis. In Poznan soll offiziell ein Erfahrungsaustausch mit polnischen Kollegen stattfinden. Der ist mangels Sprachkenntnis schnell abgehakt. Wir sehen uns gemeinsam die Stadt an. In Poznan wird gerade der »Studentenfrühling der Kultur« gefeiert. So etwas habe ich noch nicht erlebt. Ausgelassen tanzen junge Leute durch die Straßen, andere musizieren. Am liebsten würde ich mittanzen. Im Programm steht auch die Besichtigung einer Kirche, in der Pater Kolbe besonders geehrt wird. Als wir das Gotteshaus betreten, beginnt eine alte Frau neben mir laut zu schimpfen. Ich verstehe nicht, was sie sagt, aber sie ist sehr erregt. Es hört sich an, als verfluche sie uns. »Pfui, Deutsche«, sagt sie immer wieder und macht eine Handbewegung, als wolle sie uns verscheuchen. Der polnische Redakteur redet auf sie ein. Sie verlässt schimpfend die Kirche. Ich fühle mich schuldig.

3. Juli 1972

Erst war ich ein bisschen erschrocken, als ich hörte, dass ich mit Bruno Bajorat eine Bibelrüste in Malchow leiten soll. Ich befürchtete, dass wir einfach viel zu verschieden sind. Aber jetzt merke ich, wie gut wir einander ergänzen in unserer Verschiedenheit.

12. Juli 1972

Wilfried ist mir ein guter Freund. Wir können über alles reden. An manchen Tagen gehen wir stundenlang spazieren. Der Gesprächsstoff geht uns nie aus. Er hat nach der Lehre nicht als Heizungsinstallateur in der Firma weitergearbeitet. Immer auf Montage zu sein, das war ihm nicht das Richtige. Jetzt sucht er Arbeit.

Am Wochenende will ich mit meinem Kollegen Hansgeorg nach Polen fahren.

Die Grenze ist ja geöffnet worden. Wilfried will auch mitkommen. Ich freue mich auf unseren Ausflug.

15. Juli 1972

Ruhig fließt die Bobr. Im Zaganer Volkspark lässt es sich trotz großer Hitze aushalten. Jenseits des Schlosses, das einst Wallenstein beherbergte, herrscht geschäftiges Treiben. Wir nutzen den Tag, um die Stadt kennen zu lernen. Abends fährt mein Kollege zurück. Wilfried und ich bleiben. Wir wollen in Zagan übernachten und erst am nächsten Tag nach Hause fahren. Ein paar Jugendliche bringen uns spätabends zu einem Hotel. »Czy pani ma wolny pokoj?« (Haben Sie ein Zimmer frei?) Bedauerndes Schulterzucken. Gibt es noch andere Hotels oder Jugendherbergen? Kopfschütteln.

Was nun? Damit haben wir nicht gerechnet. Und der letzte Zug nach Hause ist längst abgefahren. Wir sitzen nachts in der Kawiarna »Danusia«. Ich komme mit Hilfe des Wörterbuchs mit der Klofrau ins Gespräch, erkläre ihr mit Händen und Füßen unsere Situation. Sie spricht mit einer jungen Kellnerin. Die wiederum macht uns durch Zeichen klar, wir sollen warten. Wir trinken starken Kaffee und warten. Bis kurz vor Mitternacht. Barbara Szopa, so heißt die Kellnerin, nimmt uns mit zu sich nach Hause. Ihr Mann ist überrascht, aber nicht verärgert. Er heißt uns herzlich willkommen. Wir machen uns bekannt. Er ist Architekt, heißt Krzysztof und lernt in jeder freien Minute Deutsch, wie er uns erzählt. Wir haben nur wenige polnische Vokabeln zu bieten. Barbara deckt den Tisch. »Bitte, essen«, sagt sie. Im Wohnzimmer hängt ein Kruzifix. Das junge Ehepaar fragt, ob wir verheiratet sind. »Nein, wir sind Freunde«, sage ich. Krzysztof geht ins Nebenzimmer, wo die dreijährige Margoscha schläft. Er hebt sie aus dem Bett und legt sie auf Matratzen, die Barbara auf dem Fußboden ausgebreitet hat. Ich habe ein Bett. Auch das Sofa für Wilfried ist im Wohnzimmer schnell hergerichtet. Barbara und Krzysztof teilen sich ein Bett, wie ich später merke.

16. Juli 1972

Krzysztof und Barbara wollen uns nicht so schnell wieder ziehen lassen. Erst gibt es ein Frühstück, später ein sonntägliches Mittagessen. Krzysztof ist deshalb extra zu Verwandten gefahren, um Fleisch und Kartoffeln zu holen.

Am Nachmittag heißt es dann doch Abschied nehmen. Wir wollen noch ein wenig durch die Gegend trampen. Ich gebe der jungen Familie meine Adresse.

Polnische Gastfreundschaft. Wer von uns würde mitten in der Nacht einem wildfremden, dazu ausländischen Menschen Quartier gewähren?

19. Juli 1972

Familie Szopa ist für ein paar Tage in die DDR gekommen. Wir freuen uns über das schnelle Wiedersehen.

2. August 1972

Inzwischen war ich öfter in Polen, vor allem, um mir Schallplatten zu kaufen, Rock und Blues. Die Polen sind in dieser Beziehung einfach privilegiert.

17. August 1972

Wilfried und ich fahren ein paar Tage in das Lausitzer Bergland. Per Anhalter unterwegs, haben wir viele lustige Erlebnisse. Wir nutzen die Gelegenheit, uns den polnischen Teil von Görlitz anzusehen. Auf der Freilichtbühne gibt es ein Rockkonzert. Das wollen wir uns nicht entgehen lassen. Den 50-Zloty-Schein kann der Einlassdienst nicht wechseln. Eine Handbewegung und wir dürfen umsonst hinein.

18. August 1972

Lange stehen wir am Straßenrand, den Daumen erhoben. Endlich hält ein polnisches Fahrzeug. Vorn sitzt ein Ehepaar, auf dem Rücksitz tummeln sich drei Mädchen. »Bitte«, sagt die Frau und zeigt, dass wir einsteigen sollen. Wir drängen uns in den kleinen Wagen, nehmen die Kinder auf den Schoß und fahren so nach Zittau und weiter mit der Kleinspurbahn in den Kurort Oybin. Wir begeistern uns an jedem Felsen, an jeder knorrigen Wurzel.

1. September 1972

Jetzt haben wir ihn, den Ehrentitel »Kollektiv der sozialistischen Arbeit«. Verliehen wurde er uns, glaubt man der Urkunde, für »hervorragende Leistungen beim Aufbau des Sozialismus und bei der Festigung und Stärkung der Deutschen Demokratischen Republik.« Ich glaube, viel wichtiger ist für jeden aus unserer Redaktion die Prämie, die wir dafür bekommen. Nicht auszudenken, wenn das wegen meiner Sturheit nicht geklappt hätte.

22. Oktober 1972

Einige Jugendliche, die eigentlich zur evangelischen Kirche gehören, haben sich in unserer Gemeinde für ein verbindliches Leben mit Christus entschieden und wollen sich taufen lassen. Sie gehören längst zum Kern unserer Jugendgruppe. Auch Wilfried ist dabei. Darüber freue ich mich sehr.

10. Dezember 1972

Heute wurde Wilfried getauft und in unsere Gemeinde aufgenommen. Sein Taufspruch ist: »Behalte im Gedächtnis Jesus Christus!« Als wir gemeinsam das Abendmahl feierten, war ich sehr glücklich.

31. Dezember 1972

Wozu Tagebuch schreiben, wenn man sich alles erzählt, aber auch alles? Wilfried und ich sind täglich zusammen. Alles erleben wir miteinander. Seit September wissen wir, dass wir zusammengehören, dass wir zusammenleben wollen. Heute sagen wir es meinen Eltern. Im nächsten September werden wir heiraten.

22. Januar 1973

Immer mehr Staaten nehmen diplomatische Beziehungen zur DDR auf. Das hat Honecker geschafft. Politische Anerkennung.

1. April 1973

Im Haus meiner Eltern ist eine Wohnung frei geworden. Die anderthalb Zimmer im Erdgeschoss waren der vierköpfigen Familie schon lange zu klein. Es ist keine besonders schöne Wohnung. Die hohen Mietshäuser auf der gegenüberliegenden Straßenseite verhindern, dass Sonnenlicht durch die Fensterscheiben dringt. Trotzdem würden Wilfried und ich hier gerne einziehen. Aber so einfach geht das nicht. Ein Hausbesitzer hat keinen Einfluss darauf, an wen er vermietet. Das Wohnungswesen des Rates der Stadt bestimmt, wer welche Wohnung bekommt. Wohnungen sind knapp. Entsprechend lang ist die Warteliste. Es gibt viele junge Ehepaare, die unfreiwillig über Jahre getrennt leben.

Mein Vater weiß Rat. Ein paar Tage nicht gelüftet, schon lässt sich die Tapete leicht von den Wänden ziehen. Es ist ein altes Haus. Feuchtigkeit steckt im Mauerwerk. Als Stockflecken durch die Tapete dringen und es richtig muffig riecht, beantragt mein Vater die Sperrung der kleinen Wohnung. Eine Prüfungskommission kommt, geht durch die Räume, notiert sich die Schäden.

2. Juni 1973

Es ist nicht mehr verboten, Westfernsehen einzuschalten. Honecker hat gesagt, jeder könne, wenn er wolle, westliche Medien nutzen. Es ist nicht verboten, aber man redet besser nicht darüber, wenn man von dieser Möglichkeit Gebrauch macht.

1. Juli 1973

Die Zeitung ist voll mit Glückwünschen für Walter Ulbricht. 80 Jahre alt ist er geworden. Mich erinnern die Artikel vor allem daran, dass dieser Mann immer ein offener Gegner kirchlicher Jugendarbeit war. Er wollte »frohes Jugendleben« im Blauhemd, nicht unter dem Bekenntniskreuz. Unter seiner Regierung sind kirchliche Jugendtage und Bibelfreizeiten als ungesetzliche Handlungen eingestuft worden, sind über hundert Freizeiten mit staatlicher Gewalt aufgelöst worden, weil Freizeiten »die Jugendlichen vom gesellschaftlichen Leben abhalten«. An seinem Geburtstag werde ich an Schauprozesse erinnert, daran, wie mit jungen Christen kurzer Prozess gemacht wurde. Im Namen des Volkes.

Ein Lied wird seit damals gern in den Jugendstunden gesungen, das Lied vom »kleinen Johnny« von Martin Luther King, der dem Kind rät, immer eine Zahnbürste dabei zu haben, denn: »Man sperrt heut noch viele Menschen ein, die gegen Unrecht sind.« Immer wieder sangen wir es, auch um uns Mut zu machen: »Ich habe meine Zahnbürste dabei, was kann mir schon passieren ...«

28. Juli 1973

Die »X. Weltfestspiele der Jugend und Studenten« sind eröffnet. In Berlin trifft sich die Jugend der Welt. Die Zeitungen sind voll davon, vor allem von den Solidaritätskundgebungen der Jugend für das chilenische und arabische Volk. Ich würde auch gern in Berlin dabei sein. Doch ich komme nicht aus der Redaktion heraus. Schade!

30. Juli 1973

Es wird erzählt, dass Walter Ulbricht im Sterben liegt und nur noch künstlich am Leben erhalten wird. Manche sagen, er liege schon auf Eis. Sein Tod würde jetzt die Jubelstimmung in Berlin stören. Sein Sterben passt nicht ins Konzept. Also lässt man ihn nicht sterben.

2. August 1973

Freundschaftstreffen auf der Krim. Erich Honecker ist auch dabei. Von der Krim, heißt es, sei schon mancher nicht zurückgekommen.

3. August 1973

Honecker ist wiedergekommen. Walter Ulbricht ist tot. Gestorben ausgerechnet während der gigantischen Weltfestspiele. Heute steht es in der Zeitung. Gestorben ist er schon vor zwei Tagen, an Herzversagen. Es soll sein Wunsch gewesen sein, dass das Festival erfolgreich zu Ende geführt wird, damit »sich die antiimperialistische Solidarität und die Freundschaft der Weltjugend zur Lösung ihrer

Gegenwarts- und Zukunftsprobleme weiter festige und der Frieden sicherer werde«. »Lasst euch nicht die gute Laune verderben«, soll er gesagt haben.

Staatstrauer ist erst für den 7. August verordnet. Bis dahin wird weitergefeiert.

5. August 1973

Die Arbeit frisst mich auf. Am liebsten würde ich mich zerteilen, um überall dabei zu sein, um alles mitzuerleben, um wirklich aus eigenem Erleben zu berichten. Wenn ich einen Tag frei habe, bin ich mit Wilfried unterwegs wegen Möbeln. In Leipzig habe ich da mal eine Küche gesehen, die könnte mir gefallen. Hellblau mit großen weißen Griffen.

25. August 1973

Hurra! Die Wohnung ist gesperrt worden. Wilfried geht zum Rat der Stadt. Er beantragt, gesperrten Wohnraum aus eigener Kraft und mit eigenen Mitteln ausbauen zu dürfen. Wir könnten natürlich auch einen ganz normalen Antrag auf eine Wohnung stellen und dann Jahre warten, jeder in seiner Herkunftsfamilie.

8. September 1973

Kampftag der Journalisten. Ich verkaufe Hunderte von Solidaritätslosen. Die meisten schneide ich an Ort und Stelle auf. Davon tut mir hinterher das Handgelenk weh. Jeder in unserer Redaktion hat seinen Tagesverdienst für »die antiimperialistische Solidarität« zu spenden.

9. September 1973

Journalisten aus 20 Ländern fordern auf einem Meeting in Berlin verstärkte Solidarität mit Vietnam und den von der Reaktion verfolgten Berufskollegen. Wir sammeln in unserer Redaktion Geld für Nähmaschinen, mit denen sich Vietnamesen in ihrer Heimat eine Existenzgrundlage schaffen können.

12. September 1973

Wir haben die Wohnung! Jetzt ist Eile geboten. In zwei Tagen wollen wir heiraten. Es ist viel zu tun bis dahin. Trotzdem, wir sind glücklich. Unsere eigenen vier Wände! Es ist eine Wohnung mit Ofenheizung. Die Öfen sind alt. Wasser und WC gibt es im Hausflur, immerhin auf gleicher Ebene.

13. September 1973

Militärputsch in Santiago. Keiner weiß, ob Allende noch am Leben ist. Die Weltpolitik macht mir Angst. Und morgen werden Wilfried und ich zum Standesamt gehen. Ist das ein guter Zeitpunkt zum Heiraten?

14. September 1973

Ein Blick auf den Wecker. Was, schon so spät? Alles schwirrt aufgeregt hin und her. Hinein ins Brautkleid, Lockenwickler raus. Geht das nicht schneller? Wo liegt der Kamm? Kaffee im Stehen. Es klingelt. Blumen über Fleurop, schon der vierte Strauß. Gibt es keine Vasen mehr im Haushalt? Es klingelt. Ein Telegramm. Das dritte in der letzten halben Stunde. Glückwunschkarten häufen sich. Ein Päckchen wird abgegeben. Von wem? Keine Zeit. Später. Eine Laufmasche. Auch das noch. Es hupt. Der Taxifahrer ist da. Es ist viertel vor zehn. Um 10 Uhr Termin auf dem Standesamt. Mein Haar sitzt noch nicht. Noch fünf Minuten bis 10 Uhr, noch drei. Den Brautstrauß unter den Arm, die Röcke gerafft. »Was, zweimal soll ich fahren?« Der Taxifahrer zeigt sich völlig ahnungslos, dann gibt er Gas. Wer hat eigentlich behauptet, der Hochzeitstag wäre der schönste Tag im Leben? Na ja, im Heiraten sind wir eben ungeübt. Gehetzt die Stufen hinauf zum Standesamt. Der Fotograf steht schussfertig. Er macht Witze, alles lacht. Dann wird es ernst. Feierliche Musik aus einem abgenutzten Tonbandgerät. Hoffentlich geht alles gut, denke ich. Und wenn nun der Ring herunterfällt? Und wenn mir vor Aufregung das Wort im Halse stecken bleibt? Wenn ich stottere oder zu lispeln beginne? Wenn wir die Ringe verwechseln und sie dann nicht passen? Wenn ich beim

Unterschreiben zittere? Wenn uns der öffentliche Kuss misslingt? Ob Wilfried auch so aufgeregt ist? Die Standesbeamtin spricht in würdevollem Ton von Liebe und Verantwortung, vom Vergeben und Tragen, und sie schaut in exakter Regelmäßigkeit mal Wilfried, mal mir in die Augen. Das erinnert mich an den Zeiger eines Metronoms. Nicht mehr hingucken, sonst pruste ich los. Ich komme mir vor wie im Theater. Wir spielen die Hauptrollen. Das Publikum wischt sich verstohlen die Tränen. »Sind Sie gewillt ...?« – »Ja.« Es kommt uns sicher über die Lippen. Wir wissen, dass wir zusammengehören. Ich unterschreibe mit neuem Namen, den habe ich oft zu Hause geübt. Wir stecken einander die Ringe auf, kein Ring entwischt uns, rollt auf und davon. Es sind geliehene Ringe. Für eigene fehlt das Gold, das der Juwelier verlangt.

Jetzt kommt die Stelle mit dem Kuss. Wilfried, der vorher immer gesagt hat, er küsse mich nicht vor den Leuten, beugt sich zu mir hinunter. Ich aber habe meine Rolle vergessen und drehe mich weg. Das Publikum ist enttäuscht. Der Beifall bleibt aus. Dabei hatten wir vorher so oft geprobt.

15. September 1973

Wie kann ich fröhlich sein? Salvador Allende ist ermordet worden. Aus Chile kommen Schreckensmeldungen. Ich bete zu Gott, dass Frieden wird. Und wir schmieden an unserem kleinen Glück.

Wilfried weißt die Wände des künftigen Wohnzimmers. Tapete haben wir noch nicht bekommen. Möbel fehlen auch noch. Wir legen das Zimmer mit Kissen und Matratzen aus, damit wir morgen in diesem Raum feiern können.

16. September 1973

Auch vor Gott und unserer Gemeinde schließen wir unsere Ehe. Einen schönen Trauspruch hat Konrad Krause für uns ausgesucht: »Die den Herrn lieben, werden sein wie die Sonne, die aufgeht in ihrer Pracht.«

In der Predigt geht es um die Ehearbeit, um die Arbeit, Verantwortung zu tragen, um die Arbeit, einander zu verstehen, um die Arbeit des Vertrauens und schließlich um die Arbeit des Vergebens.

Noch macht uns diese Arbeit sehr viel Spaß.

Am Nachmittag kommen Freunde und Verwandte. Es ist mein 25. Geburtstag.

17. September 1973

Eigentlich hatte ich immer von einer richtig schönen Hochzeitsreise geträumt. Es gab sogar schon konkrete Vorstellungen. Vier Wochen UdSSR und Mongolei. Davon eine Woche in einer Jurte leben. Aber woher das Geld für eine solche Reise nehmen? Außerdem bin ich seit einigen Monaten verantwortlich für die Bezirksredaktion. Mein Chef musste mit seiner Familie nach Berlin ziehen. Seine neun Jahre alte Tochter ist von Geburt an nierenkrank. Um nicht an einer Harnvergiftung zu sterben, muss sie regelmäßig zur Dialyse. Und das geht für Kinder nur in Berlin. Da wir in unserer Redaktion nur zwei Redakteure sind, ist Urlaub einfach nicht drin. Ich habe vollauf zu tun, wenn ich alles schaffen will. Und Wilfried hat in der Wohnung zu tun. Bisher ist nur die Küche eingerichtet (meine himmelblaue Traumküche!) und das Schlafzimmer, in einer Kammer auf dem Dachboden.

19. September 1973

Schon wieder Staatstrauer. Georg Ewald vom ZK der SED ist am 15. September auf der Autobahnauffahrt Gotha tödlich verunglückt.

In der Zeitung darf ich die Abkürzung ZK nicht verwenden, um die Gefahr des Buchstabendrehers zu vermeiden. Wir müssen immer »Zentralkomitee« schreiben.

21. September 1973

Der Weltkirchenrat hat sich besorgt über den Putsch in Chile ausgesprochen. Der Terror nimmt zu, die Junta mordet pausenlos weiter. Es entsetzt mich. Ich habe Angst, dass sich der Krieg ausweitet. Ich habe Angst um Wilfried. Wenn er eine Uniform anziehen müsste ...

25. September 1973

Pablo Neruda ist tot. Chile hat seine Stimme verloren.

27. September 1973

Seit dem 1. September geht Cornelia in die erste Klasse. Sie ist die Tochter einer Freundin. Sie liebt ihre Lehrerin über alles. An einem Morgen legt sie ihr einen blank geputzten, rotbackigen Apfel auf das Pult. Die Lehrerin kommt ins Klassenzimmer und fragt: »Wer hat mir diesen Apfel mitgebracht?« Cornelia erhebt sich freudig erregt: »Ich war das.« – »Nimm ihn zurück. Von einem Kind, das nicht Pionier sein will, nehme ich keine Geschenke.«

Dieser Lehrerin gehört Berufsverbot! Mir fällt eine Strophe aus dem Gedicht »Kinder« von Bettina Wegener ein:

> Sind so kleine Seelen,
> offen und ganz frei.
> Darf man niemals quälen,
> geh'n kaputt dabei.

2. Oktober 1973

Was in Chile geschieht, ist Völkermord. Die Verbrechen nehmen kein Ende. Warum schweigt Gott?

Schweigt Gott?

5. Oktober 1973

Die Partei will sich um die Lösung der Wohnungsfrage in der DDR kümmern. Auf der 10. Tagung des Zentralkomitees der SED wurde das Wohnungsbauprogramm für die Jahre 1976 bis 1990 beschlossen. »Es ist erklärtes Ziel unserer Partei (...), bis 1990 die Wohnungsfrage zu lösen.« Von Wohnungsmangel oder -not ist in den Zeitungen nicht die Rede. Nur von einer »Wohnungsfrage«, und die wird die Partei lösen. In der Zeitung steht, dass im nächsten Planjahrfünft der Bevölkerung 750 000 neue oder modernisierte Wohnungen übergeben werden sollen. Bevorzugt werden Arbeiterfamilien, kinderreiche Familien und junge Ehepaare. Wilfried und ich müssen nicht darauf warten. Wir haben unser Zuhause und sind dabei, es einzurichten. So manches Möbelstück fischen wir aus Sperrmüllcontainern.

18. Oktober 1973

Krieg im Nahen Osten. Erbitterte Kämpfe am Suez und an den Golanhöhen. Das kann nicht das Israel sein, von dem in der Bibel steht, dass es Gottes auserwähltes Volk ist, sein Augapfel. Oder doch?

19. Oktober 1973

Auf der IV. Sitzung des CDU-Hauptvorstandes in Berlin ist vom »verstärkten Engagement sozialistischer Staatsbürger christlichen Glaubens« die Rede. Leere Worthülsen. Alles wird zum Engagement erklärt. Jedes Zaunstreichen dient dem Weltfrieden. Jedes Kaffeetrinken in der Volkssolidarität stärkt den Sozialismus.

4. November 1973

In der Hauptstadt der DDR soll ein Palast der Republik gebaut werden, ein »Haus des Volkes«, wie Honecker sagt. Der Grundstein ist gelegt. Das Volk aber baut sich seine Datschen. Auf dem Bahnhof traf ich am Abend einen Bekannten. Er trug schwer an seiner Arbeitstasche. Ich fragte ihn scherzhaft: »Hast du deine Frühstücksbrote heute nicht gegessen?« Er antwortete: »Unsinn. Ich habe da eine Gehwegplatte drin. Jeden Tag nehme ich mir eine von der Arbeit mit nach Hause. Bald haben wir den Weg in unserem Garten fertig.«

Deshalb also heißt die Losung: Aus den volkseigenen Betrieben ist noch viel mehr herauszuholen!

16. November 1973

Auf dem Schriftstellerkongress spricht Hermann Kant vom neuen Selbstverständnis. Er sagt: »Schriftsteller und Künstler der DDR stehen Schulter an Schulter mit den Arbeitern, den Genossenschaftsbauern, der Jugend.« Ich finde, Kunst sollte vorangehen, sollte Visionen entfalten, sollte helfen, Wege in die Zukunft zu finden. Wem nützt die Kunst, wenn sie nicht weiter ist als wir alle?

25. Dezember 1973

Mein Cousin sagt: »In diesem Staat kann man doch keine Kinder in die Welt setzen!« Aber wir möchten Kinder haben, wenn auch keine »Kinder des Sozialismus«. Jeden Monat bin ich aufs Neue enttäuscht, wenn es wieder nicht geklappt hat.

Schon als Kind sprach ich manchmal davon, später ein Dutzend Kinder zu haben, eine Fußballmannschaft, eine Horde, die Spaß hat und Spaß macht. Mir gefielen Bilder von großen Familientischen, an denen immer auch noch Freunde Platz haben. So sollte es einmal sein. Später meinte ich, vier Kinder wären gerade richtig. Ist nicht jeder Esstisch für sechs Personen getischlert, besteht nicht jedes Service aus sechs Tassen, sechs Tellern, jedes Besteck aus sechs Messern, Gabeln, Löffeln? Das kann doch kein Zufall sein!

Wir sind uns einig: Wenigstens zwei Kinder braucht es, damit sie sich gegen die Eltern-Riesen solidarisieren können, damit sie sich Streiche ausdenken, damit sie sich zanken und wieder vertragen können, und wenn dann unplanmäßig ein drittes kommt, soll es uns auch recht sein.

15. Januar 1974

Die Arbeit in der Redaktion, die Abschlussprüfungen in der Fachschule für Journalistik, die Jugendarbeit in der Gemeinde, die Mitarbeit im Gemeinderat – ich bin ziemlich gestresst. Geschockt war ich, als ich am schwarzen Brett in der Fachschule das Thema meiner Abschlussarbeit las:

> Die lexisch-phraseologischen, morphologischen und syntaktischen Konsequenzen chronologischen Textaufbaus, dargestellt an Beispielen aus Berichten der »Märkischen Union«

Ich bin zum Stilistik-Dozenten gerannt. »Kann ich nicht ein anderes Thema bekommen?« – »Warum? Sie sind die Einzige in diesem Jahrgang, die ein Stilistik-Thema sauber bewältigen kann. Sie schaffen das schon.«

4. Februar 1974

Braucht ein junges Ehepaar ein Klavier? Wir schon. Wilfried erfüllt sich zu seinem Geburtstag einen Kindertraum. Wir kaufen ein gebrauchtes Klavier, für 200 Mark. Seit dem 2. Weltkrieg ist darauf nicht mehr gespielt worden. »Mein Sohn ist nicht zurückgekehrt«, sagt die Frau, die das Instrument nun verkauft, weil sie in eine Neubauwohnung zieht. Wilfried meldet sich bei einer privaten Lehrerin zum Klavierunterricht an.

6. März 1974

Mein Liebster, Wilfried, hast du ein wenig Zeit? Ich möchte dir etwas erzählen, etwas sehr, sehr Schönes. Erinnerst du dich an den Gottesdienst vor einigen Wochen, als uns mein vierjähriger Neffe seine kleinen Schuhe mitgebracht hatte? Er war auf meinen Schoß geklettert und flüsterte mir ins Ohr: »Bekommt ihr bald ein Baby?«

Ja, Wilfried, wir werden bald zu dritt sein. Als wir beschlossen haben zu heiraten, hast du gesagt: »Dann sind wir selber wer.« Ja, und jetzt sind wir selber bald eine richtige Familie. Freust du dich? Mit diesem Menschenkind, das jetzt nicht größer als ein Punkt ist, haben wir Anteil an der Schöpfung Gottes.

Es ist ein Wunder. Aus dir und mir entsteht ein neuer Mensch. Wie sehr habe ich darauf gewartet, ein wenig in Sorge, vielleicht keine Kinder bekommen zu können. Und nun erfüllt sich ein großer Wunsch. Du kannst eine Wiege bauen und das Schaukelpferd aus der Bodenkammer anstreichen. Du kannst das Bettchen aufstellen. Ich werde Jäckchen und Mützchen stricken und eine Wagendecke gabeln.

Wer wird zuerst kommen? Thomas oder Gesine? Eigentlich kann ich es noch gar nicht hundertprozentig wissen, es sind ja erst zwei Tage über der Zeit. Doch, auch wenn es mir noch kein Arzt bestätigt hat, ich weiß es schon. Sie haben sich getroffen und vereinigt, ein winziges Ei und eine winzige Samenzelle. Vielleicht war es am vergangenen Sonntag, als sie sich trafen, als ein neuer Mensch zu leben begann. Schon bald werden sich die ersten Blutgefäße bilden. Und wenn sich die zwei Adern verbinden, kann das Herz zu pulsieren beginnen. Man muss sich das mal vorstellen.

Noch keine zwei Millimeter groß ist ein Embryo an seinem 21. Lebenstag, da beginnt sein Herz zu schlagen. Eine Woche später werden die Armknospen sichtbar. Nur vierzehn Tage dauert es, dann sind Arme und Hände gewachsen. Stell dir vor: Wenn das Wesen in mir noch so klein ist, dass es (theoretisch) auf deinem Fingernagel stehen könnte, hat es doch schon einmalige Fingerabdrücke.

Was wird der kleine Mensch in meinem Bauch alles registrieren? Wie wird er die ersten Informationen seines Lebens verarbeiten und umsetzen?

Ich habe gelesen, dass ein Mensch bereits in der zwölften Woche die Augen bewegen kann, dass sein Saugreflex ausgebildet und sein Tastsinn entwickelt ist. Er vernimmt Berührungen und reagiert darauf. Er schläft und wacht. Auf seinem Gesicht spiegeln sich Empfindungen wider.

Wilfried, freu dich mit mir: In mir wächst unser Kind!

19. Mai 1974

Wahltag. Für diese Zeitungsausgabe war ich den »Erfolgen sozialistischer Kommunalpolitik auf der Spur«. Ein kleines Dorf habe ich porträtiert, eine CDU-Ortsgruppe vorgestellt, die sich engagiert einsetzt. Wie die Wahl heute ausgehen wird, ist ziemlich klar. 97, 98 oder 99 Prozent der Bevölkerung werden für die Organe der DDR stimmen und damit für die Erfüllung der Hauptaufgabe des VIII. Parteitages.

21. Mai 1974

Erst war von einer Kur die Rede, die ich bekommen sollte. Daraus ist eine Auszeichnungsreise nach Moskau geworden. Ich sitze im Flugzeug, zum ersten Mal in meinem Leben, und bin wahnsinnig aufgeregt. Drei Tage Moskau. Unter mir große Weiten russischer Wälder. Wenn wir hier abstürzen, wird man mich nie mehr finden, geht es mir durch den Sinn.

Wir stürzen nicht ab.

Auf dem Flugplatz weht ein eisiger Wind. Hier ist noch Winter. Und ich habe meinen Sommermantel an.

22. Mai 1974

Wir wohnen im Hotel »Rossia«. Diensteifrig hilft mir der Portier in den Mantel und fragt: »Deutsch?« »Da«, bestätige ich. Während der Stadtrundfahrt mit dem Bus durch Moskau wird mir immerzu übel. Da hilft es auch nicht, dass ich mich vorne hinstelle. Es ist mir peinlich, aber der Busfahrer muss immer wieder halten, weil mir der Mageninhalt hochkommt. Das sind die Schattenseiten der Schwangerschaft. Oder ist es das ungewohnte Essen? Um mit dem Lift zur Plattform des Moskauer Fernsehturms zu gelangen, müssen wir zahlen. Und dann die große Enttäuschung: Wir stehen im Nebel, sehen nichts. Meine Kollegin meint: »Warum haben die hier bloß Milchglas eingesetzt?« Wenigstens haben wir jetzt etwas zu lachen.

Abends verwöhnt mich der Portier wieder mit Aufmerksamkeiten. Dann fragt er: »Kaugummi?« Ich sage: »Net.« Bevor er sich weiterhin um mich bemüht, will er jetzt erst einmal wissen: »Osten oder Westen?« »East-Germany«, sage ich. Da lässt er von mir ab.

Im Kreml-Palast erleben wir »Schwanensee« mit dem Bolschoi-Ballett. Es ist blanker Wahnsinn. Musik und Tanz verschmelzen ineinander. Es ist einfach perfekt. Hinterher erheben wir uns von den Plätzen und können gar nicht aufhören zu applaudieren. Die Moskauer sind längst gegangen. Die Karte hat drei Rubel gekostet.

23. Mai 1974

Was soll ich als Andenken kaufen? Was mir gefällt, ist nur für Dollar zu haben. Wir sind hier Touristen zweiter Klasse. Sogar die Restaurants haben nach 21 Uhr nur für Gäste mit harter Währung geöffnet. Von wegen deutsch-sowjetische Freundschaft. Auf dem Rückflug geht es mir schlecht. Das Flugzeug sackt immer wieder nach unten. Mir bricht der kalte Schweiß aus. Die anderen neben mir sehen auch nicht gerade glücklich aus. Großes Aufatmen in Schönefeld.

24. Juni 1974

Mit dem heutigen Tag bin ich berechtigt, die Berufsbezeichnung Journalistin zu führen. Mein Zeugnis ist in Ordnung. Besonders freue ich mich über die Eins für die Abschlussarbeit. Das hätte ich nie für möglich gehalten. Die Stilistikarbeit soll in einem Fachbuch veröffentlicht werden. Ich bin froh, dass ich alles hinter mir habe. Als mir Direktor Dr. Seidler die Urkunde und das Zeugnis überreicht, sagt er mit Blick auf meinen schon leicht gewölbten Bauch: »Na, und das andere hat ja dann auch geklappt. Herzlichen Glückwunsch!«

30. Juni 1974

Zum ersten Mal spüre ich die Bewegungen unseres Kindes. Mir kommen vor Freude die Tränen. Ich liege wach und taste mit den Händen meinen Bauch ab. Auf diese Weise kommunizieren wir. Das zarte Anklopfen des Kindes, der sanfte Gegendruck meiner Hand. Wie wenig sind doch die Männer an diesem Wunder der Schwangerschaft beteiligt. Eben nur von außen. Bei mir geschieht das Wunder innen.

15. August 1974

Noch ist es nicht geboren, und schon macht es uns so froh, unser Kind. Es wächst und gedeiht, ohne mir wehzutun, fast unauffällig. Nur die Frage der Garderobe wird allmählich dringend. Das Kind braucht Platz, braucht Bewegung. So klein wie es ist, bestimmt es über meine Lebensweise. Es will gesund ernährt werden, braucht viel Schlaf, auch Bewegung an frischer Luft. Zwei Drittel der Schwangerschaftszeit sind vorüber. Ich kann das Kind spüren und Wilfried auch, wenn er seine Hand auf meinen Bauch legt. Das Kind regt sich, streckt sich. Manchmal ist es, als klopfe es an. Es ist ein unbeschreiblich schönes Gefühl. Bald werden wir es sehen und anfassen können.

2. September 1974

Auf Hiddensee gibt es ein Ferienheim der VOB Union. Und wir haben wirklich Urlaubsplätze dort bekommen. Unser erster Eheurlaub. Nachts sitzen wir im Bäderzug nach Stralsund. Es regnet. Wir freuen uns auf die Insel.

3. September 1974

Zweieinhalb Stunden mit dem Schiff von Stralsund nach Hiddensee. Unterwegs fragt uns eine ältere Dame: »Ist das Ihre Hochzeitsreise?«

Dann ist Land in Sicht. Kloster liegt vor uns. Ein Pferdegespann steht bereit. Wir laden das Gepäck auf. Unser Quartier befindet sich nicht im Ferienheim »Inselbar«, sondern ein paar Schritte entfernt in einer kleinen Fischerhütte. Das gefällt uns sogar noch besser. Da sind wir noch mehr unter uns.

Einen Strandkorb haben wir auch. Und Himmel und Meer und Sand. Unser Glück ist vollkommen.

4. September 1974

Der Leuchtturm lockt. Weit kommen wir nicht in Richtung Norden. Die Armee hat alles besetzt und eingezäunt. Ostsee ist eben nicht nur weiter Horizont, sondern auch streng bewachte Grenze.

5. September 1974

Grauer Himmel, stürmische See. An einem Haus entdecken wir ein Schild: »Grafik – Ausstellung und Verkauf, Gustavs«. Wir klingeln nicht vergeblich. Aquarelle, Stiche, Holzschnitte, Plastiken. Wir lassen uns Zeit beim Betrachten und kommen mit dem Künstler ins Gespräch. Er ist ein Nachkomme von Arnold Gustavs, dem »alten Pastor«, wie er hier genannt wurde. 45 Jahre (!) war Arnold Gustavs Inselpfarrer und ein aufgeschlossener Gesprächspartner von Gerhart Hauptmann, Thomas Mann, Oskar Kruse und anderen Künstlern, Literaten und Wissenschaftlern, die auf Hiddensee zu Gast waren. Wir vertiefen uns so in das Gespräch, dass wir Zeit und Stunde vergessen.

6. September 1974

Es regnet schon wieder. Macht nichts. Wir haben uns sowieso vorgenommen, die Gerhart-Hauptmann-Gedächtnisstätte zu besuchen. In der Inselbibliothek sorgen wir für weitere Regentage vor.

Abends aber lösen sich die Wolken in Luft auf. Wir klettern zur Steilküste hoch und bestaunen den Sonnenuntergang. Wie schön das ist, wenn die Sonne sich vom Tag verabschiedet!

7. September 1974

Endlich Strandwetter. Und ich passe kaum noch in meinen Badeanzug. Die anderen Urlauber befürchten, dass ich in den nächsten Tagen entbinde. Und das auf der Insel, auf der es nicht einmal eine Hebamme gibt. Ich teile ihre Angst nicht. Es sind doch noch zwei Monate Zeit bis zum Termin. Wilfried sammelt Muscheln. Ich genieße es, im Strandkorb zu sitzen und stricke an einer Decke für den Kinderwagen.

Abends wandern wir zum Hügel. Diesmal ist der Himmel bewölkt. Der Sonnenuntergang fällt aus.

8. September 1974

Sonntag. Sturm braust über die kleine Insel. Das Meer bietet uns ein Naturschauspiel. In das Rauschen der Wellen hinein klingt die Kirchturmglocke. Auf zum Gottesdienst.

Auf dem Friedhof an der Kirche liegt Gerhart Hauptmann begraben. Ein großer Stein bedeckt sein Grab.

9. September 1974

Wandern zum Nordstrand. Wir verschätzen uns in der Zeit. Und rennen kann ich mit der Last meines Körpers nicht mehr. Wir kommen zu spät zum Mittagstisch. Die Serviererinnen schimpfen. Nachmittags gehen wir zu »unserem« Strand.

10. September 1974

Wir wandern nach Vitte, besuchen die »Blaue Scheune«, in der ein Künstlerehepaar wohnt, und bewundern die Gemälde, die dort ausgestellt sind. Angeregt davon holen wir nachmittags die Aquarellfarben hervor, steigen auf den Berg und versuchen, die Landschaft unter uns auf dem Papier einzufangen.

11. September 1974

Wilfried ist schon vor dem Frühstück zum Fahrradverleih gegangen, damit wir Fahrräder für diesen Tag bekommen. Wir radeln gen Süden. Hinter Vitte blüht die Heide in leuchtendem Violett. Bienen summen. Wir schieben die Fahrräder durch die Heidelandschaft. Nirgends auf der Insel ist der Sand so fein und weiß wie hier bei Neundorf. Mittags sengende Sonne. Ruhig liegt die See vor uns. Selbst die Möwen halten ihren Schnabel. Die Hitze ist drückend. Nach dem Essen wandern wir am Strand entlang bis hin zur Steilküste und probieren die sauren Sanddornbeeren.

12. September 1974

Jedesmal nach dem Frühstück wandern wir zur Pferdekoppel. Die Pferde kennen uns schon und kommen uns entgegen. Für jedes Pferd gibt es ein Stück Zucker.

Seit Tagen lassen wir uns mit gutem Essen verwöhnen. In der »Inselbar« gibt es, was es eigentlich gar nicht gibt. Mittags können wir zwischen drei und abends zwischen zwei Menüs wählen. Das ist gar nicht so einfach. Soll man nun Wildschweinbraten mit Rotkohl und Thüringer Klößen oder Rumpsteak essen, eine Aufschnittplatte oder Kotelett?

Der Leiter des Ferienobjekts lädt alle Urlauber zu einer nächtlichen Wanderung ein. Ob mir das nicht zu viel wird? Schließlich sagen wir zu. Die Nacht ist lau und sternenklar. Wir wandern zum Hügel, entdecken ein Licht, ein Feuer. Die Überraschung ist gelungen. Es wird gegrillt. Getränke stehen bereit. Eigentlich sind wir ja noch vom Abendessen satt. Leider bekommen wir nicht ein einziges Volkslied zusammen. Trotzdem ein lustiger Abend.

13. September 1974

Die Insel versinkt im Dauerregen. Wir sitzen in unserer Ferienstube, malen, lesen, basteln. Vom letzten Spaziergang habe ich ein paar Stücke Borke mitgebracht. Daraus entstehen jetzt zwei Schiffe. Beim Mittagessen legt Wilfried die Borkenschiffe auf den

Nachbartisch, wo eine Familie mit zwei Kindern ihre Plätze hat. Für die Kinder ist klar: »Das sind unsere Schiffe. Die gehören uns.« Die Eltern schauen etwas ratlos. Der Vater sagt: »Die könnt ihr nicht einfach nehmen. Ihr wisst nicht, wem sie gehören.« »Doch, wissen wir«, sagt der fünfjährige Junge: »Das sind unsere.« Später sehen wir, wie die Kinder ihre Schiffe in den Wellen tanzen lassen.

Bald haben wir selber ein Kind.

14. September 1974

Wilfried überrascht mich mit einem Strauß Gänseblümchen. Eine Flasche Wein steht auch auf dem Tisch. Unser erster Hochzeitstag. Wir stoßen darauf an und wünschen uns noch sehr, sehr viele gemeinsame Tage. Ein Urlauberpaar feiert heute Silberhochzeit. Und wie zur Feier des Tages gibt es heute Abend sogar Aal. So viel Aal, dass wir uns den Rest einpacken. Wilfried fragt unsere Quartierleute, ob sie vom Aal kosten wollen. Ich stoße ihn in die Seite, flüstere: »Das ist doch für die hier gar nichts Besonderes.« Aber schon fällt die junge Frau Wilfried um den Hals. »Sie wissen ja nicht, wie lange das her ist, dass wir das letzte Mal Aal gegessen haben.«

Übrigens gibt es ab heute neues Geld. Es heißt nicht mehr »Mark der Deutschen Notenbank« sondern »Mark der DDR«. So oder so – unser Urlaubsgeld ist fast aufgebraucht.

15. September 1974

In der Nacht erklingt ununterbrochen das Nebelhorn. Wir können kaum schlafen. Es dröhnt auch am Morgen weiter. Dicker, milchiger Septembernebel hat die Insel eingehüllt. Kein Schiff fährt. Die Inselbewohner sagen: »Das kann dauern.« Nach dem Gottesdienst schafft die Sonne den Durchbruch.

Wer weiß, wie es morgen früh sein wird? Wir entschließen uns, schon heute abzureisen. Eigentlich schade.

Es stimmt: Es war unsere Hochzeitsreise.

27. September 1974

Das kann nicht wahr sein. In der »Aktuellen Kamera« wurde über Verfassungsänderungen informiert. 1968 mussten wir alle unser Ja zur neuen Verfassung geben. Und jetzt wird der Text einfach still und heimlich geändert.

30. September 1974

Die DDR ist nicht mehr ein »sozialistischer Staat deutscher Nation«, sondern ein »sozialistischer Staat der Arbeiter und Bauern«. Welcher Nation? In der Verfassung ist auch keine Rede mehr von der »Überwindung der Spaltung Deutschlands«. Es gibt kein Deutschland mehr. Es gibt nur noch eine DDR und eine BRD. Ein Wunder nur, dass es noch eine Deutsche Reichsbahn gibt. Keiner wagt es mehr, sich als Deutscher zu bezeichnen. Wir sind DDR-Bürger.

1. Oktober 1974

Ab heute bekomme ich Schwangerengeld. In den nächsten Wochen werde ich viel Zeit haben. Ich besticke roten Dekorationsstoff mit weißen Schneekristallen. Bis zur Geburt unseres Kindes will ich es geschafft haben.

25. Oktober 1974

Seit Wochen ist die Tasche für das Krankenhaus gepackt. Habe ich auch nichts vergessen? Zum einhundertfünfundzwanzigsten Mal packe ich alles aus und wieder ein: Besteck, Hausschuhe, zwei Windeln, mehrere Stillbüstenhalter, ein Wickeltuch, das Familienstammbuch, die Mütterkarte ... Die Ausfahrgarnitur sieht so winzig aus. Ich lege ein Bandmaß um den Bauch: 115 Zentimeter.

28. Oktober 1974

Wilfried hat Arbeit im volkseigenen Einzelhandel gefunden. Er ist jetzt bei der HO angestellt. So richtig gefällt ihm die Arbeit als Verkäufer von Lacken und Farben nicht. Ihm wird übel von den ungesunden Dämpfen. Aber er muss ja bald seine Familie ernähren.

11. November 1974

Seit gestern Abend zieht es im Rücken. Sind das die Wehen? Bloß nicht zu zeitig ins Krankenhaus. Wilfried ist bereits zur Arbeit gegangen. Ich brühe einen starken Kaffee, wasche mir die Haare. Plötzlich sind die Wehen weg. Auch gut, da kann ich noch die Wäsche bügeln. Der errechnete Geburtstermin ist ja auch erst morgen. Nachmittags drängt mich meine Mutter, endlich ins Krankenhaus zu gehen.

Abends liege ich auf der Entbindungsstation. »Warum sind Sie nicht früher gekommen?«, schimpft der Arzt. »Die Geburt muss sofort eingeleitet werden.« Ich komme an den Wehentropf. Es ist 18.30 Uhr. Wilfried wird jetzt aus der Verkaufsstelle gekommen sein. Ob er aufgeregt ist? Der Tropf setzt die Wehen in Gang. Mir wird übel. Schnell eine Nierenschale. Endlich setzen die Presswehen ein. Tief durchatmen. Hecheln. Pressen. Wieder und wieder. Mehr als drei Stunden geht das so. Der Rücken schmerzt. Zerbreche ich in zwei Teile? Die Hebamme massiert mich. Das tut gut. Sie wischt mir den Schweiß vom Gesicht und feuchtet die ausgetrockneten Lippen an. Ich bin erschöpft. Eine Schwester schaut in den Kreißsaal, ruft: »Ihr Mann hat angerufen.« Ich bin müde, schrecklich müde. Ich schaffe es nicht. So sehr ich auch presse, das Kind rührt sich nicht. Die Hebamme kniet auf meinem Leib. Sie drückt mit ihren Knien das Kind nach unten. Es kommt nicht. Ich schaffe es nicht. Ich bin so müde. Wenn es nur endlich vorbei wäre. Wieder eine Wehe. »Nicht einschlafen«, ruft die Schwester. Wie im Traum höre ich die Stimmen um mich. »Den Arzt holen« – »Vakuum« – »Herztöne noch deutlich«. Wieder eine Wehe. Bald ist die Kraft in mir aufgebraucht. Ich atme tief. Sauerstoff für das Kind. Unser Kind. Mein Rücken zerbricht! »Man sieht das Kind schon!« Die Hebamme ruft nach einer weiteren Schwester. Zu dritt drücken sie von oben gegen das Kind. Ich drehe mich zur Seite. Der Rücken! »Sammeln Sie erst einmal Kraft«, sagt die Hebamme. Ich spüre den Druck, ich presse, presse. »Jetzt nicht mehr pressen!« Der erlösende Ruf. Das Kind bahnt sich den Weg nach draußen.

Schmerz. Ich klammere mich am Bettgestell fest. Schmerz. Das Kind steckt fest. Es hat den Ellenbogen an seinem Köpfchen. Für Kopf und Arm zugleich ist der Ausgang zu eng. Gewaltsam wird er gedehnt, überdehnt.

Endlich. Kopf und Arm sind hindurch. Der kleine Körper rutscht hinterher, ein fast angenehmes Gefühl. Vom Abnabeln merke ich nichts. Ich öffne nur kurz die Augen, als ich das Schreien verneh-me. »Es ist ein Junge«, sagt die Hebamme. Ein Junge, rot, faltig, winzig. »Danke«, sage ich. Und dann: »Thomas. Unser Sohn soll Thomas heißen.«

13. November 1974

Ein Bündelchen Mensch in meinen Armen. So winzig die Finger, die Zehen. So groß das Wunder Mensch.

15. November 1974

Im Bett neben mir liegt eine schwangere Frau. Sie ist gemeinsam mit ihrer Schwester gekommen, die ebenfalls schwanger ist und nebenan liegt. Sie erzählt, dass sie schon mehrere Male schwanger war, aber noch nie ein Kind austragen konnte. »Zum ersten Mal habe ich es jetzt neun Monate hindurch geschafft«, sagt sie. »Aber die Bewegungen sind schwächer geworden. Seit gestern spüre ich es nicht mehr.« Sie schweigt. Ihr Schweigen breitet sich im Zimmer aus. Der Gynäkologe kommt mit einem Ultraschallgerät. Er tastet über ihren Bauch. Er sucht nach Herztönen. Unerträglich wird mir die Lautlosigkeit. Die Kinderschwester bringt mir meinen Sohn zum Stillen. Ich drehe mich mit ihm zur Wand, wage nicht, liebkosende Worte zu flüstern, kann mich nicht freuen. Wie auch? Wie soll ich glücklich sein über mein gesundes Kind?

Der Arzt verlässt das Zimmer. Es ist nichts mehr zu hoffen.

Aus dem Kreißsaal der Schrei eines Neugeborenen. Die Frau neben mir ist Tante geworden. Ihre Schwester hat einen gesunden Jungen zur Welt gebracht.

Nachts wird meine Bettnachbarin in den Kreißsaal geholt.

Ich kann nicht schlafen. Wie soll ich dieser Frau begegnen, wenn sie in mein Zimmer zurückkehrt?

16. November 1974

Stumm liegt die Frau im Bett neben mir. Sie blickt zur Decke. Die Tür öffnet sich. Ihre Schwester kommt, legt ihr das gesunde Kind auf das Bett.

Ich wage kaum zu atmen, bete: »Herr, hilf den beiden!«

Die Schwestern umarmen einander, weinen. Dann beugen sie sich über das Kind, streicheln es. »Du kannst unseren Stubenwagen haben und alle Sachen«, sagt die Kinderlose. Die Trauer trennt die beiden Frauen nicht. Das Glück trennt sie nicht. Die Nähe der beiden berührt mich.

21. November 1974

Wilfried holt uns mit einem Taxi aus dem Krankenhaus ab. Kaum wagt er es, mir das Kind abzunehmen. Thomas sieht aber auch winzig aus. Das Köpfchen verschwindet fast in der kleinen Mütze. Die Wohnung ist blitzblank. Kein Stäubchen. Wir legen unseren Sohn mitten auf den Tisch im Wohnzimmer und stehen andächtig davor. Wir begreifen: Da gehört einer zu uns. Aus uns ist er entstanden. In unsere Verantwortung gegeben. Gott vertraut uns dieses Kind an. Jetzt sind wir eine richtige Familie. Nicht mehr allein Mann und Frau, auch Vater und Mutter. Das Kind wird von nun an gegenwärtig sein. Es wird unser Leben mitbestimmen, prägen, verändern. Es wird viel Zeit, Zuwendung und Zärtlichkeit für sich beanspruchen. Und ein Zweites begreifen wir: Dieses Kind gehört zwar zu uns, aber es gehört uns nicht. Aus mir geboren, ist es doch ein eigenes Wesen. Unverwechselbar, einmalig, einzigartig. Gott hat einen Weg mit ihm vor, den wir nur eine Zeit teilen werden.

22. November 1974

Glückwunschkarten stapeln sich. Geschenkpakete liegen auf der Kommode. Wie viele sich mit uns freuen! Unter den Glückwünschen ist auch ein Schreiben von meinem Chefredakteur mit einem Verrechnungsscheck über 50 Mark.

23. November 1974

Jeder geht auf Zehenspitzen. Wir flüstern nur noch miteinander. Das Radio bleibt ausgeschaltet. »Pst! Das Baby schläft!« Nichts soll unseren Sohn erschrecken.

24. November 1974

Nachts ein kleines Geräusch, schon bin ich hellwach. Aber auch wenn es ganz still ist im Raum, beunruhigt mich das. Atmet das Kind noch? Oder ist es plötzlich gestorben? Ich kann überhaupt nichts mehr hören. Angsterfüllt gehe ich zum Bettchen, berühre vorsichtig seine Hände. Sie sind ganz kalt. Auch mir wird kalt. Ein kleines Seufzen. Alles in Ordnung. Ich schleiche wieder ins Bett. Dort warten Albträume auf mich:

Mein Kind ist geboren. Es ist sehr schwach. Es braucht dringend Nahrung. Es ist keine Milch zu Hause. Auch die Nachbarn können nicht helfen. Es ist Sonntag, die Geschäfte sind geschlossen. Verzweifelt laufe ich von Haus zu Haus und frage nach Milch. Das Kind in meinen Armen wird schwächer. Es wird sterben, wenn es keine Nahrung bekommt.

Ich suche mein Kind. Ich kann es nirgends finden. Das Bett ist leer. Ich blicke auf den Berg weißer Wäsche. Eine Ahnung überkommt mich. Ich wickle die Wäsche auseinander und finde mein Kind. Es ist erstickt.

Diese Träume machen mir zu schaffen.

30. November 1974

Thomas hat sein eigenes Sparbuch. Von den 1000 Mark, die der Staat für jedes geborene Kind gibt, haben wir 500 Mark zur Sparkasse gebracht. Davon können wir später einen Sportwagen kaufen und vielleicht ein Fahrrad. Von der anderen Hälfte des Geldes haben wir alles gekauft, was nötig war. Aber keinen Kinderwagen. Meine Freundin hat uns ihren gebrauchten Kinderwagen geschenkt. Er ist nicht gerade modern, doch uns stört es nicht. Und Thomas stört es garantiert auch nicht.

3. Dezember 1974

Friedlich liegt Thomas in seinem Bett und schläft. Jetzt könnte ich etwas im Haushalt erledigen, das Geschirr abwaschen oder so. Aber ich kann einfach nicht weggehen von diesem Bett. Immer wieder schaue ich hinein. Es ist eigentlich ein Puppenbett. Mein Vater hat es für mich gebaut, als ich zwei oder drei Jahre alt war. Die Puppe habe ich damals herausgenommen und meinen Teddy hineingelegt. Und als ich müde wurde, habe ich mich in das Bett gedrängt, sagt die Erinnerung.

Jahre staubte das Puppenbett auf dem Dachboden ein. Nun ist es neu zu Ehren gekommen. Wilfried hat es blau angestrichen. Ich verzierte es mit Schmetterlingen.

Thomas öffnet die Augen. Ob er mich schon erkennt? Ich nehme ihn bewusst als meinen Sohn wahr. Ich schenke ihm Ansehen. Wie wichtig ist dieser Blickkontakt zwischen uns. Er macht uns einander vertraut.

12. Dezember 1974

Das erste Lächeln. Was ist wertvoller? Noch lächelt Thomas in jedes Gesicht. Bald wird er fremd und freund unterscheiden.

Was mich beunruhigt, ist seine raue Haut. Beim Hautarzt erfahren wir: Thomas hat ein angeborenes Ekzem. Ich darf ihn vorerst nicht baden, nur ölen. Salben lindern den Juckreiz.

1. Januar 1975

Gute Vorsätze? Ich möchte Thomas eine gute Mutter sein und Wilfried eine zuverlässige Partnerin. Wünsche? Nur einen: Frieden! Nie auf der Flucht sein müssen, nie hungern müssen.

13. Februar 1975

Eigentlich arbeite ich noch gar nicht wieder als Redakteurin. Aber der Verband der Journalisten der DDR hat zu einem Wettbewerb aufgerufen. Thema: »30 Jahre Befreiung«. Das fordert mich heraus. Auch ohne Redaktion kann ich recherchieren. Eine Schreibmaschine, Papier. Mehr brauche ich nicht.

28. Mai 1975

Aus der Redaktion kam eine Einladung zur Brigadefahrt. Zum 8. Mai hat es Prämien gegeben. Gemeinsam wollen wir das Geld im Spreewald ausgeben. Wir lassen uns im Kahn durch die Fließe staken und haben uns viel zu erzählen. Hinterher kaufe ich für Thomas eine Puppe. Ein bisschen quält mich das schlechte Gewissen, weil ich ihn heute bei seiner Großmutter gelassen habe. Aber ich musste einfach mal raus.

15. Juli 1975

Der Zeitaufwand hat sich gelohnt. Ich bin Sieger im Journalistischen Wettbewerb. Das gibt zusätzliches Geld. Wir können es gebrauchen. Thomas ist aus dem Kinderwagen herausgewachsen.

Drei Artikel hatte ich eingereicht: »Heute vor 30 Jahren«, »Im Auftrage des Majors Toropoff« und »Schwester Hedwig«. Der Bezirksvorstand Cottbus überreichte mir die Auszeichnung.

Ich habe wieder Lust zu arbeiten, zu schreiben. Zu Hause fällt mir manchmal die Decke auf den Kopf. Wenn Wilfried aus dem Geschäft nach Hause kommt, warte ich immer darauf, dass er mir Neues berichtet. Was habe ich ihm zu erzählen? Dass ich die Gardinen gewaschen habe und dass es Ketchup gab. Auf die Dauer ist das nichts für ein partnerschaftliches Zusammenleben.

1. August 1975

Die Schlussakte von Helsinki ist unterzeichnet, auch von der DDR. Ich hoffe, damit ist die Gefahr der nuklearen Zerstörung der Welt, der Selbstzerstörung des Menschen gebannt. Helsinki leitet eine neue Epoche ein.

3. August 1975

Thomas spricht seine ersten Worte. »Lampe« und »Papa« und »blau«. Wir packen einigen Hausrat in den Fahrradanhänger und ziehen für einige Tage in den Garten meiner Eltern um. Wir brauchen Tapetenwechsel.

Thomas genießt den Urlaub im Garten. Wir auch.

5. August 1975

Kaum ist Thomas eingeschlafen, schleichen wir uns auf Zehenspitzen davon. Wir sind zum Grillen eingeladen. Lange wollen wir nicht bleiben. Dann aber ist es so lustig bei unseren Freunden. Als wir die Gartenlaube betreten, finden wir einen unglücklichen Thomas vor. Er hängt in der Ecke des Kinderbettes, stehend ist er eingeschlafen. Ausgerechnet heute hat er sich zum ersten Mal an den Gitterstäben hochgezogen. Unser Sohn wird groß.

15. November 1975

Thomas macht Fortschritte im wahrsten Sinne des Wortes. Er kann laufen, ohne sich festhalten zu müssen. Er ist nicht mehr aufzuhalten. Vor allem staune ich darüber, wie sehr er sich um die Sprache bemüht. Wenn ich dienstlich unterwegs bin, bleibt er bei den Großeltern. Die meisten Beiträge schreibe ich zu Hause. Der Verlag kommt mir da sehr entgegen. Um zu telefonieren gehe ich ins Kreissekretariat der CDU. Zu Hause haben wir immer noch kein Telefon. Der Antrag ist längst gestellt. Vielleicht hätte ich ihn aber lieber schon vor zehn Jahren stellen sollen. Meine Kollegen sind froh, dass ich wieder arbeite. Ich bin auch froh. Ein Leben als Mutter und Hausfrau, das geht nur auf Zeit.

24. Dezember 1975

Im vergangenen Jahr war es für uns noch ungewohnt, Heiligabend in den eigenen vier Wänden zu feiern. In diesem Jahr ist das schon anders. Mit Thomas macht Familienleben Spaß. Er bestaunt den Weihnachtsbaum. Er freut sich über seine ersten Geschenke, eine knallgelbe Ente, die auf Rädern steht und mit dem Kopf wackelt, und eine Bahn aus Holz. Ich habe zwischen Weihnachten und Silvester frei und genieße das.

16. Februar 1976

Selbst nur ein paar Stichpunkte aufzuschreiben, fällt mir schwer. Ich versuche angestrengt, Arbeit und Haushalt unter einen Hut zu bekommen. Nach einem Arbeitstag bin ich einfach schreibmaschinenmüde.

9. Mai 1976

Die Sonne strahlt vom Himmel. Und von den Wiesen strahlen Tausende kleiner Sonnen, leuchtend gelbe Butterblumen, zurück. Wir setzen Thomas ins Fahrradkörbchen und radeln zum Blütenfest nach Weißack. Von dort leuchtet es uns weiß entgegen. Die Kirschplantage steht in voller Blüte. Ich winde einen Löwenzahnkranz für Thomas. Wilfried packt den Picknickkorb aus. Was den Frieden in uns stört, ist der Gedanke an das Kraftwerk, das ganz in der Nähe errichtet werden soll, der Gedanke an den Braunkohletagebau – beschlossen auf dem VIII. Parteitag der SED. Zum letzten Mal werden die Bewohner von Weißack in diesem Sommer ihre Kirschen ernten.

Ich erinnere mich an den Erntedankgottesdienst. Ein halbes Jahr ist es her. Wir saßen gedrängt in der Feldsteinkirche. »Was Gott hier wachsen ließ, wird nun zum Brot für unterwegs«, hatte Generalsuperintendent Richter aus Cottbus gesagt. In seiner Predigt war es um Neuanfänge und Unterwegssein gegangen. »Wir werden immer Menschen finden in diesem Unterwegs, ganz gleich, wohin wir kommen.«

Beim Blütenfest spricht keiner von der bevorstehenden Zerstörung des Dorfes. Heute wird gefeiert.

22. Mai 1976

Die Partei tagt im »Palast der Republik«. Jeder rechnet damit, dass auf dem IX. Parteitag der SED neue soziale Maßnahmen beschlossen werden. Im Herbst sind Wahlen. Das Volk muss gnädig gestimmt werden.

23. Mai 1976

Die einen bezeichnen den Prachtbau am Marx-Engels-Platz als Palazzo Prozzo, die anderen als Erichs Lampenladen. Im Zugabteil erzählte mir heute einer, dass den »Palast der Republik« keine Sachsen bauen durften. »Warum nicht?« – »Weil die Sachsen kein P aussprechen können.«

27. Mai 1976

Die Mindestlöhne sollen steigen. Auch die Rentner sollen mehr Geld bekommen. Und für berufstätige Mütter soll es auch besser werden. Das kann mir nur recht sein. Wir wünschen uns ein zweites Kind.

24. Juni 1976

Künftig dürfen auch 18-Jährige wählen. Wer die Jugend hat, hat die Zukunft.

2. Juli 1976

Da wollte ich nun mit Thomas ins Freibad gehen, aber kaum hatten wir Eintritt bezahlt und waren drin, als er auch schon wie am Spieß schrie. Da half kein gutes Zureden. Er beruhigte sich erst wieder, als ich mit ihm umdrehte und nach Hause ging. Jetzt sitzt er in der Kinderbadewanne im Garten.

15. August 1976

Ohne Kissen mit zerlutschtem Zipfel kein Trost. Ohne Trost kein Schlaf. Thomas' Kuschelkissen sieht eklig aus mit der vollgesabberten Ecke, aber er behauptet: »Mutti, das riecht mir so gut.« Nicht einmal beziehen darf ich es. So wie es ist, genau so muss es sein, damit sich Thomas mit dem speichelfeuchten Zipfel des Inletts seine kleine Nase reiben kann. Das genießt er sichtlich. Die Verwandten sind entsetzt. »Wirf das Kissen einfach weg«, raten sie. »Verbrenne es!« Welch ein Unsinn. Jeder Mensch pflegt doch seine Rituale, damit er einschlafen kann. Und erst recht braucht jeder etwas, woran er sich festhalten kann, wenn es ernst wird im Leben.

20. August 1976

In Zeitz hat sich Pfarrer Oskar Brüsewitz mitten auf dem Marktplatz verbrannt. Es sollte ein nicht zu übersehender Protest gegen die Diskriminierung junger Christen sein. Er wollte ein Zeichen setzen.

In den Zeitungen wird Brüsewitz als psychisch Gestörter hingestellt. Ein Irrer. Wenn das stimmt, dann ist er an dieser Gesellschaft irre geworden.

3. September 1976

Thomas braucht tagsüber keine Windeln mehr. Er kann alleine essen und trinken und laufen. Wir wollen ein zweites Kind. Zwerge wie er brauchen einander, um sich gegen die Riesen zu solidarisieren. Sie brauchen sich, um aneinander Kräfte zu messen, um teilen zu lernen, auch um zu lernen, sich zu verteidigen.

Erwachsene sind für all das ungeeignet. Sie schenken Spielzeug, sie nehmen es nicht weg. Sie lesen aus Bilderbüchern vor, sie zerreißen und bemalen sie nicht.

Thomas braucht ein Geschwisterkind, weil er die Kinderwelt braucht, um erwachsen zu werden. Er ist zu sehr auf Erwachsene fixiert und wirkt etwas altklug. Jetzt übt er das Wort »Thüringen«. Heraus kommt »Tino«.

9. September 1976

Im Haus der Deutsch-Sowjetischen Freundschaft findet eine Lesung mit einem Schriftsteller aus Syrien statt, mit Farid al Atassi. Er ist Mitglied der Baath-Partei und von der DDR sehr angetan. Als ich ihn um ein Autogramm bitte, schreibt er in meinen Blinddruck: »Mir gefällt die DDR sehr gut. Ich finde Ihr Land als Paradies auf der Erde. Überall in der DDR treffe ich echte Freunde für mein Volk. Es lebe unsere Freundschaft! Es lebe der Kommunismus!« Vielleicht hat er aus seiner Perspektive sogar Recht.

15. September 1976

Noch vor Morgengrauen wecken wir Thomas. Obwohl er gerade noch tief geschlafen hat, ist er sofort hellwach. »In Urlaub fahren nach Tino.« Natürlich muss sein Kissen mit. Im Quartier angekommen, legen wir ihn zeitig ins Bett. Wir legen uns ebenfalls hin, zum Schein, hoffen, dass er bald einschläft und wir eine Runde spazieren gehen können. Aber Thomas ist aufgekratzt. Munter plappert er in das Dunkel hinein: »Toja schläft schön. Toja lieb. Toja lieber Freund. Gute Nacht, Mama, gute Nacht, Papa ...«

Mama und Papa schlafen längst.

16. September 1976

Mein Geburtstag. Die Kollegen haben mir ein kleines Geschenk mitgegeben. Es liegt noch verpackt auf dem Nachttisch. Thomas darf das Päckchen öffnen. Vorsichtig löst er das Schleifenband. »Vielleicht ist es ein Auto.« Thomas liebt Autos. Es ist ein Portemonnaie. Wilfried hat eine Flasche Wein gekauft und Salzstangen. Thomas knabbert eine nach der anderen und ist glücklich.

17. September 1976

Pfützen auf allen Wegen. Thomas ist begeistert. Er stochert mit einem Stock im Schlamm und amüsiert sich köstlich: »Tino ist schön.« Es gelingt uns nur, ihn von der Pfütze zu locken, indem wir ihm in der Ferne eine weitere Wasserlache zeigen. »Die Pfütze dort hinten ist noch viel größer«, versprechen wir jedes Mal.

18. September 1976

Mit unserem Sohn entdecken wir manches am Wegesrand, woran wir ohne ihn vorbeigegangen wären. Er lehrt uns, die Welt neu zu sehen. Glück leuchtet aus seinen Augen, wenn er ausgelassen durch die Wiesen läuft, Gänseblümchen pflückt und Marienkäfer entdeckt. Nur wenn wir ihn fotografieren wollen, vergisst er die Welt um sich her, rennt auf uns zu und bettelt: »Toja auch fototofiern.«

19. September 1976

Wir wollen zum Gottesdienst und wandern in Richtung Kirche. Plötzlich beginnen die Glocken laut zu läuten. Lärm mag Thomas nicht. Augenblicklich ist für ihn klar: »Toja geht nicht.«

Abends gehen wir gemeinsam im Dunkeln spazieren. Das ist nach seinem Sinn. Thomas staunt: »Am Himmel sind Krümel.«

20. September 1976

»Zu den Kühen«, entscheidet Thomas über unser Wanderziel und stiefelt zur Weide. Mit Blättern will er sie füttern. »Na, kommt her«, lockt er sie. Sie rühren sich nicht. »Gehen wir in den Wald«, schlägt Wilfried vor. »Ja«, sagt Thomas, »Tino-Wald«. Wir roden kleine Wurzeln. Mit denen lässt es sich gut basteln. Thomas füllt die Löcher mit Walderde auf. »Toja viel Arbeit«, betont er. Plötzlich fällt er kopfüber in ein Loch. »Toja fertig«, klingt es kläglich.

21. September 1976

In unserer Stammgaststätte verabschiedet sich Thomas heute mit Handschlag bei allen Frauen, die uns bedient haben. Am liebsten wäre er noch in die Küche gegangen, um Auf Wiedersehen zu sagen.

18. Oktober 1976

99,86 Prozent aller Wähler haben für die Einheitsliste der Nationalen Front gestimmt. Wenn beim Zählen nicht aufgepasst wird, werden es bald 103,88 Prozent sein.

24. Oktober 1976

Die Regel ist ausgeblieben. Hurra! Ich bin wieder schwanger. Vor Freude hüpfe ich beinahe zum Frauenarzt. Mein Frauenarzt hat Urlaub. Ein Vertretungsarzt untersucht mich. Während ich vom Stuhl steige, wäscht er sich die Hände und sagt nebenbei: »Sie sind schwanger. Wollen Sie das Kind oder wünschen Sie eine Unterbrechung?« Ich bin entsetzt. Unterbrechung. Als könne man eine Schwangerschaft mal so eben unterbrechen und bei Bedarf fortführen. Ich hoffe, bei der nächsten Untersuchung ist mein Arzt wieder da. Der hätte mich nie so gefragt. Es wird sogar erzählt, dass er es ablehnt, Schwangerschaften abzubrechen. »Wir wollen das Kind«, sage ich und denke: Ob es ein Mädchen wird?

28. Oktober 1976

Im Konsum habe ich die Verkäuferin aus der Volksbuchhandlung getroffen. Sie flüsterte mir ins Ohr: »Kommen Sie doch mal vorbei. Ich habe was für Sie.« Ich fragte leise zurück: »Wie viel Geld brauche ich denn?« – »28 Mark.« – »Ich komme, ich freue mich, danke.«

Seit Monaten frage ich in der Buchhandlung immer wieder nach Grimms Märchen, illustriert von Josef Hegenbarth. Ich bin der Verkäuferin sehr dankbar, dass sie mir das Buch zur Seite gelegt hat. Sie holt es bereits verpackt unter dem Ladentisch hervor. Grimms Märchen als Bückware. Das ist kein Märchen.

15. November 1976

»Dort warten viele andere Kinder, die mit dir spielen möchten«, erkläre ich Thomas. Wir haben einen Krippenplatz für ihn bekommen, ganz in der Nähe. Nur zwei Querstraßen weiter. Wenn wir durch den Stadtpark spazieren, zeige ich Thomas die Kinderkrippe und versuche, Vorfreude zu wecken. Wilfried bastelt eine Hampelkatze. Die will auch in die Kinderkrippe.

17. November 1976

Wilfried kramt in seinen Unterlagen herum. Er sucht die Biermann-Texte, die er vor Jahren abgeschrieben hat. »Die haben Biermann rausgeschmissen«, sagt er knapp.

Wolf Biermann ist gerade auf Tournee in der BRD. Jetzt heißt es, er darf nicht in die DDR zurück, er habe feindlicher Propaganda Vorschub geleistet. Biermann will zurück und darf nicht. Andere wollen rüber und dürfen nicht.

Wilfried nimmt seine Gitarre in die Hand und singt ein Biermann-Lied:

> Du, lass dich nicht erschrecken
> in dieser Schreckenszeit.
> Das woll'n sie doch bezwecken,
> dass wir die Waffen strecken
> schon vor dem großen Streit.

19. Dezember 1976

Für unsere Weihnachtsausgabe schreibe ich über die Gemeindeschwester unserer Stadt. Eine bewundernswerte Frau. Jeder Tag ist für sie ein Dienst-Tag. Bei Wind und Wetter mit dem Fahrrad unterwegs, von früh um 6 bis abends gegen 22 Uhr. Schwester Irma lebt sehr bescheiden. »Wir dienen, wollen nicht verdienen«, sagt sie. Die viele Arbeit macht der 58 Jahre alten Frau nicht zu schaffen, aber die Zeitnot. »Eigentlich ist es doch meine Aufgabe, auch seelsorgerlich zu dienen. Das kommt zu kurz.«

31. Dezember 1976

Laut Wahlergebnis ist das Bekenntnis zur Politik von Partei und Regierung einmütig. Hinter den Kulissen kriselt es. Biermann bleibt ausgebürgert, Havemann steht unter Hausarrest. Unter den Künstlern brodelt es. Jetzt zeigt sich, wer wo steht. Ich bin gespannt auf das neue Jahr. Ab Januar werde ich wieder richtig in der Redaktion arbeiten. Nur fünf Monate. Dann kommt unser zweites Kind.

Sorge macht mir, wie Thomas die Krippe vertragen wird. Aber ich muss arbeiten, bevor ich wieder in den Schwangerenurlaub gehe. Neuerdings gibt es sechsundzwanzig Wochen lang das Gehalt weiter. Und danach noch ein Babyjahr mit 80 Prozent vom Netto.

3. Januar 1977

Thomas freut sich. Während ich ihn anziehe, wiederholt er immer wieder: »Die Kinder warten schon auf Thomas.« Was ihn erwartet, ist ein Albtraum. Ich hätte ihn nicht am Eröffnungstag in die neue Einrichtung bringen sollen. Kein Kind wartet auf ihn. Kein Kind will mit Thomas spielen. Hinter allen Türen weint es. Ja, das ganze Haus schreit wie am Spieß. Und die Erzieherinnen in weißen Kitteln laufen hektisch hin und her. Warum kehre ich nicht sofort wieder um? Warum bringe ich meinen Sohn nicht zur Großmutter? Ich ziehe Thomas Jacke und Schuhe aus. Er wehrt sich. In diesem Haus will er nicht bleiben. Er weint bitterlich. So hat er noch nie geweint. Auch ich weine. Und ich schiebe ihn durch die fremde Tür und gehe weg. Es tut so weh.

Am Nachmittag schließe ich ihn in die Arme. Zu Hause ist er völlig aus dem Häuschen. Er reißt ein großes Blatt von der Zimmerpflanze und zerreißt es in viele kleine Stücke. Was mute ich unserem zweijährigen Sohn zu?

5. Januar 1977

Jeden Morgen schauen mich tieftraurige Augen an. Thomas versteht nicht. Ich verstehe es nicht. Warum mache ich das mit ihm? Weil es eben so ist? Weil es alle so tun?

10. Januar 1977

Das Wochenende haben wir als Familie sehr genossen. Heute Morgen verkriecht sich Thomas in seine Spielecke, sein Nuckelkissen an sich gepresst. Er darf es nicht mitnehmen in die Krippe. Ich gebe ihm ein geknotetes Taschentuch in die Schürze. »Daran kannst du auch zippeln«, sage ich. Die Krippenerzieherin nimmt ihm das Taschentuch weg, aus hygienischen Gründen.

Thomas nässt ein.

11. Januar 1977

Was ist aus meinem fröhlichen Jungen geworden? Wenn er am Morgen meine Tränen sieht, versucht er mir zuliebe ein Lachen, sagt traurig »Haha«. Das macht es für mich noch schlimmer. Mein gehorsames kleines Kind unterdrückt seine Tränen, um es mir leichter zu machen. Es tut so weh.

13. Januar 1977

Thomas schläft nicht in der Krippe, isst kaum etwas. Am Wochenende weicht er mir nicht von der Seite, plappert fröhlich, spielt, singt. Oft sitzt er verträumt in einer Ecke, sagt: »Hier ist es schön. Mutti, weißt du, zu Hause gefällt es mir.«

17. Januar 1977

Jeden Morgen ist mir übel. Schon beim Zähneputzen kommt mir der Mageninhalt hoch. Das war bei der ersten Schwangerschaft nicht so. Da erlebte ich die neun Monate Schwangerschaft in völliger Harmonie mit mir. Diesmal bin ich seit Wochen gereizt. Die Gebärmutter drückt nach unten. Ich fühle mich nicht gut, bin oft müde. Jeden Tag in die Redaktion zu fahren, fällt mir schwer.

28. Januar 1977

Die Redaktion des Burckhardthauses der Evangelischen Kirche fragt an, ob ich für die nächste Ausgabe der Bibelhilfe für kirchliche Jugendarbeit etwas Lyrik beisteuern könnte. Das habe ich Jörg zu danken. Ich freue mich riesig über die Möglichkeit, ein oder zwei Texte zu veröffentlichen.

1. Februar 1977

Wilfried arbeitet nicht mehr in der Verkaufsstelle, wo er täglich giftigen Dämpfen ausgesetzt ist. Er konnte in die Werbeabteilung wechseln. Die neue Arbeit macht ihm Spaß. Und er hat nachmittags Feierabend, nicht erst abends. Das ist für unsere Familie ein großer Gewinn.

2. Februar 1977

Eigentlich sollte ich in diesem Jahr zur CDU-Parteischule nach Thüringen. Meine Schwangerschaft hat es verhindert. Ein glücklicher Umstand.

Neulich habe ich einen Zahnarzt interviewt. Er sah auf meinen Bauch und stellte fest: »Frauen können sich immer wieder einmal in eine Schwangerschaft retten. Aber was machen wir Männer?«

27. Februar 1977

Ich sitze mit Konrad Wolf, Wolfgang Kohlhase und Werner Bergmann zusammen. Wir reden über die DEFA, über Filme und Drehbücher, über Politik und Kunst. Mein Beruf bringt mich mit Leuten zusammen, die ich, ohne Journalistin zu sein, wahrscheinlich nie kennen lernen würde. Und jedes Gespräch weitet meinen Horizont.

28. Februar 1977

Begeistert erzählt mir Thomas von seinem Krippentag und von den anderen Kindern. Er führt uns Turnübungen vor und singt neue Lieder. Er weint auch nicht mehr am Morgen. Trotzdem: Am liebsten hat er das Wochenende. »Das geht uns auch so«, sage ich ihm.

1. März 1977

»Wenn ich groß bin, gehe ich zur Volksarmee ...«, singt Thomas aus voller Brust und marschiert mit einem Stock bewaffnet um den Esstisch. »Ich schieße mit Kanonen, bumbumbum, bumbumbum ...« Ich nehme unseren Zweijährigen in die Arme. »Ich mag das Lied nicht«, sage ich ihm. »Mir wird schlecht davon. Ich möchte nicht, dass du, wenn du groß bist, mit Kanonen schießt. Mit Kanonen schießt man auf Menschen. Und wer in den Krieg zieht, kann auch selbst erschossen werden. Ich möchte, dass du lebst. Und dass andere Menschen mit dir leben. Bitte, sing das Lied nicht mehr. Nicht in meiner Gegenwart. Mir macht das Lied Angst.«

4. März 1977

Es ist erst die 25. Schwangerschaftswoche, und ich sehe aus, als stünde ich kurz vor der Entbindung.

15. März 1977

Der Gynäkologe vermutet, dass ich Zwillinge bekomme, und schickt mich zum Röntgen. Ich frage: »Ist das mit den Strahlen nicht viel zu gefährlich?« – »Zum Ultraschall müssten Sie nach Berlin fahren. Und die Strapazen der Bahnfahrt wären weit gefährlicher.«

17. März 1977

Die Röntgenaufnahme lässt keine Zweifel offen. Da ist ein kleines Köpfchen mit einer Wirbelsäule, zart wie eine Fischgräte, winzige Arm- und Beinknochen – und daneben ein zweites Köpfchen.

Zwillinge. Soll ich lachen? Soll ich weinen? Bloß nicht heulen. Der Arzt meint, ich müsse viel liegen, mich ausruhen. Er schreibt mich krank. Ich laufe zu Wilfried. Er nimmt mich in die Arme, sagt: »Zwei? Da muss ich dich ja doppelt lieb haben.« Und nun weine ich doch. Ich habe Angst vor einer Fehl- oder Frühgeburt, Angst vor der Risiko-Entbindung. Ich denke daran, was da alles doppelt auf uns zukommt. Doppelte Arbeit, doppelte Ausgaben, doppelt fehlender Schlaf. Ich denke an unsere Wohnung. Anderthalb Zimmer. Dann verdrängt die Freude alle Sorgen. Gott will uns doppelt beschenken. Schön.

22. März 1977

Beim Elternabend frage ich, warum Kinder Lieder lernen, die das Soldatenleben verherrlichen. »Das steht so im Lehrplan«, sagt die Erzieherin. »Auch das Kriegsspielzeug müssen wir in den Regalen stehen haben. Dagegen kann sich keiner wehren.«

14. April 1977

Reiner Kunze hat die DDR verlassen. War es ihm mit den Jahren »zu wunderbar« geworden? Ein Berliner Pastor hat mir Kunzes Buch »Die wunderbaren Jahre« geliehen. Es ist nur im Westen erschienen, nicht bei uns. Ich sitze nachts an der Schreibmaschine und schreibe Seite um Seite aus diesem Buch ab. Mit mehreren

Durchschlägen, um den Text weitergeben zu können. »Die wunderbaren Jahre« erinnern mich an das, was ich in meiner Oberschulzeit erlebt habe. Dieses Buch sollte Pflichtlektüre sein! Alle Lehrer und Erzieher sollten es lesen müssen.

5. Mai 1977

Immer mehr Menschen, deren Botschaft mir wichtig ist, verlassen die DDR. Sie gehen weg. Ich habe das Gefühl, ohne Sprache zurückzubleiben, stumm.

6. Mai 1977

Wir kaufen eine Waschmaschine. Den großen Karton nimmt Thomas in Beschlag. Er klettert hinein und macht es sich gemütlich. »Komm, wir bauen ein Haus«, sage ich. Ich schneide Fenster hinein und eine Tür. Dann bemalen und bekleben wir den Karton.

Thomas hat sein eigenes Haus.

7. Mai 1977

Mir fehlen noch Windeln und Hemden für die Zwillinge, auch nach kleinen Strampelhosen bin ich bisher vergeblich gelaufen. In einem Geschäft meint die Verkäuferin: »Vielleicht bekommen wir in vierzehn Tagen Windeln.« Ich sage: »Gut, dann komme ich eben noch einmal.« Sie schaut erstaunt. »Da werden Sie wohl längst entbunden haben.«

9. Mai 1977

Seit Monaten schlucke ich Tabletten, weil mein Blutbild nicht stimmt. Alle vierzehn Tage muss ich zur Untersuchung. Der Frauenarzt würde mich am liebsten im Krankenhaus sehen, damit ich mich auch wirklich schone. Ich feilsche um jeden Tag, den ich noch zu Hause verbringen kann. Ich mag mich nicht unnötig lange von Thomas trennen. »Wenigstens Pfingsten möchte ich noch zu Hause sein und am Kindertag«, bettele ich beim Arzt.

2. Juni 1977

Seit Tagen erzählen wir Thomas, dass ich ins Krankenhaus gehe, damit seine Geschwister geboren werden können. Er hat mit mir gemeinsam die Tasche gepackt. Jetzt fragt er bestürzt: »Wo reist du denn hin, Mami?«

5. Juni 1977

Thomas bittet die Großmutter: »Gibst du mir mal einen Kuss? Nur, damit ich nicht so traurig bin, weil die Mama nicht da ist. Aber die Mama kommt ja wieder.« Als mir meine Mutter davon erzählt, muss ich weinen. Ich möchte nicht, dass Thomas traurig ist.

7. Juni 1977

Die Wehen setzen ein.

8. Juni 1977

Die Nachthebamme bereitet mich im Kreißsaal vor und macht dann Feierabend. Die nächste Schicht beginnt. Ich hänge am Wehentropf. Der Rücken schmerzt. Bei jeder Wehe wird mein Leib zum Stein. Die Frühschicht kommt. Ich freue mich, die Hebamme zu sehen, die mich bereits von Thomas entbunden hat. Umsichtig massiert sie mir den Rücken, feuchtet meine Lippen an. Der Arzt schaut immer wieder einmal nach mir. Lernschwestern, geschminkt, flott frisiert und schrecklich ausgeruht, stehen im Halbkreis vor meinen angewinkelten, gespreizten Beinen. Eine Zwillingsgeburt gibt es nicht alle Tage. Ich liege verschwitzt, blass, die Haare fettig. Endlich Presswehen. Die Hebamme ist aufgeregt, ich nicht. Ich will es nur noch hinter mich bringen. Ich spüre einen Riss. »Es ist ein Mädchen«, sagt der Arzt. Erneut setzen die Wehen ein. Fünf Minuten später ist uns ein Junge geboren. Gesine und Michael.

Ich habe mir die Namen auf einen Zettel geschrieben und in die Tasche des Morgenmantels gesteckt. Ich hatte Angst, sie in der Aufregung zu vergessen. Aber ich brauche den Zettel nicht.

Plötzlich steht Wilfried im Kreißsaal. Eigentlich ist ihm hier der Zutritt verboten. Wir betrachten unsere Winzlinge. Gesine wird mit dem Krankentransport in die Bezirksstadt zur Frühchenstation gebracht. Ihr fehlen ein paar Gramm zum Normgewicht. Ich gebe sie ungern her. Ein Trost ist mir Michael. Ihn darf ich hier behalten. Eigentlich sollte auch er zur Beobachtung in die Cottbuser Klinik. Doch es mangelt an leeren Betten.

11. Juni 1977

Michael ist das kleinste Kind auf der Station. Er trinkt gut.

14. Juni 1977

Wir dürfen nach Hause. Schwester Doris, selbst Mutter von vier Kindern, trägt Michael die Krankenhaustreppe herunter, weil ich Angst habe, zu stolpern und zu stürzen. Schwester Doris gibt mir ein paar Tipps mit auf den Weg. Sie hat auch Zwillinge. Wie die junge Frau das alles nur schafft?! Der Schichtdienst im Krankenhaus, die Kinder zu Hause. Und immer ein freundliches Wort auf den Lippen. Jeder hat sie gern.

Mein Vater holt uns mit dem Auto ab. Thomas sitzt hinten. Wie groß er ist! Er streichelt vorsichtig das winzige Babygesicht. Seine Hand verdeckt es. Thomas, der große Bruder. Zu Hause warten Überraschungen. Ein Zwillingsbett Marke Eigenbau, ein Tretauto für Thomas, viele Blumensträuße, noch mehr Glückwunschkarten, Geschenke. Zeit, alles zu begutachten, bleibt nicht. Michael hat Hunger. Das ist nicht zu überhören.

18. Juni 1977

Nun auch Manfred Krug. Abgehauen. Eigentlich kein Wunder. Seit Biermanns Ausbürgerung war Krug kaltgestellt. Ein ganzes Jahr lang kaum noch Konzerte. Und für die wenigen Auftritte gab es keine Karten. FDJ-Funktionäre besetzten die Plätze. Sie waren verpflichtet, keinen Beifall zu spenden. Was mich am meisten ärgert: Ich habe Krugs letztes Konzert in Cottbus versäumt. Das lässt sich jetzt nicht mehr nachholen.

20. Juni 1977

Tag für Tag rufen Wilfried und ich vom Postamt aus in der Cottbuser Klinik an.

Heute endlich hat Gesine die 2500-Gramm-Grenze erreicht.

Sofort fahren wir los, um sie zu holen. Als Thomas seine Schwester sieht, fragt er ungläubig: »Und Michael ist auch noch zu Hause?«

21. Juni 1977

Herr, du hast uns überreich beschenkt.
Wir haben gesunde, fröhliche Kinder.
Wir wohnen unter einem Dach.
Jeder hat sein Bett.
Wir haben zu essen, zu trinken.
Wir haben mehr, als wir brauchen.
Wir haben Zeit zum Spielen, zum Singen.
Wir haben uns lieb.
D a n k e !
Du hast uns überreich beschenkt.
Hilf, dass wir nach deinem Willen leben.

3. Juli 1977

So zwiespältig, wie meine Gefühle vor der Geburt der Zwillinge waren, so zwiespältig reagiert die Umwelt. Dem »Herzlichen Glückwunsch!« folgt meist ein: »Sie tun mir aber Leid.« Keiner muss uns bemitleiden. Wir sind zu beneiden.

19. Juli 1977

Schwester Doris ist gestorben. An einem Herzinfarkt. Es war ihr erster Urlaubstag. Sie hatte gerade noch die Koffer für ihre Familie gepackt.

27. Juli 1977

Schlaflose Nächte, anstrengende Tage. Die Trommel der Waschmaschine steht kaum still. Windeln flattern auf der Leine im Garten. Gut, dass wir die Maschine haben. Vor zwei Jahren habe ich die Wäsche noch im großen Topf in der Küche gekocht. Wilfried gibt abends die Fläschchen, damit ich etwas zur Ruhe komme. Mehr als drei, vier Stunden ununterbrochener Schlaf ist Luxus.

1. September 1977

Zum zehnjährigen Dienstjubiläum gratuliert der Chefredakteur und schreibt: »Ich gebe zugleich der Hoffnung Ausdruck, dass wir zu gegebener Zeit wieder mit Ihnen rechnen können.« Noch kann ich es mir schlecht vorstellen, die Kinder beanspruchen mich total, aber in einem Jahr sieht das bestimmt schon wieder anders aus.

5. September 1977

Es soll vorkommen, dass Nachkommen zu früh kommen und eine Familie mit dem Einkommen nicht auskommt. Auch wir müssen haushalten. Ich führe Buch über Einnahmen und Ausgaben, teile Ausgaben ein in fixe Kosten, Haushaltsgeld, Sonderausgaben. Ein Tütchen Bohnenkaffee am Wochenende. Kommt Besuch, wird eben noch ein viertel Pfund dazugekauft. Abends trinken wir Wald- und Wiesentee statt teurer Säfte, die es ohnehin kaum gibt. Wir freuen uns über getragene Kleidung, geben weiter, was unseren Kindern zu klein wird. Sie wachsen ja so schnell aus allem heraus.

11. Oktober 1977

Thomas hilft, die Zwillinge zu wickeln. Erschrocken stellt er fest: »Gesine kann ja gar nicht pinkeln!« Eine günstige Gelegenheit, ihn über den kleinen Unterschied aufzuklären. »Mädchen sind anders gebaut als Jungen. Sie haben eine Scheide und können damit ganz genauso gut pinkeln. Du siehst ja, wie nass die Windel ist.« Ausgerüstet mit neuem Wissen geht er zur Großmutter und erklärt ihr: »Oma, du hast eine Scheide.« Helle Aufregung. Nein, die Kinder von heute!

15. Oktober 1977

Oft sitzt Thomas mit im Laufgitter und »liest« den Zwillingen Geschichten vor. Er liebt seine Geschwister. Er überschüttet sie mit Zärtlichkeit, gibt gern von seinem Spielzeug ab. Wir achten darauf, dass er nicht in den Hintergrund gerät, wenn sich alles um die Zwillinge drängt. »Das ist Thomas«, betone ich, »der große Bruder.«

24. Dezember 1977

Bei der Christvesper soll Thomas einen Vers aufsagen. Lange braucht es nicht, dann kann er den Vierzeiler auswendig:

> »Und ich will ihm noch schenken
> ein munt'res Täubelein.
> Es hüpft auf Tisch und Bänken,
> will gern ein Freund dir sein.«

Wo nehmen wir eine Taube her? Ich nähe ihm eine. Sie bekommt zwei Flügel und aufgestickte Augen. Zur Christvesper sitzen wir ganz vorn. Thomas ist aufgeregt und hält seine Taube fest an sich gepresst. Er flüstert: »Ich will sie nicht schenken.« »Wir haben doch so schön geübt«, flüstere ich zurück. »Ich will sie nicht schenken!« Ich versuche zu erklären: »Es ist ein Spiel. Hinterher bekommst du das Täubchen zurück.« Thomas beharrt: »Ich will sie nicht schenken!«

Er unterscheidet nicht zwischen Spiel und Ernst. Jedes Spiel ist ihm ernst. Er soll seine Taube in die Krippe legen, zum Christkind. Das will er nicht. Und er tut auch nicht so, als ob er das wolle. Wie viel hat uns das Kind voraus? Ich streichle ihm übers Haar. »Schon gut, du brauchst es nicht wegzugeben. Behalte das Täubchen. Es kann ja von deinem Schoß aus zur Krippe schauen.«

31. Dezember 1977

Die Küche haben wir mit Girlanden geschmückt. Luftballons tanzen über dem Herd. Papierschlangen ringeln sich. Thomas hält mutig zischende Wunderkerzen hoch. Wir stoßen um 21 Uhr mit

Brause an und rufen laut: »Prosit Neujahr!« Für uns hat das neue Jahr schon begonnen. Es ist unser fünftes Ehejahr.

5. Januar 1978

Thomas ist kein Krippenkind mehr. Er wechselt in den Trakt der »Großen«. Vorher aber vergewissert er sich: »Auch aus dem Kindergarten holst du mich wieder ab, ja?«

13. Januar 1978

Liebeserklärungen eines Dreijährigen sind von besonderem Reiz. Thomas sagt: »Mutti, im Kindergarten wollen alle mein Freund sein. Aber ich will nur dich.« Und fünf Minuten später: »Mutti, du bist mein Freund. Ich habe dich sehr lieb. Viel lieber als alle Kinder in der ganzen Welt.«

15. Januar 1978

Während des Gottesdienstes schläft Thomas tief und fest. Hinterher behauptet er: »Der Gottesdienst hat mir heute aber besonders gut gefallen.«

17. Januar 1978

Reiner lebt nicht mehr. Ich kann es noch nicht fassen. Wir haben ihn als Hansdampf-in-allen-Gassen kennen gelernt. Er war stark schwerhörig, versuchte aber stets, die Mauer der Stille zu durchbrechen. Er hatte ein Fernstudium aufgenommen, er blies Trompete, spielte Klavier, baute sich eine Wohnung aus, ließ keine kirchliche Veranstaltung in unserer Stadt aus. So häufig wie er war keiner von uns unterwegs, oft an sechs Abenden in der Woche. Manchmal lachten wir über die Kommunikationsschwierigkeiten. Er verstand uns nicht, es sei denn, wir brüllten ihm unsere Meinung ins Gesicht. Er betete in die leisen Gebete der anderen hinein.

Seine Einladung kam unvermutet. Wilfried und ich sind nach der Jugendstunde mitgegangen. Er habe noch Wein da vom Geburtstag. Zwanzig Jahre war er geworden. An diesem Abend kamen wir uns ein ganzes Stück näher. Wir redeten lautstark über Dinge, die eigentlich in die Stille gehörten. Stolz zeigte er uns die Wohnung, das Regal, die Sitzbank, die Blumenecke. Alles selbst gebaut. Er öffnete einen Spalt weit sein Leben, seine Sehnsüchte wurden sichtbar, seine Zukunftsträume. Auch von einem Mädchen war da die Rede.

An jenem Freitag kamen wir erst spät nach Hause.

Heute haben wir es gehört. Er ist nicht am Arbeitsplatz erschienen. Kolleginnen fanden ihn neben dem Bett. In der Küche strömte Gas aus dem Herd. Da stand auch ein Topf mit Fleisch. Hatte er es sich aufwärmen wollen? Ein tragischer Unglücksfall? Ich hoffe es.

4. Februar 1978

Thomas weckt seinen Papa mit einem dicken Kuss. Dann singt er ihm gleich mehrere Geburtstagslieder vor, die er aus dem Kindergarten kennt. 25 Jahre alt ist Wilfried heute geworden. Auch die Zwillinge hole ich in unsere Ehebetten. Sie glucksen und prusten, lallen und juchzen. Das ist ihr Geburtstagslied.

12. Februar 1978

Wilfried ist mit der Jugendgruppe nach Berlin gefahren. Ich bin bei den Kindern geblieben. Leer ist das Bett neben mir. Leer ist der Stuhl am Tisch neben mir. Kaum ist Wilfried nicht da, spüre ich die Sehnsucht in mir.

13. Februar 1978

Wir sitzen bei einer Flasche Rotwein. Ich habe eine Kerze angezündet. Wilfried erzählt. Ich höre zu. Er hat in Berlin Christus ganz neu erfahren. Lange sitzen wir zusammen und tauschen Gedanken aus.

17. Februar 1978

Wilfried bringt die Jahresendprämie nach Hause. »Thomas, du darfst dir etwas wünschen. Papi hat viel Geld bekommen.«

Der Dreijährige hüpft aufgeregt hin und her. »Ich wünsche mir ... ich möchte gerne ... wenn Papa viel Geld hat, dann ... kann ich mir dann bitte wünschen ... ich weiß nicht, was ich mir wünsche.« Wir ziehen uns warm an, packen die Zwillinge in den Wagen, gehen zum Spielzeugladen. Thomas jauchzt unterwegs laut: »Spazierengehen mit Papa und den Babys ist schön. Das ist wie Schlittenfahren. Nein, noch schöner.« Das größte Auto sucht er sich im Spielzeugladen aus. Und nun kann er es nicht erwarten, nach Hause zu kommen, um es auszuprobieren.

26. Februar 1978

Die Schneeglöckchen blühen. Es ist Frühling geworden. Michael ist krank. Er hat hohes Fieber und weint und weint. Thomas weint solidarisch mit und sagt: »Der brüllt ja wie ein Löwe.«

2. März 1978

Eine Postkarte vom Wehrkreiskommando wirft einen tiefen Schatten. Im fünften Jahr unserer Ehe sollen wir uns für anderthalb Jahre trennen. Traurigkeit breitet sich in den Zimmern aus. Waren wir zu glücklich? Die Kinder werden ihren Vater vermissen, ich meinen Mann. Anderthalb Jahre sind eine sehr lange Zeit für eine junge Familie. Verlorene Monate? Wie werden wir damit umgehen? Wird unsere Liebe Bestand haben? Und danach? Viele Fragen.

6. März 1978

In acht Wochen wird Wilfried Bausoldat. Wir reden oft darüber, wie schwierig die Trennung sein wird, wie schwierig vielleicht auch das Zusammenleben danach. Jeder von uns wird sein eigenes Leben leben. Ich werde lernen müssen, Aufgaben zu übernehmen, die Wilfried bisher erledigt hat. Wie ist das eigentlich mit den Kohlekarten? Wo muss ich die Kartoffeln bestellen? Und später, wenn ich mich in alles hineingefunden habe, wird er wiederkommen und mittun, wird wieder mitbestimmen wollen. Nein, leicht wird das für uns beide sicher nicht, auch nicht für die Kinder. Ich wünschte, es wäre nur ein böser Traum.

9. März 1978

Frauentag. Wilfried hat sich den Nachmittag freigenommen, damit ich zur Brigadefeier nach Cottbus fahren kann. Es war schön, einmal wieder mit den Kollegen zusammen zu sein.

13. März 1978

Was ist Glück? Ein Fünfer im Lotto? Ein reicher Onkel in Amerika? Ich lege Thomas eine gelbe Sonnenbrille in sein Kindergartenfach. 2,10 Mark hat sie gekostet. Überglücklich umarmt mich Thomas, beteuert immer wieder: »Mutti, da freue ich mich aber sehr, dass du mir eine Brille gekauft hast. Ich bin sehr stolz auf die Brille. Die brauche ich nämlich zum Motorradfahren, weißt du? Ja, die habe ich mir schon lange gewünscht.« Und er schenkt mir viele Küsse. Die schmecken nach Schokoladenpudding. Er ist glücklich. Ich bin glücklich.

Ostern 1978

»Verschlaft es aber nicht«, habe ich gestern den Jugendlichen unserer Gruppe hinterhergerufen. »Denkt daran, wir treffen uns um 5.20 Uhr am Gemeindehaus. Die Sonne wartet nicht. Sie geht pünktlich auf.« Und nun habe ich es selber verschlafen. Schnell in die Sachen geschlüpft und der Gruppe hinterher. Es beginnt zu regnen. Von der Gruppe keine Spur. Vom Sonnenaufgang keine Spur. Endlich treffe ich auf die anderen. In der Dorfkirche ist für uns der Tisch gedeckt. Während der Pfarrer Kuchenstücke vom Osterlamm verteilt, erzähle ich den anderen meinen Traum der letzten Nacht:

Ich bin auf dem Weg dem Sonnenaufgang entgegen. Ein hoher Berg ist mein Ziel. Alles um mich herum liegt im Finstern verborgen. Je näher ich dem Berg komme, desto mehr Menschen sehe ich, die das gleiche Ziel haben. Alle wollen den Sonnenaufgang miterleben. Ich zwänge mich durch Menschenmassen. Ganz oben will ich stehen, wenn die Sonne um Mitternacht aufgeht. Der Berg ist voll von Menschen. Und dann, dann geht die Sonne auf in ihrer Pracht, erst wenige Strahlen, schließlich ein helles Leuchten. Ich spüre große Freude und tiefe Kraft.

1. April 1978

Thomas weicht seinem Großvater kaum von der Seite, besonders, wenn dieser in der Werkstatt oder in der Garage zu tun hat. Aufmerksam guckt er bei der Reparatur des Trabants zu. Dann sagt er: »Opa, wenn ich groß bin, dann kaufe ich mir einen Skoda mit einem Seil.« – »Wozu denn ein Seil?« – »Na, damit schlepp ich dich dann ab!«

Über den Frühling, der mit dem April im Garten eingekehrt ist, mag ich mich gar nicht richtig freuen. Thomas zupft mich am Ärmel: »Fühl mal, Mutti, wie mich die Sonne erwärmt hat.« Wilfried holt die Gitarre hervor. Wir singen: »Gottes Liebe ist wie die Sonne, sie ist immer und überall da ...«

29. April 1978

Alle Welt freut sich auf den Mai, wir nicht. Im Mai müssen wir für achtzehn Monate Abschied nehmen. Wir kosten die Zeit aus. Ein Wochenende in Karlsbad. Wir genießen den Augenblick. Verweile doch, du bist so schön. Wir können die Zeit nicht anhalten.

2. Mai 1978

Es ist ja kein Krieg, sage ich mir. Also, reiß dich zusammen. Ich könnte schreien vor wütender Trauer. Wilfried packt seinen Koffer. Befehl ist Befehl. Ich koche uns einen Tee. Ein Freund kommt, trinkt eine Tasse mit uns. Er hat den Spatendienst gerade hinter sich gebracht. Jetzt könnte er sich freuen, vor allem auf seinen Sohn, der vor fünf Monaten geboren wurde. Aber seine Frau hat sich vor Monaten in einen anderen Mann verliebt und die Scheidung eingereicht. Wir wissen keine Worte.

Immer wieder klingelt es an der Tür. Viele kommen, um Abschied zu nehmen, bringen kleine Geschenke – eine Flasche Wein für den ersten Urlaub, »Deutsche Liebesgedichte« als eiserne Ration. Thomas will mich trösten: »Ich helfe dir auch ganz viel, wenn Papa nicht da ist.« Um unserem Sohn die Trennung zu erleichtern, habe ich achtzehn Streichholzschachteln bunt beklebt, mit Süßigkeiten gefüllt und auf ein Schleifenband gezogen. Ein Papa-kommt-wieder-Kalender.

11. Mai 1978

Neun Tage lang plagte mich die Ungewissheit. Wo ist Wilfried stationiert? Wie geht es ihm? Endlich trifft ein Paket von ihm ein, mit den Zivilsachen. Dazwischen ein Zettel, ein paar Zeilen, in Eile geschrieben. »Wir sind im Wald untergebracht, sechzehn Mann in einem Zelt. Ziemlich primitiv. Man muss dabei sein, sonst glaubt man es nicht. Am Abend hat im Nachbarzelt jemand Biermann-Lieder zur Gitarre gesungen. Erst saßen nur wenige zusammen. Dann kamen immer mehr dazu und stimmten in den Gesang ein. Ich hoffe, ihr kommt gut zurecht.« Kein Absender.

13. Mai 1978

Ich möchte endlich meinen langen Brief an Wilfried absenden. Er muss doch erfahren, dass Gesine heute zum ersten Mal gestanden hat, ohne sich festzuhalten. Sie war so mit einem Spielzeug beschäftigt, dass sie es gar nicht bemerkte. Unsere Tochter wird selbstständig. Es müsste verboten sein, Familienväter einzuziehen, besonders, wenn ihre Kinder noch klein sind.

Ich habe meinen Trennungsschmerz in einem Gedicht verarbeitet:

Als du gingst,
griff ich zum Tuch und wischte,
wischte verbissen wohl Stunden,
putzte Türen und Fenster und Klinken.
Trüb schien mir, was glänzte.

Jetzt
bewundere ich nicht mehr die Frauen,
die alles in Schuss haben.
Wo man vom Fußboden essen kann,
sich in allen Möbeln spiegeln,
habe ich Mitleid.

14. Mai 1978

Endlich kann ich meine Post abschicken. Wilfried ist in der »Militärpolitischen Hochschule Wilhelm Pieck« in Grünau, Regattastraße 12 stationiert.

15. Mai 1978

Ich sitze bei Bekannten, die Telefon haben. Wilfried hat einen Anruf angekündigt. Mein Herz klopft. Ich habe ein verrücktes Gefühl in der Magengegend. Meine Hände zittern. Ich bin wahnsinnig aufgeregt.

Ich erfahre: Wilfried heizt in Berlin-Grünau den Offiziersanwärtern ein, wäscht ihnen die Teller ab, trägt Möbel hin und her. Briefe an ihn soll ich versiegeln. Ob das den Staatssicherheitsdienst hindert, sie zu öffnen? In einem Monat bekommt Wilfried zum ersten Mal Urlaub. Ich freue mich so!

1. Juni 1978

Die ersten vier Wochen sind geschafft. Thomas zieht sich eine Schachtel vom Band und genießt das Eiskonfekt.

6. Juni 1978

Ab sofort brauche ich nicht mehr mit den Zwillingen zur Risiko-Station des Bezirkskrankenhauses. Der Arzt ist sehr zufrieden damit, wie sich die beiden entwickelt haben. Als ich mit den Kindern nach Hause komme, steht ein Unfallwagen vor dem Haus. Mein Vater hat ihn kommen lassen. Mein 75 Jahre alter Großvater muss ins Krankenhaus. Es steht nicht gut um ihn.

7. Juni 1978

Großvater stirbt. Ich backe Kuchen. Die Zwillinge werden morgen 1 Jahr alt. Wilfried hat keinen Urlaub bekommen.

9. Juni 1978

Thomas erlebt unsere Trauer mit. Nach dem Abendgebet hält er mich zurück: »Aber wir sterben nicht, stimmt's, Mutti? Du und ich, wir sterben nicht.« Ich nehme meinen großen Jungen auf den Schoß und versuche zu erklären, was ich selber kaum verstehe:

»Alles, was geboren wird, alles, was wächst und älter wird, stirbt eines Tages. Urgroßvater war schon sehr alt. Sein Herz war müde geworden und wollte endlich schlafen. Wenn das Herz nicht mehr schlägt, stirbt man.« Thomas: »Mein Herz schlägt ganz, ganz lange. Es schlägt so lange, bis ich gar nicht mehr sterbe.«

12. Juni 1978

Wir kommen vom Friedhof. Thomas will wissen: »Wenn wir gestorben sind, wer wohnt denn dann in unserem Haus?« – »Das weiß ich nicht.« – »Wohl fremde Menschen«, sinniert er. Ich erzähle ihm, dass wir bei Gott ein neues Haus beziehen werden. Trotzdem ist mir traurig zumute beim Gedanken an den Tod. Ich lebe so gerne.

2. Juli 1978

Viele Hände haben in unserer Gemeinde mitgeholfen, aus Werkstatträumen und Fahrradschuppen, Bodenkammern und anderen Nebengelassen ein Gemeindezentrum entstehen zu lassen. Heute feiern wir seine Einweihung. Jörg Swoboda leitet den Festgottesdienst. Der Generalsekretär des Bundes, Rolf Dammann, hält die Predigt. Noch in dieser Woche wird die erste Jugendrüste stattfinden. Ich freue mich auf die Begegnungen.

20. Juli 1978

Seit dem 9. Juni bin ich unbezahlt freigestellt. Jetzt haben wir für Gesine und Michael Krippenplätze bekommen. Ich möchte die Zwillinge aber noch gar nicht in eine Einrichtung bringen. Außerdem befindet sich die Krippe, in die sie gehen sollen, in einem anderen Stadtteil als Thomas' Kindergarten. Wie soll ich denn das schaffen, früh die Zwillinge in die eine Einrichtung, dann Thomas in die andere, und schließlich mit der Bahn nach Cottbus in die Redaktion? Und wenn ich die Plätze einfach ablehne, bekomme ich dann vielleicht gar keine mehr? Was sagt der Verlag dazu? In der Redaktion wartet man darauf, dass ich wieder arbeite. Wie soll ich mich bloß entscheiden?

5. August 1978

Überraschung: Plötzlich steht Wilfried abends in der Tür. Per Anhalter ist er aus Berlin gekommen. Auf einen Sprung, ohne Ausgang zu haben. Und schon muss er auch wieder nach Grünau. »Gib die Krippenplätze zurück«, ruft er mir noch zu. Hoffentlich erwischen sie ihn nicht.

6. August 1978

Die Krippenplätze habe ich zurückgegeben, auch wenn es knapp wird in der Haushaltskasse. Wilfried braucht seinen Sold für sich, und ich habe keinerlei Nebenverdienst. Aber wir werden schon hinkommen.

13. August 1978

Ein Wochenende mit Wilfried, mit abgestempeltem Urlaubsschein. Michael schaut misstrauisch. Erst als Wilfried in Zivil dasteht, erkennt er seinen Papa und lacht. Zwei Tage ganz in Familie, wir genießen jede Minute. Nach dem Abendessen muss Wilfried seine Uniform wieder anziehen. Als er zum Bahnhof geht, tappelt Gesine laut schreiend hinter ihm her. Sie lässt sich nur schwer beruhigen.

14. August 1978

In der Sitzung des Gemeinderates teilt unser Pastor mit, dass er die Gemeinde wechseln wird. Ab Oktober ist unsere Gemeinde also wieder ohne Prediger.

1. September 1978

Vergeblich haben sich die Kirchen gewehrt. Für die Schüler der 9. und 10. Klassen gibt es ab sofort Wehrkundeunterricht. Sollte nicht besser Frieden gelehrt werden?

»Sagt dem Krieger, seine Chance ist vorbei, wer heut noch den Hass lehrt, seine Schwäche demonstriert ...« – Was wird unsere Kinder erwarten, wenn sie in die Schule gehen?

Wilfried hat eine Woche Familienurlaub bekommen. Er bringt für Thomas ein Bilderbuch mit. Wir haben neun Tage und zehn Nächte für uns!

Eine frohe Nachricht erreicht uns vom Rat der Stadt: Künftig bekommen wir monatlich 50 Mark Unterstützung.

5. September 1978

In einer Rüstwoche für Gestaltung haben wir den Grafiker Hans Georg Anniés kennen gelernt. Ihn wollen wir in Moritzburg besuchen. Ein Tag lang nur Wilfried und ich. Von Radebeul aus fahren wir mit der Kleinspurbahn durch den Lößnitzgrund. Im Schloss Moritzburg wollen wir fürstlich speisen. Leider wollen das viele andere auch. »Sie werden platziert«, steht am Eingang der Jagdgaststätte. Wir stellen uns hinten an, warten geduldig mit knurrendem Magen, bis auch wir an der Reihe sind. Gestärkt geht es weiter zum Atelier des Künstlers. Wir sind voller Erwartung. Auch er erwartet uns. Das Tor steht weit offen. »Schauen Sie sich ruhig erst einmal um«, sagt Anniés mit einladender Geste. Das tun wir gern. Zwischen Grafiken, Holzschnitten und Plastiken vertiefen wir uns in ein gutes Gespräch. Ich notiere mir viel, um später ein Porträt über den Mann zu schreiben, der mit den Bäumen vor dem Haus lebt, als wären es Weggefährten. Als wir uns verabschieden und durch den Park rund um Schloss Moritzburg spazieren, wird auch uns jeder Baum zur Gestalt.

Für Hans Georg Anniés

Die Bäume vor dem Haus,
Lebensbegleiter,
sind mit ihm gewachsen
und er an ihnen.
Und ähnlicher wurde er ihnen im Laufe der Zeit.
Fest verwurzelt in guter Erde,
sich ausbreitend unter freiem Himmel.

In den Bäumen vor dem Haus sieht er:
Liebende,
Zerstrittene,

Bewahrende,
Zerstörende,
Leidende,
Lebenstragende.

Er sieht
und macht sichtbar.

Die Bäume vor dem Haus
haben ihn schweigsam gemacht.
Umso beredter die Bilder
eindringlich in der Sprache
des Holzes.

10. September 1978

Bewusst stellen wir uns als Familie innerhalb des Gottesdienstes unter Gottes Segen. Wir bekunden öffentlich, dass wir zu Gott gehören. Die Zwillinge auf dem Arm, Thomas an der Hand, stehen Wilfried und ich vor versammelter Gemeinde. Wir möchten den Kindern unseren Glauben vorleben und ihnen Gottes Liebe verdeutlichen. Wir hoffen, dass sie sich für ein Leben mit Christus entscheiden. Nicht Zwang, nicht Druck sollen die Mittel sein. Unsere Kinder sollen nie Angst vor Gott haben. Sie sollen in ihm einen Vater finden, dem sie vertrauen, weil sie sich von ihm angenommen wissen. Vertrauen ist eine gute Basis für den Glauben. Glauben ist Vertrauen. Gott hat keine Enkelkinder, heißt es. Wir können keine Christen erziehen. Das wissen wir. Das wollen wir auch nicht. Aber wir beten für unsere Kinder und mit ihnen. Wir erzählen ihnen biblische Geschichten, singen mit ihnen Lieder von Gott. Ich vertraue darauf, dass die Familie Kinder stärker beeinflusst als alle atheistische Erziehung. Ich nehme mir vor, nie mit Gott zu drohen, nie eine Botschaft des Schreckens zu verkünden, nie zu sagen: »Da wird der liebe Gott jetzt aber ganz traurig sein.« Mir fällt ein Lied aus der Sonntagsschulzeit ein: »Pass auf, kleines Auge, was du siehst ...« Bloß nichts Falsches sehen? Am besten die Augen ganz und gar verschließen? Nein, Gott will keinen blinden Gehorsam. Er stellt unsere Füße auf weiten Raum. Er vertraut uns die Welt an.

Mögen unsere Kinder den Gott der Freiheit und Geborgenheit, der Liebe und der Wahrheit finden. Mögen sie Leben die Fülle haben.

14. September 1978

Unser 5. Hochzeitstag. Und kein Wilfried in meiner Nähe.

16. September 1978

Mein 30. Geburtstag. Wilfried hat keinen Urlaub bekommen. Ich stehe in der Küche und bereite den Kartoffelsalat vor. Die Zwillinge entdecken die Schubladen der Schrankwand. Thomas hat sich mit Buntstiften und Zeichenpapier bewaffnet. Es klingelt. Ein Junge steht vor der Tür. Mit einem Strauß dunkelroter Rosen. 30 Rosen von Wilfried. Ich bin gerührt. Jeder Rose klopfe ich den Stiel breit, damit sie sich besser mit Wasser versorgen kann. Am liebsten würde ich den Strauß konservieren.

Thomas legt mir ein Bild auf den Geburtstagstisch. »Das bist du!« Mit kräftigem Rot hat er mich gemalt. Vor mir liegt eine Mutation der wärmenden, Leben spendenden Sonne zur Mutter. Nicht mehr ungezählte, sondern exakt vier Strahlen als zwei weit ausholende Arme und zwei Beine, die fest auf der Erde stehen. Dazu zwei Kritzelohren, zwei Kritzelaugen. Ich sehe aus wie ein lustiger Pfannkuchen, wie ein Außerirdischer, in freundlicher Absicht auf die Erde gekommen.

Die Zwillinge drücken mir Küsse auf. Gesine links, Michael rechts.

8. Oktober 1978

Die Gemeinde feiert Erntedankfest und zugleich Abschied vom Pastor. Was lässt er zurück? Saat oder Ernte?

13. Oktober 1978

Die Volkskammer verabschiedet ein neues Gesetz zur Landesverteidigung. Ich wünschte mir ein Gesetz zur Familienverteidigung.

Wilfried fehlt mir. Ach, wäre er hier ... Kaum gedacht, kommt er. Es ist schon dunkel. Er hat sich wieder einmal weggeschlichen. Ein Spaziergang zu zweit im Silberlicht des Vollmonds, eine Umarmung, ein Kuss. Die Zeit eilt. Aus der Traum.

15. Oktober 1978

Thomas leidet unter einer Phimose. Zwar hat er keine Schwierigkeiten beim Wasserlassen, aber die Vorhaut lässt sich nicht schieben. Die Kinderärztin rät zur Operation.

17. Oktober 1978

Wir haben einen Krankenhaustermin. Ich erkläre Thomas, was ihn dort erwartet. Er hört aufmerksam zu. Wir packen seinen kleinen Rucksack, lassen den Teddy herausschauen und gehen ins Krankenhaus, als wäre es ein Ausflug zum Picknick. Wir schauen uns das Krankenbett an, das er belegen soll. Thomas gibt sich wie immer sehr vernünftig und einsichtig. Tapfer lässt er sich untersuchen. Es stellt sich heraus, dass er erkältet ist. Er ist nicht narkosefähig. Wir wandern wieder nach Hause. Aufgeschoben ist nicht aufgehoben.

18. Oktober 1978

Über Nacht hat Thomas die Fähigkeit verloren, zusammenhängende Sätze zu sprechen. Hat ihm die Angst vor dem Krankenhaus die Sprache verschlagen? Thomas stottert. Das ist kein normales Stottern eines Kleinkindes. Sobald Thomas etwas aus seinem Kindergartenalltag erzählen möchte, bekommt er kein Wort mehr richtig heraus, sagt nur: »Wir hahahahahaben heuheuheu ... Ich erzähle es zu Hause.«

19. Oktober 1978

Wir suchen einen Logopäden auf. Der Sprachheillehrer unterhält sich mit Thomas wie mit einem Erwachsenen. Das ist genau die richtige Sprache für unseren Erstgeborenen.

27. Oktober 1978

Regelmäßig gehen wir mit Thomas zur Behandlung und beachten auch zu Hause die Anweisungen des Logopäden. Abends sitzen wir mit gespreizten Beinen auf dem Teppich, lassen den Ball hin und her rollen und sprechen rhythmisch: »Ich – hei – ße – Tho – mas.« Geduldig hören wir zu, wenn uns Thomas etwas erzählen will. Keiner sagt: »Sprich langsam! Stottere nicht!«

29. Oktober 1978

Sonntagmorgen. Die Kinder kommen in mein Bett gekrabbelt. Zeit zum Kuscheln. Hat es da nicht eben geknallt? Es hörte sich wie eine Explosion an.

3. November 1978

Angela R. lebt nicht mehr. Ich kenne die junge Frau aus meiner Schulzeit. Sie war immer die Beste, immer Vorbild, immer ganz oben auf dem Siegertreppchen. Nicht einfach war es später für sie, alleinstehend ein behindertes Kind aufzuziehen. Ihrem Mann war das Leben zu schwierig geworden. Sie wollte es allen beweisen. Sie studierte, promovierte. Letzten Samstag hat Angela die Tochter zu ihren Eltern gebracht. Und dann in ihrer kleinen Altbauwohnung den Gashahn aufgedreht.

4. November 1978

Angela R. hatte ihre Promotion nicht geschafft.

7. November 1978

Aufgeregt hüpft Thomas an meiner Hand hin und her. Wir wollen Wilfried in Grünau besuchen. Schon die Bahnfahrt ist für unseren Großen ein Erlebnis. Sein Mund steht nicht still. Er freut sich so. Auch ich freue mich. Zwei Tage Berlin. Die Zwillinge weiß ich bei meiner Mutter gut versorgt.

Wilfried steht auf dem S-Bahnhof. Wir fallen uns in die Arme, Thomas mittendrin. Wir genießen das Zusammensein.

8. November 1978

Sonntagnacht treffen wir wieder zu Hause ein, müde und glücklich.

Die Augen meiner Mutter sind rot gerändert.

Mir fährt ein furchtbarer Schreck in die Glieder. Ist jemand gestorben? Ist was mit den Kindern? Michael habe plötzlich auf nichts mehr reagiert, erzählt meine Mutter. Er habe gefiebert und nur noch ins Leere gestarrt. Deshalb seien sie mit ihm ins Krankenhaus gefahren. Man habe ihn zur Beobachtung dort behalten.

Ich laufe ins Schlafzimmer. Gesine schläft tief. Michaels Bett ist leer. Thomas klammert sich an mir fest und schluchzt laut. Ich habe Mühe, ihn zu beruhigen. Wir weinen uns beide in den Schlaf.

9. November 1978

Die Kinderärztin sagt: »Wir haben bei Ihrem Sohn bisher nichts finden können, haben aber vorsichtshalber Penicillin gespritzt.« Ich erkläre ihr: »Er ist sicher gar nicht krank. Ich war am Wochenende verreist. Vielleicht hat er auf die Trennung mit Fieber reagiert. Ich will ihn wieder mitnehmen.«

Wenig später bringen sie ihn mir. Bleich, geschockt, verwirrt und beunruhigend abwesend. Wie verloren sieht dieses anderthalbjährige Kind aus. Verloren wie ein mutterloses Kind. Michael sieht mich und schreit laut auf. Ich schließe ihn in die Arme, streichle ihn, küsse ihn. Doch der Glanz in seinen Augen kehrt erst zurück, als wir zu Hause sind, als ich ihm den Teddy zeige und das Bilderbuch, die quietschende Giraffe und den Stoffball. Mein Sohn reagiert wieder auf seine Umwelt. Wie endgültig mag ihm die Trennung erschienen sein? Ich flüstere ihm ins Ohr: »Ich bin doch da, mein Schatz, und der Papa kommt auch bald wieder.«

10. November 1978

Thomas stottert nicht mehr. Aber da ist immer noch die Phimose. Ich erkläre unserem Sohn, weshalb es wichtig ist, dass die Vorhaut über die Eichel geschoben werden kann. Ich erkläre ihm auch, wie sehr sich Haut dehnen kann. »Überlege mal, wie dick mein Bauch war, als die Zwillinge darin waren!«, sage ich. Vielleicht brauchen wir keine Operation, wenn es gelingt, die Haut allmählich zu dehnen. Wir beschließen, das Baden in der Wanne dafür zu nutzen.

11. November 1978

»Wollen wir uns messen?« Thomas lässt heute keinen aus. Er hat Geburtstag und misst sich an jedem Gast und auch am Türrahmen. Hier ist schon mancher Strich mit dem Bleistift gezogen. Mit vier Jahren muss man doch einfach ein Stück gewachsen sein. Jeder bestätigt ihm: »Du bist aber groß geworden!«

Groß sein wollen wir alle. Nichts kränkt unseren Thomas zur Zeit mehr als die Bezeichnung »klein«.

15. November 1978

Weinend erzählt mir Thomas: »Im Kindergarten sagen sie immer kleiner Thomas zu mir.« Ich spreche mit der Erzieherin. Sie ist erstaunt. Sie erklärt mir: »Wir haben zwei Kinder in der Gruppe, die Thomas heißen. Deshalb unterscheiden wir zwischen dem großen und dem kleinen Thomas. Das ist doch nicht böse gemeint.«

16. November 1978

Ich lese Thomas das Märchen vom pfiffigen Däumling vor, auch vom großen und kleinen Klaus. Ich erkläre ihm, dass wir als seine Eltern körperlich nicht sehr groß sind im Vergleich zu anderen Eltern. Deshalb sei auch er kleiner als andere Kinder seines Alters. Das überzeugt ihn wenig. Wir sind in seinen Augen Riesen. Also versuche ich, ihm den Unterschied zwischen lang und groß deutlich zu machen. Nicht auf die Länge und nicht auf die Muskelkraft komme es an, sage ich ihm, »Köpfchen musst du haben.« Und ich unterstreiche das Gesagte mit entsprechenden Handbewegungen.

23. November 1978

Thomas müht sich vergeblich, den Lichtschalter im Wohnzimmer zu betätigen. Er reicht nicht heran, auch nicht, wenn er sich auf die Zehenspitzen stellt. Da holt er sich den Besen und betätigt den

Schalter mit dem Besenstiel. Stolz dreht er sich zu mir um, zeigt erst auf seinen kleinen Bizeps, dann auf seine Stirn. »Stimmt's, Mutti?! Hier muss man's haben!«

2. Dezember 1978

Ich habe dich herbeigesehnt, Wilfried, und du bist gekommen, einfach so, aus Liebe. Mir ist nicht ganz wohl dabei, wenn sie dich nun wieder erwischen, wie beim letzten Mal? Ich will doch nicht, dass du meinetwegen bestraft wirst. Egal. In deinen Armen zu liegen, ein herrliches Gefühl von Geborgenheit.

9. Dezember 1978

Als hätte ich es geahnt. Und diesmal gab es für Wilfried sogar fünf Tage »Bau«. Es war aufgefallen, dass so wenige Soldaten mittags in die Kantine kamen. Da mussten alle antreten, und dann wurde verglichen, wer von denen, die fehlten, keinen Urlaubsschein hatte. Als Wilfried nachts in Berlin-Grünau über die Mauer kletterte und in den Hof sprang, wurde er schon erwartet und festgenommen. Er bekam Arrest in einer Einzelzelle in Niederlehme. Drei Tage ohne Arbeit, ohne Buch, die Pritsche tagsüber hochgeschnallt. Und das alles, weil ich Sehnsucht nach ihm hatte und er nach mir. Na ja, »ein Soldat ohne Knast ist wie ein Baum ohne Ast«.

12. Dezember 1978

Thomas' Teddy bekommt einen neuen Pullover. Ich backe kleine Brote für den Kaufmannsladen, den mein Vater in der Nachkriegszeit gebaut hat, fülle die Schübe mit Liebesperlen und Mürbeteig-Brötchen. Wilfried nutzt seinen Freigang, um einen Hampelmann aus Sperrholz auszusägen. Ich häkele einen großen Ball, der mit Schaumflocken gefüllt wird. Ein Freund bringt uns einen Sack voll Abfallklötze aus der Matratzenfabrik. »Ihr habt doch noch Ofenheizung, da könnt ihr das bestimmt gebrauchen«, sagt er. Aber das blanke Holz ist ja viel zu schade zum Verbrennen. Die Kinder werden sich Weihnachten über die großen Bausteine freuen. Teures Spielzeug können wir uns nicht leisten, müssen es aber auch nicht.

20. Dezember 1978

Der Rat der Stadt hat uns erneut Krippenplätze für die Zwillinge angeboten. Diesmal in der Kinderkombination, in die auch Thomas geht. Ab Januar werde ich wieder arbeiten.

2. Januar 1979

Der erste Krippentag für die Zwillinge verläuft ganz anders als damals bei Thomas. Die Zweijährigen freuen sich, endlich mit ihrem großen Bruder mitgehen zu können. Hand in Hand marschieren Gesine und Michael in den Gruppenraum und drehen sich nicht einmal mehr nach mir um. Aufatmen. Ehe sie aus dem Gröbsten heraus waren, brauchte es wahrhaftig eine ganze Menge Kraft. Und eine ganze Menge Windeln.

4. Februar 1979

Wilfried hat Geburtstag und Jahresurlaub. Ich überrasche ihn mit Karten für einen Jazz-Pop-Rock-Workshop in Frankfurt/Oder.

17. Februar 1979

Wir fahren mit der Bahn nach Frankfurt/Oder. Brigitte, eine Freundin von mir, gibt uns ihren Wohnungsschlüssel. Bei ihr werden wir heute Nacht schlafen können. In der Stadthalle sind kaum noch Plätze frei. Um 19 Uhr geht es los. Eine Band löst die andere ab. Gespielt wird auf mehreren Bühnen, sechs Stunden ununterbrochen Blues und Jazz. Hansi Biebl, Stefan Diestelmann, Conni Bauer, die Bands »Ergo«, »Pro Art« und »Monokel.« Es macht einfach wahnsinnigen Spaß. Je später der Abend, desto besser die Musik. In mir ist ein Gefühl von grenzenloser Freiheit. Gegen 2 Uhr morgens schleichen wir uns in die Wohnung meiner Freundin und rollen die Schlafsäcke auf dem Teppich aus.

18. Februar 1979

Brigitte weckt uns zum Frühstück. Und schon müssen wir wieder zur Bahn. Noch klingt uns die Musik in den Ohren.

4. März 1979

Thomas geht gerne in den Gottesdienst. Da er sich offenbar mühelos eine Stunde lang still verhalten kann, lieben ihn die älteren Gottesdienstbesucher. Sorgfältig legt er ein Geldstück auf den Kollektenteller. Er liebt den Chorgesang. Bevor die Predigt beginnt, ist er meist eingeschlafen.

Zu Hause spielt er Gottesdienst, während ich das Essen koche. Stühle stehen in Reih und Glied. Puppen sitzen erwartungsvoll da. Thomas sammelt Geld ein. Er verteilt Bücher und dirigiert einen für mich unsichtbaren Chor. Für ihn ist der Organist die wichtigste Person in der Gemeinde.

Ostern 1979

Im Kellerraum der Gemeinde ist der Tisch für die Jugendgruppe gedeckt. Nach dem Osterfrühstück lassen wir Brot und Wein herumgehen. Auch unsere Kinder dürfen vom Brot essen. Gesine und Michael greifen sich die größten Stücke.

Nachmittags radeln wir mit der Jugendgruppe ins Grüne, die gefüllten Picknickkörbe auf den Gepäckträgern. An einer schönen Waldlichtung halten wir. Michael setzt sich sofort in den Sand und ist glücklich. Gesine läuft geschäftig zwischen den Kiefern hin und her. Thomas spielt mit den Jugendlichen Fußball. Wilfried und ich gehen ein Stück spazieren. Der Himmel über uns, das Gras unter den Füßen – was brauchen wir mehr?

Am Abend bade ich die Zwillinge im Waschbecken. Es dauert, bis die letzten Waldspuren beseitigt sind. Thomas wäscht sich schon alleine. Die Waschmaschine rotiert. Dann liegen alle drei in ihren Betten. Sie duften nach Seife und frischer Wäsche. Wilfried singt ein Abendlied. Schnell schlafen die Kinder ein. Jetzt müssen wir Abschied nehmen. Es fällt uns schwer. Wir lassen uns Zeit auf dem Weg zum Bahnhof. Der Zug fährt uns vor der Nase weg. Der nächste fährt erst am nächsten Morgen. Ärgerlich. Oder nicht? Schnell zum Wehrkreiskommando, ein Anruf in Berlin. Nun bleibt uns eine weitere Nacht, herrlich. Nur verschlafen dürfen wir nicht.

10. April 1979

Wilfried ist in Potsdam eingesetzt. Er pflanzt Bäume. Das ist doch endlich einmal eine sinnvolle Aufgabe. Jeder Baum wird einst Vögel beherbergen, Schatten spenden und die Luft filtern.

11. April 1979

»Sie bekommen ja sehr häufig Westbesuch«, stellt der CDU-Kreissekretär mir gegenüber fest. »Wie kommen Sie denn darauf?«, frage ich erstaunt. »Es ist doch nicht zu übersehen«, meint er, »die vielen Westautos vor Ihrem Grundstück.« Seine Neugier macht mich wütend. Ich kontere: »Vielleicht ist Ihnen bei Ihren Recherchen auch aufgefallen, dass sich bei uns an der Ecke das Volkspolizeikreisamt mit der Meldestelle befindet. Die Besucher aus der BRD parken in unserer Straße, weil sie zum VPKA müssen. Das ist alles.«

16. April 1979

Seit einiger Zeit besucht Mona unsere Jugendgruppe. Sie ist still, unauffällig, stets hilfsbereit. Oft klingelt sie an meiner Tür und fragt, ob sie mir helfen kann, ob sie die Zwillinge spazieren fahren darf. Mir kommt jede Unterstützung gelegen. Die Kinder haben Mona gern. Ich kann sie ihr mit ruhigem Gewissen überlassen, wenn ich Termine wahrzunehmen habe. Sie füttert die Zwillinge, badet die Kinder, bringt sie ins Bett.

17. April 1979

Die Zwillinge werden im Gesundheitsamt gegen Pocken geimpft. Ich muss deshalb Thomas außer Haus unterbringen. Er darf mit seinem Hautekzem nicht in die Nähe der geimpften Zwillinge geraten. Schon lange haben wir ihm versprochen, dass er ein paar Tage bei seiner Tante wohnen darf. Mit dem Campingbeutel auf dem Rücken stiefelt er an meiner Seite los. »Ich mache jetzt Urlaub«, sagt er.

20. April 1979

Thomas hat Sehnsucht nach Hause, nach seinen Geschwistern. »Ich will keinen Urlaub mehr«, flüstert er mir ins Ohr. In seiner Stimme liegt ein leichtes Stottern. Hoffentlich gibt sich das wieder. Ein paar Tage muss er noch aushalten.

8. Mai 1979

Lesung mit Richard Christ. Ich beneide den Schriftsteller um seine Möglichkeiten. Er darf reisen, er kann Reiseberichte schreiben. Warum darf nicht jeder, der es will, den eigenen Horizont erweitern? Reisen bildet, sagt man. Richard Christ schreibt in meinen Blinddruck: »Ich wünsche, dass Ihr Lebenswunsch in Erfüllung geht: Reisen, die Welt erleben ...«

Ja, das wünsche ich mir auch.

9. Mai 1979

Nachmittags holt Mona die Kinder aus der Einrichtung. Schon lange geht sie in unserem Haus ein und aus, als gehöre sie zur Familie. Sie ist mir eine große Hilfe, vor allem, weil ich mich auf sie verlassen kann.

10. Mai 1979

Es ist ein ungutes Gefühl in mir. Mir scheint, Mona krame während meiner Abwesenheit in meinen persönlichen Unterlagen herum. Ist sie einfach nur neugierig? Fehlt es ihr an der nötigen Distanz? Oder hat sie einen Auftrag? Soll sie sich in mein Vertrauen schleichen? Sucht sie etwas Bestimmtes? »Beweismaterial«? Was soll bewiesen werden?

11. Mai 1979

Geben und Empfangen. Sich nahe sein. Unbändig ist meine Sehnsucht nach Wilfried. Er kommt überraschend. In seiner Nähe versinkt die Welt um mich. Was ist Vernunft? Wir lieben uns. Wir leben.

19. Mai 1979

Zu Fuß unterwegs, parallel zur Mauer. Ich spüre Blicke. Obwohl schon pflastermüde, laufe ich zu den Linden, überquere die Friedrichstraße und wandere zum Alexanderplatz. In meinen Gedanken bin ich in Grünau. Wilfried weiß, dass ich in Berlin bin. Er hat keinen Ausgang bekommen. Morgen werden wir uns für ein paar Stunden sehen können.

Ich schrecke zusammen, als mich ein Polizist nach dem Ausweis fragt. Meine Papiere in der Hand klappt er ein Buch auf, vergleicht meinen Namen mit denen in der »schwarzen Liste«. »Gesucht werde ich noch nicht«, versuche ich es scherzhaft. Aber die Antwort und der scharfe Ton – »Das geht manchmal schneller, als man denkt« – lassen mich verstummen.

»Was tun Sie in Berlin?« – »Ich will mir die Hauptstadt der DDR anschauen.«

Mir ist die Lust an weiteren Unternehmungen vergangen. Vorerst jedenfalls.

Abends kommt die Lust wieder. Im Deutschen Theater gibt es wahrhaftig noch Karten für »Das Jahrmarktsfest zu Plundersweilern« frei nach Goethe von Peter Hacks. Auf der Bühne sorgen Esche, Franke und Habbema für ein einzigartiges Erlebnis. In der virtuosen politischen Parabel wird vor dem Hintergrund 2500-jähriger Geschichte das Hier und Heute erkennbar, der Kampf zwischen Wirklichkeit und Utopie, die Sehnsucht nach besseren Zeiten. Jeder im Saal versteht. Das Publikum rast vor Begeisterung. Ich habe das Gefühl, in einer großen Familie zu sein. Dem Mann neben mir geht es offenbar auch so. Er stößt mich vergnügt in die Seite, klopft sich wiehernd auf die Schenkel.

20. Mai 1979

Gesine entdeckt ihren Willen. Kann sie ihn nicht durchsetzen, brüllt sie und strampelt, schreit und schluchzt. Sie bekommt kaum noch Luft, so laut brüllt sie ihre Wut heraus. Sie kann und will sich nicht beruhigen. Tränenüberströmt klettert sie auf meinen Schoß, schluchzt: »Kannst du nicht etwas machen, Mama, dass ich wieder lieb bin?«

Ich bin hilflos. Ich weiß mir auch keinen Rat. Ich hätte wahrscheinlich eine Tracht Prügel bekommen als Kind. Hinter mir wäre eine Tür zugefallen, ausgesperrt. »Kinder mit 'nem Willen ...« Ich frage meine Tochter: »Was soll ich denn mit dir machen? Ich weiß es nicht. Soll ich dich schlagen? Soll ich dich ins Nebenzimmer sperren? Es tut mir Leid, dass du so wütend bist, aber ich weiß nicht, was ich dagegen machen soll.« Ich umarme meine wütend-traurige Tochter. Sie schluchzt noch einmal tief durch, lässt sich dann auf meinem Schoß wiegen und ist zufrieden.

23. Mai 1979

Nein, nicht schon wieder. Nicht jetzt. Die Zwillinge sind endlich aus den Windeln herausgewachsen. Die schlaflosen Nächte werden weniger. Ich erinnere mich nur allzu gut an die Windelberge. Wenn Wilfried die Armeezeit hinter sich gebracht hat, wollen wir als Familie richtig Urlaub machen. Wir wollen viel mit den Kindern unternehmen. Bloß nicht vom Alltagstrott kaputtmachen lassen! Ich bin 30 Jahre alt, möchte beruflich vorankommen, mich durch Erfolg bestätigt wissen, Zeit für Freunde haben, für Gespräche, für mich.

Nagende Ungewissheit. Ich kann an nichts anderes mehr denken. Bin ich schwanger?

26. Mai 1979

Erst vage Vermutung, dann nervenaufreibende Ungewissheit. Schließlich unwiderrufliche Gewissheit. Ich bin. Wie sehr haben wir diesen Zustand nach unserer Hochzeit ersehnt! Wie stolz trug ich damals meinen Bauch vor mir her. Auch die zweite Schwangerschaft war geplant, gewünscht. Wer ahnte denn schon, dass zwischen dem zweiten und dritten Kind nur wenige Minuten liegen würden? Leben hält sich an keinen Menschenplan. Hätte ich nur nicht dem Kalender vertraut. Stimmt nicht. Die Lust war größer als meine Rechenkünste. Was nützt einem die Kalendermethode? Sie verbietet körperliches Zusammensein gerade dann, wenn das Verlangen zueinander am größten ist. Ohne Lust eheliche Pflichten üben?

Ungewollt schwanger. Jetzt gehört auch das zu meinen Erfahrungen. Wie wird Wilfried reagieren? Ich rufe in Grünau an. Wilfried macht mir Mut. »Das schaffen wir auch!« Und meine Arbeit? Und die Wohnung? Anderthalb Zimmer und Küche, kein Bad, Toilette auf dem Flur, Ofenheizung, feuchte Wände ...

1. Juni 1979

Internationaler Kindertag. Ich sehe Thomas, Gesine und Michael beim Spielen zu. Sie sind fröhlich, gesund, intelligent. Sie haben, was sie brauchen: Nahrung und Kleidung, Tisch und Bett.

Abbruch? Die Frage stellt sich für uns nicht, auch wenn ringsum immer von »Unterbrechung« und von »Schwangerschaftsgewebe« die Rede ist. Wir wissen es besser. Gott, der uns geschaffen hat, will in mir neues Leben wachsen lassen. Es wächst schon. Dieses Kind abzulehnen – ich würde nicht darüber hinwegkommen. Unsere Pläne zerplatzen. Gott hat andere für uns. Ich freue mich darauf. Das Unvorhergesehene lädt uns ein. Ich bin gespannt auf unser viertes Kind! In der Nacht habe ich einen schönen Traum:

Ich schwimme in ruhigen, gleichmäßigen Zügen mitten in einem großen, sehr blauen See. Ich fühle mich sicher und gut. Das Wasser ist herrlich. Der Himmel über mir ist strahlend blau. Die Sonne scheint. Am Horizont ringsum sehe ich hohe, schneebedeckte Berge, grüne Täler, Wälder, Städte, Dörfer. Die Welt um mich ist friedlich. Ich schwimme und genieße die idyllische Landschaft.

5. Juni 1979

Michael brüllt nicht nur, wenn er wütend ist. Seine Wut äußert sich handfest. Er wirft, was in greifbarer Nähe liegt, voller Wut durch die Gegend. Er zertrümmert das Spielzeug, wirft den Stuhl laut krachend um, und beim Abendessen fliegt plötzlich das Messer quer über den Tisch, weil er sich über seinen Bruder ärgert. Sein Jähzorn macht mir Sorge. Ich weiß damit nicht umzugehen.

15. Juni 1979

Nachts werde ich wach. Das Laken ist blutig. Wenn bloß Wilfried hier wäre. Erst die Angst vor einer Schwangerschaft, jetzt die Angst, das Kind zu verlieren. Schlaflos warte ich auf den Morgen.

16. Juni 1979

Im Krankenhaus wundern sich Schwestern und Hebammen: »Was machen Sie denn hier schon wieder? Wie geht es den Zwillingen?« Ja, ich schon wieder. Nun wird es sich ganz schnell herumsprechen, dass ich wieder schwanger bin. Ich bekomme eine Spritze gegen vorzeitige Wehen. Der Arzt gibt mir schriftlich, dass wegen einer drohenden Fehlgeburt »der Ehemann der Patientin zur Pflege der Kinder zu Hause erforderlich ist.«

Zufällig bekommt heute Wilfried sowieso Kurzurlaub. Zufällig?

17. Juni 1979

Die Zwillinge sind krank. Ich muss das Bett hüten. Mit meinem Krankenschein und der Bescheinigung des Arztes sucht Wilfried das Wehrkreiskommando auf. Er hofft, eine längere Freistellung zu erhalten. »Das muss Berlin entscheiden«, heißt es. »Fahren Sie umgehend nach Berlin zurück. Der Frieden ist wichtiger als Ihre privaten Probleme. Wenn eine Bombe auf Ihr Haus fällt, sind alle Kinder tot. Wozu gibt es Kinderheime? Wegtreten.«

Wilfried fährt nicht nach Berlin zurück. Er fährt nach Cottbus und spricht beim Wehrbezirkskommando vor. Hier heißt es, er solle ein Telegramm nach Berlin schicken und sich dann erneut beim Wehrkreiskommando melden, um dort zu erfahren, wie Berlin entschieden hat. Inzwischen wolle man sich mit dem Wehrkreiskommando und mit der Militärischen Hochschule in Verbindung setzen. Wilfried geht zur Post, gibt das Telegramm auf, sucht erneut das Wehrkreiskommando auf. Wutentbranntes Brüllen empfängt ihn. Was ihm einfalle. Was er sich einbilde. Wie er es wagen könne, sich bei der vorgesetzten Stelle zu beschweren. Er als Bausoldat. Das solle er ja nicht noch einmal wagen.

Berlin entscheidet: Fünf Tage Sonderurlaub zur Klärung der familiären Situation. Keinen Tag mehr.

20. Juni 1979

Wilfried putzt die Fenster, räumt den Schuppen auf, baut für Thomas ein Fahrrad zusammen. Die einzelnen Teile haben wir aus Sperrmüllcontainern gefischt. Ich liege auf dem Sofa und lese den Kindern Geschichten vor.

23. Juni 1979

Obwohl ich noch nicht gesund bin, muss Wilfried zurück nach Berlin – Teller waschen, Stühle tragen, Kohlen schippen – eben den Frieden hüten.

2. Juli 1979

Ich arbeite wieder, und fahre nach Cottbus in die Redaktion. Ehe es meine Kollegen durch den Buschfunk erfahren, sage ich: »Ich gebe heute einen aus.« Dann stelle ich jedem eine Flasche Milch hin. Mein Kollege begreift es als Erster: »Bei Ihnen hat der Storch geklappert!«

3. Juli 1979

Telefonate, Interview mit dem Gartenbaudirektor, Seiten spiegeln, Beiträge schreiben, redigieren. Die Zeitung muss fertig werden. Die Kinder müssen aus Krippe und Kindergarten geholt werden. Die Wäsche muss gewaschen werden. Endlich hängt auch die letzte Kindersocke auf der Leine. Geschafft.

Auf der Toilette sehe ich die Bescherung. Erneut Blutungen, erneut Angst, das Kind zu verlieren.

4. Juli 1979

Untersuchung, Spritzen, Krankschreibung. Zweimal die Woche soll ich zum Spritzen in die Poliklinik kommen und das mindestens drei Wochen lang.

15. Juli 1979

Unsere Gemeinde heißt die neue Pastorenfamilie willkommen, Familie Wahl. Mein Vater hat sie aus Wittstock an der Dosse abgeholt. Ein guter Anlass für ein Gemeindefest.

28. Juli 1979

Der Arzt meint, die Gebärmutter sei gut gewachsen. Was heißt »gut gewachsen«? Etwa wieder Zwillinge?

3. August 1979

Mein Leib wölbt sich. Die Leute reden. Davor habe ich mich am meisten gefürchtet. »Vier Kinder, das muss doch heute nicht mehr sein!« – »Warum hast du es dir nicht wegmachen lassen? Ist doch ganz einfach. Ich habe das Problem vorigen Sommer in drei Tagen gelöst.« – »Hast du die gesehen? Drei Orgelpfeifen und schon wieder 'nen dicken Bauch!« – »Manche sind eben nur auf das Kindergeld aus. Der Staat steckt denen doch alles hinten rein.«

Andere sagen, ich hätte Mut. Aber auch das stimmt nicht. Wir leben unser Leben. Das ist alles. Ich bin schwanger und werde dieses Kind austragen. So einfach, so schwer.

12. August 1979

Die Gefahr, eine Fehlgeburt zu haben, ist vorbei. Wir erzählen den Kindern, dass in meinem Bauch wieder ein Kind wächst, bis es groß genug ist, um herauszukommen. Großer Jubel, besonders bei Thomas. Er drückt mich und sagt: »Mutti, ich freue mich sehr auf das Baby. Ich freue mich viel mehr darauf als auf alle Babys der Welt. Am besten wäre noch eine Schwester. Dann hat wenigstens jeder eine Frau. Ich die Gesine und Michi die andere.« Und wenig später ergänzt er: »Wenn wir Vater-Mutter-Kind spielen, will keiner von den Zwillingen das Baby sein. Wenn wir dann ein Baby haben, dann ist das Baby das Baby.«

25. August 1979

Beim Abendgebet versichere ich jedem Kind einzeln, dass ich es sehr lieb habe. Thomas zeigt auf meinen Bauch. »Das musst du auch dem Baby sagen. Es ist doch schon da, denke ich. Es muss nur noch wachsen. Es gehört zu uns, nicht wahr? Du hast es doch auch schon lieb.« Und dann schaut er mich mit fragenden Augen an: »Wenn es schon richtig da ist, dann kann man es doch nicht einfach aus dem Bauch holen und wegwerfen. Das tut doch keine Mutti, nicht wahr?« »Nein«, sage ich, »das tut keine Mutti.« Die traurige Wahrheit wird er später erfahren. Oder hat er das schon?

27. August 1979

Die Postfrau hat mir den 150. Brief von Wilfried gebracht. Ich lade die Jugendgruppe zur Grillparty ein. Die Kinder freuen sich über die leuchtenden Lampions im Garten. Als es richtig dunkel ist, spazieren wir mit Laternen durch den Stadtpark.

29. August 1979

Mein kleiner goldener Ring ist weg. Vergeblich suche ich nach ihm. Auch ein Ledertäschchen ist verschwunden. Ich verstehe das nicht. In unserer Wohnung gehen so viele junge Leute aus und ein. Noch nie ist uns etwas gestohlen worden.

8. September 1979

»Elend geht's manchmal auch beim Blues zu«, schreibt mir Stefan Diestelmann auf seine neue LP. Er gibt ein Konzert im Kulturhaus. Mich ärgert, wenn die Leute nicht zuhören können, wenn sie laut nach einem Bier rufen, mit Besteck klappern. Dabei macht Diestelmann so guten Blues.

9. September 1979

Nur noch eine Schachtel am Schleifenband. Sie ist grün wie die Hoffnung. Thomas schiebt einen Stuhl heran. »Die soll auch noch weg«, sagt er. Aber drei Wochen muss er noch warten, ehe er sich die letzte der achtzehn Schachteln mit süßem Inhalt pflücken darf.

10. September 1979

»Wenn ich groß bin, dann heirate ich dich.« Thomas versucht sein Glück bei mir. Ich muss ihm einen Korb geben. »Ich bin ja schon mit Papa verheiratet. Ich wäre auch viel zu alt für dich, wenn du erwachsen bist.« So richtig gefällt ihm meine Antwort nicht. Er fragt: »Müssen denn alle Menschen heiraten?« »Natürlich nicht, nur wer will«, sage ich. Da schüttet er mir sein Herz aus: »Mutti, ich will doch immer bei euch bleiben.« Ich nehme meinen bekümmerten Sohn auf den Schoß und verspreche: »Das kannst du auch. So lange du willst, kannst du bei uns bleiben. Aber eines Tages wird aus dir ein junger Mann. Du wirst eine Familie gründen wollen. Dann wirst du dir eine Frau suchen, die du lieb hast und die dich lieb hat.« Thomas hat mir aufmerksam zugehört. Er überlegt: »Dann heirate ich eben Gesine. Mit einer fremden Frau leben, das will ich nicht.«

Soll ich ihm auch das noch ausreden?

19. September 1979

»Ich habe noch nie gehört, dass ein Bruder seine Schwester geheiratet hat«, greife ich vorsichtig das Heiratsthema auf. Thomas: »Dann hörst du es eben das erste Mal. Ich habe es Gesine versprochen, und ein Versprechen muss man halten.« Er gesteht mir erneut: »Am liebsten würde ich ja dich heiraten, Mutti, aber ich weiß schon, das geht nicht. Du bist dann schon zu alt.« Ich spüre, dass ihn einzig die Sorge drückt, uns eines Tages verlassen zu müssen und frage: »Wollen wir am Sonntag Hochzeit spielen?« Der Gedanke gefällt ihm.

23. September 1979

Für die Großeltern verziert Thomas eine Einladung. Es duftet nach Kuchen. Auf der Wiese vor dem Haus pflücken wir Blumen für den Brautkranz. Thomas zieht zur Hose ein weißes Hemd und eine Weste an. Wir treiben sogar einen Zylinder auf. Gesine trägt ein weißes Kleid. In ihrem Haar stecke ich einen Gardinenrest als Schleier fest. Die Gäste kommen. Sie bringen kleine Geschenke.

Wir verteilen Triangeln und Klanghölzer und singen: »Ein Vogel wollte Hochzeit machen ...« Es gibt Kaffee und Kuchen. Was für ein Fest! Thomas ist beruhigt.

7. Oktober 1979

Michael ist Karussell gefahren. Zu Hause nimmt er ein großes Blatt Papier, setzt sich an den Tisch und zieht mit Buntstiften Kreise, erst langsam, dann immer schneller, immer schneller. Beinahe fürchte ich, er fliegt mit dem Stift über das Blatt hinaus.

10. Oktober 1979

Die Kinderzeitung »Bummi« startet einen Elternwettbewerb. Wir machen mit. Glückliche Familien werden gesucht. Und das sind wir ja. Wir werden uns also an den Preisausschreiben der Zeitung, an Elterndiskussionen und an der Vietnam-Aktion beteiligen.

12. Oktober 1979

Wenn freitags bloß nicht immer so viele Leute beim Fleischer anstünden! Mir wird so leicht übel, wenn es nach Wurst riecht. Und der Rücken schmerzt, wenn ich lange stehe. Ob ich einfach vorgehe und den Schwangerenausweis zeige? Besser nicht. Eine Frau sieht auf meinen Bauch und sagt zur Verkäuferin: »Bedienen Sie doch erst einmal die Frau hier.« Da ruft ein Mann aus der Warteschlange: »Wir haben alle keine Zeit.« – »Die Frau ist doch schwanger«, sagt die Verkäuferin entschuldigend. »Warum hüpft die auch immer zu ihrem Alten ins Bett.« Ich zwänge mich durch die Menge zur Tür. Vor dem Laden muss ich mich übergeben. Gibt es eben am Sonntag kein Fleisch.

15. Oktober 1979

Zweimal im Jahr sehe ich alle Kleidungsstücke durch, einmal im Frühjahr, einmal im Herbst. Heute habe ich die Kinderschränke ausgeräumt und neu einsortiert. Ein Polohemd ist verschwunden. Es wäre mir vielleicht gar nicht aufgefallen, aber es war ein besonders hübsches, und es war noch viel zu groß für Thomas. Jetzt ist es weg. Aus dem Schlafzimmer auf dem Dachboden. Ich verstehe das nicht. In diesem Zimmer hat doch keiner außer Wilfried und mir etwas zu suchen.

18. Oktober 1979

Mona hat uns bestohlen. Und ich hatte so großes Vertrauen zu ihr.

24. Oktober 1979

Bald kann Wilfried für immer die Uniform ausziehen. Am liebsten möchte ich die Wohnung mit Girlanden schmücken, möchte Blumen streuen und hundert Kerzen anzünden. Schade, es gibt nicht einmal eine Flasche Sekt zu kaufen. Egal, jetzt wird Michael nicht mehr misstrauisch auf die Uniform schauen und seinen Papa erst küssen, wenn der »richtige Sachen« anhat. Gesine muss nicht mehr schreiend ihrem Papa hinterherlaufen, wenn er wieder zum Bahnhof geht. Thomas freut sich besonders auf das Kempeln, wie er das spielerische Kräftemessen mit seinem Vater nennt. »Und endlich kann Papa immer unser wildes Pferd sein.« Wilfried verwandelt sich zur Riesenfreude der Kinder manchmal in ein wildes Pferd. Am liebsten möchten dann alle drei gleichzeitig auf dem Pferd reiten. Sie hängen sich wie Kletten an Arme, Schultern und Hals. Aber das wilde Pferd schüttelt sich, schnaubt wütend und wirft die kleinen Reiter nach und nach ab.

25. Oktober 1979

Ich habe Urlaub genommen und fahre nach Berlin. Dieser Abschnitt unserer Ehe soll mit einem Einkaufsbummel und einem schönen Abend zu zweit enden. In Schöneweide wollen wir uns treffen. Ich halte nach Uniformen Ausschau. Plötzlich steht Wilfried vor mir, in Zivil. Hätte ich ja wissen müssen. Wir sind glücklich. Aus dem geplanten Abendessen in einem Restaurant wird nichts. Wo immer wir es versuchen: geschlossene Gesellschaft, Tanz mit Vorbestellung, überfüllte Gaststätten, reservierte Tische. Aber wenigstens bekommen wir in Berlin Ketchup und Toilettenpapier zu kaufen. Hungrig ziehen wir durch die Hauptstadt der DDR und freuen uns nur noch auf zu Hause.

Komm, wildes Pferd!

3. November 1979

»Was machen denn die Leute da?« Thomas zupft mich am Ärmel. Ich schaue in die angedeutete Richtung. Aha, Gehörlose. Ich erkläre unserem Sohn, dass diese Menschen nicht mit dem Mund reden können, dafür aber mit den Händen. »Schau mal, wie gut sie sich verstehen«, sage ich. Thomas, fasziniert von den Gebärden, kann seinen Blick gar nicht mehr losreißen. »Aber ich verstehe sie nicht. Verstehst du sie, Mutti?« Später überlegen wir gemeinsam, wann wir die Hände benutzen, um uns etwas zu sagen, und stellen fest: Hände können viel erzählen. Sie streicheln und sagen: Ich habe dich lieb. Sie schlagen und rufen laut: Geh weg! Sie zeigen mit dem Finger. Sie winken. Sie verstecken sich in der Hosentasche. Sie öffnen sich, wenn sie etwas empfangen wollen.

11. November 1979

Fünf Kerzen brennen auf Thomas' Geburtstagskuchen. Nach dem Frühstück gehen wir mit ihm zu einem Gebärdengottesdienst. Thomas fragt: »Versteht Gott denn auch diese Sprache?« Es macht ihm Spaß, die Gebärden nachzuahmen. Ich bin in dieser Beziehung gehemmter. Hände heben, Arme kreisen – mich erinnert das an kindliche Spiele. Aber wer verstehen und verstanden werden will, muss in der Sprache des anderen sprechen.

Wir sagen: »Ich bin nicht allein.« Jeder zeigt auf sich. »Du bist nicht allein.« Die Zeigefinger richten sich auf den Nebenmann. Thomas piekst in Papas Bauch und lacht. »Wir sind nicht allein.« Unsere Arme ziehen einen weiten Kreis. »Liebe uns vereint.« Wir legen die Hände auf unsere Herzen, zeigen dann in die Runde. Dietrich Wegmann betritt die Kanzel. Er ist der Provinzialpfarrer für Gehörlosenseelsorge in der Mark Brandenburg. Er predigt mit Worten sowie mit Hand- und Fingerbewegungen. Seit vielen Jahren betreut Dietrich Wegmann Menschen, die wegen ihrer Behinderung oft der Vereinsamung preisgegeben sind. Er versucht, sie aus der Isolation herauszuholen. Er will ihnen helfen, sich die Welt zu erschließen.

»Nur im ständigen Umgang mit Gehörlosen erlernt sich die Gebärdensprache«, erklärt uns der Pfarrer nach dem Gottesdienst. »Jeder hat seinen eigenen Stil. Außerdem kann eine Gebärde für viele Wörter stehen. Sie ist nur aus dem Zusammenhang heraus richtig zu begreifen. Da muss man ganz und gar beim anderen sein, sich einfühlen, sich konzentrieren. Das strengt an. Aber lohnt sich nicht jede Anstrengung, die uns zueinander bringt?«

Was er über die Gebärdensprache sagt, denke ich, trifft doch auch für all unser Reden zu. Wie viele Missverständnisse, weil wir nicht beim anderen, sondern nur bei uns selber sind.

Ein junges Mädchen stellt sich zu uns. Sie ist aufgeregt, hält ein Liedblatt in der Hand, zeigt mir, dass sie etwas auf den Rand geschrieben hat. »Ich bin taubstumm, aber Gott kann ich hören.« Thomas legt seine Hand auf sein Herz und zieht dann einen Kreis. »Liebe uns vereint.«

22. November 1979

Thomas hat eine neue Leidenschaft: Er entziffert die Hausnummern und liest die Preise in den Schaufenstern. Er zählt mühelos und beginnt zu rechnen. Auch das Schreiben übt Thomas fleißig. Seinen Namen kann er schon. Er fragt uns Löcher in den Bauch und möchte am liebsten schon in die Schule gehen. Aber das hat noch Zeit.

Gesine hat in diesem Herbst etwas über essbare und giftige Pilze gelernt. Sie weigert sich, ihren Rock mit den gestickten Fliegenpilzen anzuziehen. »Nadel die wieder ab. Die sind giftig«, sagt sie.

29. November 1979

Die Postfrau hat uns ein amtliches Schreiben gebracht. Es ist ein Brief der Abteilung Wohnungspolitik vom Rat der Stadt. Endlich. Wird auch Zeit. In wenigen Wochen erwarten wir unser viertes Kind, und wir sitzen immer noch in anderthalb Zimmern. Im Juni 1977, als die Zwillinge geboren waren, haben wir einen Wohnungsantrag gestellt. Im Registrierbescheid hieß es: »Aussicht auf Realisierung Ihres Antrages ist erst dann gegeben, wenn Sie in die Vergabe- bzw. Planliste aufgenommen wurden und Wohnraumangebote erhalten.« Über zwei Jahre ist das her. Ungeduldig reiße ich den Briefumschlag auf. Er enthält eine Besichtigungskarte für eine Vier-Raum-Wohnung. Eigentlich hatten wir ja darauf gehofft, dass unsere Mitmieter eine Neubauwohnung erhalten und wir ihre Wohnung dazubekommen. Seit vielen Jahren läuft für unsere Nachbarn ein Antrag auf eine Neubauwohnung. Er ist Genosse und Kommandeur der Kampfgruppen. Da steht ihm und seiner Frau eine Wohnung mit Zentralheizung und Innen-WC zu.

2. Dezember 1979

Wir haben die Wohnung nicht genommen. Die Räume waren viel zu hoch. Die hätten wir nie warm gekriegt. Außerdem befand sie sich gegenüber dem Schlachthof. Das wollen wir uns nicht zumuten. Hoffentlich kommt bald eine Lösung.

20. Dezember 1979

Für unsere Nachbarn hat der Rat der Stadt eine Neubauwohnung bereitgestellt. Wenn sie ausgezogen sind, können wir uns die Zuweisung für die Nachbarwohnung holen. Das amtliche Schreiben ist unser schönstes Weihnachtsgeschenk. Zur Nachbarwohnung gehört ein Badezimmer! Nie mehr Abseifen im Waschbecken!

22. Dezember 1979

Es hat eine große Amnestie anlässlich des 30-jährigen Bestehens der DDR gegeben. Für rund 22 000 Gefangene ist es ein Weihnachten in Freiheit oder was man so Freiheit nennt. Im Radio hörte ich, dass die BRD in den vergangenen sechzehn Jahren rund 20 000 politische Häftlinge aus der DDR freigekauft hat. 30 000 DDR-Bürger siedelten im gleichen Zeitraum um. Familienzusammenführung. 50 000 Menschen in sechzehn Jahren! Und trotzdem reichen die Wohnungen nicht.

29. Dezember 1979

Die Nachbarn ziehen aus. Grünes Licht für Um- und Ausbau. Freunde kommen, packen mit an. Zum Problem wird, das Baumaterial heranzuschaffen. Wann gibt es wo einen Sack Zement? Wer kann Farbe besorgen? Und Tapete? Neue Fenster brauchen wir auch unbedingt. Und ich habe noch fünf Wochen bis zur Entbindung.

9. Januar 1980

Wir kaufen zwei Doppelstockbetten. Der Möbelträger fragt: »Ist das hier ein Kinderheim?« So ähnlich kommt es mir manchmal vor. Mit vier Kindern zählen wir zu den kinderreichen Familien. Wir können mit Vorteilen rechnen. Kinderreich zu sein ist ein Sonderstatus. Vielleicht gibt es mit vier Kindern sogar hin und wieder einen FDGB-Urlaubsplatz. Aber erst einmal muss es da sein, unser Viertes.

Während Wilfried die Betten zusammenschraubt, betrachtet sich Gesine im Schlafzimmerspiegel und stellt fest: »Ich bin schön.«

5. Februar 1980

Heute ist Termin. Das Bett steht bereit. Babysachen stapeln sich auf dem Schreibtisch, den ich seit Jahren als Wickeltisch nutze. Ich bin etwas nervös, weil sich keine Wehen einstellen wollen. Habe ich mich verrechnet?

Thomas traf ziemlich pünktlich ein. Zwei Stunden fehlten zum errechneten Termin. Die Zwillinge kamen vierzehn Tage eher, auf den Tag genau am Termin, den der Frauenarzt für sie festgelegt hatte. Und nun? Nicht das kleinste Anzeichen. Dabei bin ich so rund wie groß und kann mich kaum noch rühren. Wilfried muss mir die Strümpfe anziehen und die Schuhe zubinden. Ich sehe meine Füße nicht mehr.

Ich gehe mit gepackter Tasche zum Spiegeln des Fruchtwassers ins Krankenhaus und wieder nach Hause. »Wenn es sich so viel Zeit lässt, dann ist es ein Mädchen«, sagt meine Mutter, »dann putzt es sich noch.«

7. Februar 1980

Erstes Hoffnungszeichen. Der Muttermund hat sich drei Zentimeter weit geöffnet. Der Arzt schlägt der Hebamme vor, die Geburt einzuleiten, um mich, wie er sagt, zu erlösen. Die Hebamme ist nicht begeistert davon, die Entbindung künstlich voranzutreiben. Das sagt sie aber nicht dem Arzt, sondern der Schwester. Ich werde gar nicht erst gefragt und wage nicht, zu protestieren. Eine halbe Stunde hänge ich am Tropf, dann gehen die Wehen los, immer rascher, immer stärker. Ich zähle die Rippen des Heizkörpers an der Wand. Das lenkt ab. Atmen, atmen. Das Kind braucht Sauerstoff. Ich fühle starke Bewegungen in mir. Der kleine Körper drängt nach unten und dreht sich. Ich konzentriere mich jetzt ganz und gar auf diesen kleinen Menschen.

»Noch nicht pressen!«, ruft die Hebamme aus der anderen Ecke. Sie entbindet eine andere Kreißende. »Auf keinen Fall pressen! Die Gebärmutter kann einreißen. Hecheln!« Alles in mir presst. Das Kind sucht einen Ausweg. Ich spüre einen reißenden Schmerz. »Es kommt!« »Nein, noch nicht!«, schreit die Hebamme. Drei Kreißende in einem Raum. Sie hat alle Hände voll zu tun. Die Heizungsrippen lösen sich von der Wand und drehen sich im Kreis. Mir wird schwarz vor Augen. Dann ist der Heizkörper wieder da, wo er hingehört. Die Hebamme staunt: »Das Köpfchen ist ja schon durch.« Sie lässt das Kind langsam nachrutschen. Ein Junge. Siebeneinhalb Pfund schwer. Tobias.

Wilfried kommt. Den Kreißsaal darf er nicht betreten. Ich werde eilig umgebettet. Wilfried nimmt meine Hand in seine und streichelt mich zärtlich. Dann packt er eine Blüte aus. Ein Gruß von daheim. In drei Geschäften hat er vergeblich nach Blumen gefragt.

8. Februar 1980

Warum wird einem das Kind in den ersten vierundzwanzig Stunden vorenthalten? Dabei ist doch ein enger körperlicher Kontakt zwischen Mutter und Kind nach der Entbindung sehr wichtig. Endlich kann ich Tobias sehen.

Er hat schwarze Haare, wie auch Thomas damals. Aber er ist viel größer und kräftiger als seine Geschwister bei der Geburt. Ich flüstere seinen Namen und streichle vorsichtig über sein Gesicht, über die Finger. Alles ist so winzig.

Mir fällt ein Gedicht von R. Weißbach ein:

> Haltet euch nahe bei euren Kindern.
> Streichelt ihr Lachen.
> Tröstet ihr Weinen.
> Bess'res als Kinder
> ist nicht zu machen.

10. Februar 1980

Besuchszeit. Wilfried sieht müde aus. Er hat zu tun mit den drei Kindern zu Hause. Schade, dass er sie nicht mitbringen darf. Thomas leidet besonders unter der Trennung von mir. Er isst wenig. Er schweigt. Er weint sich abends in die Kissen, nuckelt am Daumen. Als mir Wilfried davon erzählt, laufen auch mir die Tränen über das Gesicht. Ich möchte nach Hause.

11. Februar 1980

Nach einem ruhigen Wochenende geht es rund auf der Entbindungsstation. Bald ist kein Bett mehr frei. Das Personal flitzt hin und her. Sieben Mütter entbinden an einem Tag. Spätabends steht Wilfried an meinem Bett. So müde habe ich ihn noch nie gesehen. »Du musst doch nicht kommen«, sage ich. »Schlaf dich lieber einmal richtig aus.« Auch mir fehlt Schlaf. Die Nachwehen habe ich früher nicht so stark erlebt.

13. Februar 1980

Wir können nach Hause. Mein Bett wird gebraucht. Wilfried ist mit den Kindern beim Arzt. Die Grippe hat zugeschlagen. Auch das noch.

15. Februar 1980

Jetzt hat es auch mich erwischt. Hohes Fieber, Gliederschmerzen. Ich kann mich kaum rühren. Es ist alles ein bisschen viel für mich.

23. März 1980

Wilfried rackert in der Wohnung nebenan. Er reißt die Trennwand zwischen Stube und Küche ein. Das staubt im ganzen Haus. Und ich hatte gerade den Frühjahrsputz hinter mir. Tief durchatmen. Einmal muss es ja geschafft sein. In Gedanken räume ich schon die Möbel in unser großes Wohnzimmer ein, während Wilfried den alten Küchenherd abreißt. In Gedanken hänge ich Bilder an die Wände, während Wilfried dabei ist, diese von alten Tapeten zu befreien. Auch Schichten alter Zeitungen löst er mühevoll ab.

12. Juni 1980

Mein Vater organisiert für uns über seinen Betrieb neun neue Fenster. Langsam und mühevoll geht die Sanierung in der Wohnung voran. Lichtleitungen kommen unter Putz. Morsche Dielenbretter sind auszutauschen. Wilfried funktioniert den Hausflur zum Korridor um, damit aus zwei kleinen Wohnungen eine große wird.

21. Juni 1980

Neun Stunden Open Air Workshop in Peitz. Wir drängeln uns unter 3000 Besuchern auf den Fischerwiesen. Viele bekannte Gesichter. Die Stimmung bei der 36. Jazzwerkstatt Peitz ist großartig. Manches ist besser organisiert als in vergangenen Jahren. Neun Stunden Free Jazz aller Schattierungen, stark experimentell, ungebunden. Hat der Jazz deshalb für uns diese Anziehungskraft? Auch wir fühlen uns auf den Fischerwiesen frei, ungebunden und jung. Albert Mangelsdorff bläst Posaune, dass einem die Gänsehaut über den Rücken kriecht. Wir heben mit den Tönen ab.

28. Juni 1980

Die Zwillinge reden über das Heiraten. Gesine: »Ich heirate einmal zwei Männer, Thomas und Michael. Dann bauen wir uns ein Haus. Thomas baut die Fenster, Michael baut die Türen. Und ich koche für uns alle. Ich wünsche mir auch ein Baby. Das soll ein Mädchen sein und Mandy heißen.« Thomas hat inzwischen eine Freundin im Kindergarten, Jana. Gesine ist traurig. Ich tröste sie: »Du wirst schon einen Mann für dich finden.« Gesine: »Aber ich habe ja noch keinen gefunden. Einmal habe ich einen Mann gesehen. Der hat mir gefallen, aber der hatte schon eine Frau.« »Wo war denn das?«, frage ich erstaunt. »Auf dem Bahnhof, als wir nach Berlin gefahren sind.« Thomas lenkt ein: »Wenn meine Frau Jana müde ist, dann kann ich ja mit Gesine ausgehen.« Michael: »Und ich bin dann von euren Kindern der Opa.«

5. Juli 1980

Die Lage in Polen ist angespannt. Immer wieder ist von Unruhen zu hören, von Massenstreiks. Das Volk wehrt sich. Polen macht es uns wieder einmal vor.

20. Juli 1980

Britta lädt uns ins Erzgebirge ein. Tapetenwechsel können wir gut gebrauchen. »Kommt doch zu uns«, schreibt sie. »Tagsüber habt ihr die Wohnung für euch. Ihr könnt die Waschmaschine benutzen und Platz haben wir. Schleppt euch nicht mit Kindersachen ab. Es ist genug von unseren beiden Mädchen da.«

Wir halten Familienrat. »Tobias versorge ich schon für die paar Tage«, sagt die Großmutter. Also werden wir im August nach Crottendorf fahren.

4. August 1980

Heißer Sommer in Polen. Lech Walesa, ein Arbeiter aus Danzig, fordert freie Gewerkschaften. Die Regierung gibt dem Druck der Massen nach. »Solidarnosc« ist gegründet. In meiner Umgebung wagt kaum einer, das Wort auszusprechen.

9. August 1980

Britta hat für uns die Bodenkammer hergerichtet. Auf einem alten Sofa können Thomas und Michael schlafen. Gesine bekommt ein

Kinderbett. Für Wilfried und mich sind Matratzen ausgebreitet. Sogar eine Spielzeugkiste gibt es und ein Puppenhaus. Herz, was willst du mehr?

10. August 1980

Es ist nicht zu fassen: Aus allen Himmelsrichtungen strömen alte und junge Erzgebirgler zur Kirche, viele mit dem Gesangbuch in der Hand. Dass es so etwas in der DDR gibt! Hier ist der Kirchgang noch selbstverständlich.

12. August 1980

Erstaunlich, was die dreijährigen Zwillinge und Thomas an Kilometern unter die Füße bekommen. Auf unseren Ausflügen nehmen wir einen kleinen Handwagen mit, falls der Weg für die Kleinen zu weit wird. Wir genießen Luft und Sonne, atmen den irren Duft von frischem Heu, sammeln Strohhalme. Einmal stört ein Hubschrauber die Idylle. Er zieht Schleifen über uns, fliegt ziemlich tief und versprüht etwas. Ist es Dünger oder Insektengift? Wir nehmen die Kinder an den Händen und fliehen vor dem Ungetüm. Es dröhnt die Luft über uns. Später malt Thomas das Erlebte auf: ein großes grünes Feld, darüber der Hubschrauber, der etwas versprüht, und die Familie, die sich fest an den Händen hält und gemeinsam wegrennt. Unsere Hände hat er besonders groß gemalt.

14. August 1980

Tagestour zum Fichtelberg. So anstrengend hätte ich mir das nicht gedacht. Der Bus nach Oberwiesental ist überfüllt. Wir bekommen kaum einen Stehplatz, die Zwillinge auf dem Arm, Thomas eingekeilt zwischen uns. Und das 40 Minuten lang. Dann eine Stunde Fußweg zur Schwebebahn. Endlich auf dem Fichtelberg, toben die Kinder ausgelassen. Aber die größte Anstrengung steht noch aus. Der Rückweg. Vom Busbahnhof bis zum Quartier sind es vier Kilometer.

Müde Kinder, müde Beine. Durchgeschwitzt und durstig geht es bergauf und bergab die Landstraße entlang. Wilfried trägt abwechselnd Gesine und Michael. Thomas möchte auch getragen werden. Ich lenke ihn mit Geschichten ab.

Wir haben es fast geschafft, als ein Skoda hält und uns mitnimmt.

15. August 1980

Auf der Wanderung zum Scheibenberg entdecken wir einen richtigen Märchenwald. Die Zwillinge werden müde. Michael schläft auf Wilfrieds Schultern ein. Gesine tippelt an meiner Seite tapfer und plappert fröhlich vor sich hin. Wie viel Kraft und Phantasie in ihr steckt! Ich staune: »Mit dir kann man sich ja schon richtig unterhalten wie mit einem großen Mädchen. Und ich dachte immer, du bist noch klein.« Die Dreijährige schlagfertig: »Das sieht nur so aus, als ob ich noch klein bin. In Wirklichkeit bin ich schon sehr groß!«

16. August 1980

Michael hat hohes Fieber. Vielleicht ein Hitzestau? Ich drücke das Fieber mit Wadenwickeln herunter.

17. August 1980

Nach acht Tagen Urlaub freuen wir uns wieder auf zu Hause. Tobias geht es gut.

23. August 1980

Seine letzten Urlaubstage nutzt Wilfried, um weiter in der Wohnung zu arbeiten. Allmählich wird sie bewohnbar. Nur Fliesen für das Bad sind nirgends aufzutreiben. Ja, wenn wir Westgeld hätten ... »Forum geht's«, wird Handwerkern gern in den Mund gelegt. Wir haben keine Forum-Schecks, haben kein Westgeld. Also bleibt es bei Ölsockel und Estrichboden. Hauptsache Bad! Der Badeofen funktioniert noch. Bloß gut. Einen neuen könnten wir uns jetzt nicht leisten.

27. August 1980

Wilfried mauert ein Fenster zur Straßenfront zu. Damit die Fassade erhalten bleibt, lässt er die Jalousie vor der Mauer herunter. Gesine schwärmt vom Hausmeister des Kindergartens: »Er ist mein Freund. Er repariert immer alles.« Dann schaut sie Wilfried bei der Arbeit zu und meint: »Bei uns zu Hause repariert Papa alles. Der Papa ist ja auch unser Hausmeister.«

3. September 1980

Im Spielzeugladen gibt es kleine Küchengeräte aus blankem Holz. Nudelholz, Stampfer, Klopfer. Diese Dinge gefallen mir. Ich will sie. Die Verkäuferin nennt einen unverschämt hohen Preis. »Warum kostet das so viel?«, frage ich. Sie zeigt auf einen Puppenwagen mit Babypuppe und sagt: »Weil Sie das dazunehmen müssen.« – »Das will ich nicht. Ich will nur das andere«, sage ich. Die Verkäuferin zuckt mit den Schultern: »Das eine ohne das andere gibt es nicht. Es wird nur zusammen verkauft.« »Das ist mir zu teuer«, sage ich traurig und verlasse wütend das Geschäft.

Ich erwache. Sollen Träume nicht Hüter des Schlafes sein? Ich habe Angst, wieder schwanger zu werden. Kein Verhütungsmittel ist hundertprozentig. Was, wenn ich immer wieder schwanger werde? Ich bin an die Grenzen meiner Kraft gekommen. Jedes Zusammensein mit Wilfried ist von Angst begleitet. Er hat großes Verständnis. Träumend versuche ich, mein Problem zu lösen:

Ich gehe eine lange Straße entlang. Es beginnt zu regnen. Ich will nicht nass werden. Ich versuche, unter dem Regen hindurchzulaufen. Es scheint zu gelingen. Vor mir und hinter mir plätschert der Regen. Ich laufe so, dass ich möglichst trocken bleibe. In der Ferne sehe ich einen Regenbogen.

19. November 1980

»Frieden schaffen ohne Waffen« ist die Losung der Friedensdekade, zu der die evangelische Kirchengemeinde eingeladen hat. Wir versäumen keinen Abend, glauben an die Kraft der Gebete.

23. November 1980

Christen in Trossingen wollen kinderreichen Familien in der DDR zu Weihnachten Pakete schicken. Der Pastor hat unsere Adresse weitergegeben. Ich bin gespannt, ob wir ein Päckchen bekommen.

12. Dezember 1980

Es gibt Weihnachtsbäume. Wilfried stellt sich an und drängelt sich dann mit den anderen zwischen den Baumbergen. Ich stehe abseits und begutachte jeden Baum, den er in die Höhe hebt. Endlich finden wir eine Fichte, die nicht ganz so krumm und kahl ist wie die meisten. Wenn Wilfried ein paar Zweige einsetzt, wird sie zu Weihnachten ganz passabel aussehen. Hauptsache, sie nadelt nicht schon vor dem Fest.

16. Dezember 1980

Aus der Redaktion des »Bummi« vom Verlag Junge Welt ist Post gekommen. Wir gehören in die engere Auswahl möglicher Preisträger! Wir sollen ein Familienfoto von uns schicken und einen Bericht über uns.

22. Dezember 1980

Das Postauto hält vor unserem Haus. Ein riesiges Paket wird abgegeben. Wir freuen uns sehr. Geöffnet wird es erst Heiligabend. Ein bisschen Spannung muss sein.

24. Dezember 1980

»Gucken wir jetzt rein? Können wir es jetzt aufmachen?« Die drei Großen stehen erwartungsvoll vor dem Paket. Wilfried löst mit großer Geduld die Knoten der Verpackungsschnur. Das Papier wird sorgfältig geglättet. Die Kinder jubeln über Schokolade und viele andere Süßigkeiten.

Mich beglückt die Bettwäsche. Zu kaufen gibt es schon lange keine mehr. Eine dicke Jacke für unseren Jüngsten liegt auch im Paket, gebraucht, aber sehr schön. Und noch vieles mehr. Thomas fragt: »Wer hat uns das geschickt?« Gesine: »Na, der Weihnachtsmann!«

25. Dezember 1980

In der Gemeinde sammeln wir für »Brot für die Welt«. Gesine hat mir nach dem Gottesdienst etwas Wichtiges zu sagen: »Wenn ich dann groß bin und eine Mutti, dann besuche ich dich mit meinen Kindern. Aber zuerst sammle ich in allen Dörfern und Städten viel Geld. Ich will den armen Menschen in der Welt helfen, denn wir sind ja ganz reich. Wir haben so viel Essen und so viel Spielzeug!«

5. Januar 1981

Seit Jahren läuft für uns ein Telefonantrag. Der Verlag hat mir sogar eine Dringlichkeitsbescheinigung für die Post ausgestellt. Vergeblich. Aber dem Vater eines Postangestellten hat man jetzt, wie ich hörte, sogar angeboten, eine Telefonleitung zu legen, obwohl er gar keinen Antrag gestellt hat. Das kann nicht wahr sein.

6. Januar 1981

Ich bin zur Post gegangen und habe gefragt, ob man einen Verwandten bei der Post braucht, um ein Telefon zu bekommen. Dann habe ich den Fall geschildert, von dem ich gehört habe. Ich hätte das ganz falsch verstanden, sagte man mir, aber es könne gar nicht mehr lange dauern, dann würde auch in unserem Haus eine Leitung gelegt.

15. Januar 1981

Das »Magazin« hat mein Gedicht »Trennung« unter der Rubrik »Gedichte nicht von Dichtern« veröffentlicht. Ich habe mich riesig darüber gefreut. Die 80 Mark Honorar lege ich in Büchern an.

17. Februar 1981

Wir haben Telefon! Da hat meine Beschwerde ja doch genützt. Der Verlag übernimmt 50 Prozent der Anschlusskosten und der Grundgebühr, ebenso alle Dienstgespräche. Auch unseren Wohnungsausbau will der Verlag eventuell finanziell unterstützen. Wir sollen eine Kostenaufstellung schicken, damit Betriebsleitung und Betriebsgewerkschaftsleitung gemeinsam darüber entscheiden können.

20. Februar 1981

Es riecht wie beim Dachdecker. Das ist die Teersalbe, mit der ich Thomas' endogenes Ekzem behandele. Er leidet zur Zeit sehr unter dem Juckreiz und kratzt sich blutig. Die Hautärztin wollte mir eine Überweisung für das Krankenhaus geben. »Verbinden kann ich ihn doch selbst«, sagte ich. Sie meinte: »Dann können Sie aber die Bettwäsche hinterher wegschmeißen. Die Salbe färbt und stinkt.« Na und? Ich werde Thomas deshalb nicht ins Krankenhaus bringen. Sorgfältig teere ich ihn von Kopf bis Fuß, verbinde jeden seiner Finger einzeln, jeden Zeh. Thomas darf nicht ins Sonnenlicht, darf keinen Schnee anfassen.

15. März 1981

Die Hautärztin hat sich sehr um eine Kur für Thomas bemüht. Jetzt ist eine Heilkur an der Ostsee bewilligt. Seit Tagen kennzeichne ich die Wäsche von Thomas und sticke seine Initialen in Pullover und Strumpfhosen. Sechs Wochen Usedom sollen seine körperlichen Qualen lindern. Eine lange Zeit für ein Vorschulkind. Und für eine Mutter.

17. März 1981

Hurra! Wir sind Preisträger. Wir werden im Oktober als eine von fünfzehn Familien zwei Tage lang Gäste des Verlages Junge Welt sein. In vielen Briefen an die Redaktion habe ich aus dem Nähkästchen geplaudert und unsere Erfahrungen im Umgang mit den Kindern weitergegeben. Über »Bummi« sind wir ins Gespräch mit anderen Familien zu Themen wie »Rutscht Ihnen auch mal die Hand aus?«, »Wie lernen Kinder Mitgefühl?« oder »Kampf gegen die Hektikhexe« gekommen. Der Wettbewerb hat mir geholfen, den Alltag daheim bewusster zu erleben und intensiver zu registrieren, wie wunderbar sich die Kinder entfalten. Und jetzt haben wir auch noch gewonnen!

30. März 1981

Oft unterhalten wir uns mit Thomas über die bevorstehende Trennung und machen ihm die Ostseeinsel schmackhaft. Nach dem Abendgebet fragt er mich: »Kennst du mich noch, wenn ich wiederkomme?«

5. April 1981

Thomas freut sich auf die Reise und hält sich beim Abschied auf dem Bahnhof tapfer. Ich winke ihm hinterher, beiß mir auf die Zunge, um nicht zu heulen. Zu Hause setze ich mich an den Tisch und schreibe einen Brief an Thomas.

11. April 1981

Seit Tagen habe ich Magenschmerzen. Thomas fehlt mir. Täglich schreibe ich ihm, klebe lustige Bilder auf das Briefpapier, reime aufmunternde Sprüche. Die Tage schleppen sich dahin. Nachts liege ich wach. Wie mag es Thomas gehen? Aus den Briefen, die seine Betreuerin für ihn schreibt, erfahre ich nichts.

Manchmal denke ich: Wenn jetzt ein Krieg ausbricht, und mein Kind ist so weit weg, wenn ein Unwetter losgeht, wenn ...

Vierzig Tage ohne Thomas.

14. April 1981

Es klingelt an der Tür. Michael sagt: »Vielleicht kommt Thomas mit der Post.« Wenig später erzählt er mir, er habe Thomas mit dem Campingbeutel auf dem Rücken gesehen. »Er kam uns besuchen von der Kur.«

17. Mai 1981

Sechs lange Wochen sind herum. Wir bereiten ein Gartenfest vor und holen Thomas vom Bahnhof ab. Als er uns entdeckt, schaut er verlegen zur Seite und lacht. Tobias tippelt auf ihn zu und schmiegt sich an ihn. Gesine und Michael sind etwas distanzierter. Ich umarme Thomas und drücke ihn an mein Herz.

Thomas ist aufgeregt. Er erzählt wie aufgezogen. Zu Hause stellt er seine Mitbringsel auf den Kaffeetisch: ein Segelschiffchen, Anstecker, Muscheln, Hühnergötter. Thomas erzählt und erzählt. »Dort ist es herrlich«, sagt er. »Aber mir ist es egal, wo ich wohne. Hauptsache, ich bin bei Mutti!« Und dann küsst er mir viele Küsse auf Stirn, Augen, Nase, Wangen, Kinn.

19. Mai 1981

Seit der Kur ist Thomas ausgesprochen lieb zu uns allen, höflich, hilfsbereit, freundlich und sehr, sehr zärtlich, besonders mir gegenüber. »Ich habe ganz vergessen, Mutti, wie sehr ich dich liebe. Ich weiß es nicht. Ich kann's nicht sagen.« Er hat erfahren, was Heimweh ist. Es ist ein guter Schmerz.

20. Mai 1981

Die Hautärztin ist zufrieden. Sie möchte, dass im nächsten Jahr Michael zur Kur fährt. Auch er leidet seit seiner Geburt unter Neurodermitis. Ich lehne ab. Er ist dann ja erst fünf. Da möchte ich ihm die Trennung nicht zumuten. Die Hautärztin nimmt mir die Absage übel. »Dann werden Sie nie wieder eine Kur für ihn bekommen«, sagt sie ärgerlich.

21. Mai 1981

Zwei Männer in weißen Kitteln tragen Wilfried ins Haus. Er braucht seinen Versicherungsausweis, dann muss er ins Krankenhaus. Ein Arbeitsunfall. Der große Zeh ist gebrochen, der Zehnagel herausgerissen. Ausgerechnet jetzt, wo es Sommer wird.

29. Mai 1981

Hundert Zentner Kohle auf der Straße und Wilfried außer Gefecht. »Wir helfen dir«, versprechen die Zwillinge und sind schon mit ihren kleinen Sandeimern auf den Riesenberg geklettert. Eifrig tragen die knapp Vierjährigen ein Brikett nach dem anderen quer über den Hof, hin zum Schuppen. Dort stapelt Thomas die Kohle. Ein paar Jugendliche aus der Gemeinde kommen, packen mit an. Gemeinsam schaffen wir es bis zum Abend. Mit den letzten Kohlen von der Straße heize ich den Badeofen.

8. Juni 1981

Zwillingsgeburtstag. Zweimal vier Kerzen. Michael und Gesine knien vor dem Geburtstagstisch und staunen. Die ersten Gäste kommen mit Geschenken. Am Nachmittag verwandelt sich Wilfried in einen Barkeeper. Die Kinder tanzen übermütig auf der Wiese im Garten. Ich stelle Zitronenbowle auf den Tisch.

16. Juni 1981

Auf dem Weg zum Kindergarten erzählt Gesine eifrig: »Ich kenne einen, der liebt mich noch viel mehr als der Papa und du mich lieben. Den kannst du nicht sehen, Mami, aber er ist überall da. Auch in den Bäumen und in den Blumen ist er. Und das ist Gott. Einmal habe ich Jesus geküsst.«

Ich frage erstaunt: »Wie ist denn das möglich?«

Gesine: »Er war in der Rose im Garten, weißt du, die so schön aussieht. Jesus war die Rose, und ich habe ihn geküsst.«

27. Juni 1981

Michael pflückt sich Stachelbeeren. »Opa hat gesagt, ich darf alles machen, was ich will«, sagt er auf meinen Einwand und beißt in eine grüne, noch harte Beere. Sehr sauer. Michael spuckt sie unter den Gartentisch. Auch die anderen Kinder machen, was sie wollen, und sind dabei sehr glücklich.

29. Juni 1981

Die Jungen sträuben sich, mit zum Gottesdienst zu kommen. »Wir wollen Seeräuber spielen«, bitten sie. Zwingen mag ich sie nicht. Später zeigt sich, sie haben ihre Pläne geändert und Friseur gespielt. Bei Michael ist die Frisur an einer Stelle etwas zu kurz geraten. Wie ein kleiner Mönch sieht er aus. Mittags gibt es zur Freude der Kinder Hähnchen. Der Freude folgt die große Enttäuschung: Ein Hähnchen hat nur zwei Keulen.

30. Juni 1981

Thomas und sein Großvater verbringen einen ganzen Tag und sogar die Nacht alleine im Garten. Zwei Männer unter sich. Thomas genießt die Freiheit. Er durchstöbert das Gartenhaus, klettert auf das Dach, lernt, mit einem Beil Holz zu spalten, spritzt mit dem Schlauch die Wiese. Und abends darf er fernsehen.

6. Juli 1981

Wilfrieds Zeh ist wiederhergestellt. Wir beschließen, in den Spreewald zu fahren.

Der Fährmann stakt den flachen Kahn durch die Stille der Natur. Michael genießt einen Sonderstatus. Er sitzt auf Papas Knien. Der Kahn legt an, Gelegenheit, den »Fröhlichen Hecht« aufzusuchen. Wir bleiben auf der Wiese, packen den Rucksack aus und lassen uns Eier, Brot, Gurken und Tomaten schmecken. Wieder daheim sagt Gesine: »Jetzt will ich ganz schnell einschlafen und vom Spreewald träumen.«

9. Juli 1981

Thomas übt sich im Schwimmen. Unter Wasser geht es schon. »Ich kann auch auf dem Rücken kraulen«, ruft er begeistert. Dann springt er übermütig vom Podest ins Kinderplanschbecken und stellt beglückt fest: »Je größer ich werde, desto mehr kann ich.«

19. Juli 1981

Endlich haben wir Fußbodenbelag bekommen. Wilfried muss sich mit den Arbeiten in der Wohnung beeilen. Wir wollen mit den Kindern für ein paar Tage nach Leipzig fahren. Tobias darf wieder bei der Oma bleiben.

25. Juli 1981

Als wir in Leipzig bei unseren Verwandten eintreffen, wollen die Kinder unbedingt gleich zum Spielplatz, »wo die Elefanten zum Rutschen sind«.

Kaum sind wir in der Nähe des Parks, rennen sie auch schon los. Thomas stürzt. Seine Knie bluten. Wilfried sagt: »Beiß die Zähne zusammen.« Thomas fragt empört: »Wie denn?« Er hat seine ersten Milchzähne verloren.

28. Juli 1981

Der Ausflug zum Völkerschlachtdenkmal ist verregnet. Dafür zeigen wir den Kindern die Russisch-orthodoxe Kirche. Leise betreten wir das Gotteshaus. Eine geheimnisvolle Dunkelheit umgibt uns. Und viel Gold. Gesine flüstert ergriffen: »Hier wohnt Jesus. Hier wohnt Gott. Er will ja nicht immer nur auf der Wolke wohnen. Er will ja auch mal hier wohnen.« Begeistert läuft sie durch die Räume und ruft: »Mutti, hier sind Gottes Zimmer! Und das hier ist sein Korridor! Und hier ist sein Hof!« Die Vierjährige ist überwältigt von der reichen Schönheit dieser Kirche. Sie strahlt: »Jetzt habe ich endlich das Zimmer von Jesus gesehen!« Das wird sie Tobias zu Hause erzählen.

29. Juli 1981

Tobias schreit laut vor Glück, seine Geschwister wieder um sich zu haben. Alle vier schlagen Purzelbäume auf dem Teppich. Thomas zipfelt abends begeistert an seinem Kissen. Zu Hause ist es eben doch am schönsten.

31. Juli 1981

Wilfried imprägniert einen alten wurmstichigen Kleiderschrank. Ich bereite Salate vor. Wir haben Freunde eingeladen. Die Wohnung ist endlich fertig. Das wird gefeiert.

7. August 1981

Ob ich in den Regalen Staub wische, in Schränken aufräume: Ich bekomme es nicht übers Herz, eines der vielen kleinen Dinge wegzuwerfen, die sich im Laufe der Zeit angesammelt haben. »Das schenk ich dir!«, steht hinter jedem Bild, jedem geschnippelten Deckchen, jedem Knetmännchen, jeder zarten Vogelfeder. Auch Wilfried profitiert von der Großzügigkeit unserer Kinder. Sie wissen eben noch ganz genau, was es heißt, reich zu sein und andere reich zu beschenken. Mit stiellosen Gänseblümchen, mit einer Porzellanscherbe, die »richtig aus Gold« ist, mit strahlenden Sonnen auf Papierschnipselchen! Wie sollte einem da nicht warm ums Herz werden?

15. August 1981

Für Tobias haben wir einen Krippenplatz in Aussicht. Thomas wartet mit Spannung auf seinen ersten Schultag. Schwiegermutter zieht nach Wolfsburg. Ich werde ab September wieder in der Cottbuser Redaktion arbeiten. Erst einmal vier Stunden täglich. Das wird zu schaffen sein.

18. August 1981

Beim ersten Elternabend will Thomas' künftige Lehrerin wissen, wer von den Kindern Pionier wird und die Jugendweihe macht. Freundlich reicht sie eine Liste herum, in die jeder sein Kreuz in die entsprechende Spalte setzen soll. Weiß sie, was sie tut, wenn sie Namen auflistet? Weiß der Schuldirektor, was er tut, wenn er die Liste an den Kreisschulrat weiterreicht? Und auch der meldet weiter. Ich sage, dass wir Christen sind. Der Weg vom Jungpionier über den Thälmannpionier zum FDJler und schließlich zum Genossen einer eindeutig atheistischen Partei könne nicht unser Weg sein. Die Lehrerin erwidert: »Ihr Sohn kann sich doch immer wieder entscheiden. Jungpionier zu sein ist doch nicht schlimm. Machen Sie ihn doch nicht zum Außenseiter!«

22. August 1981

Jetzt geht das alles wieder von vorne los. Gegen den Strom schwimmen, sich entscheiden müssen, die Konsequenzen tragen. Thomas will ein Pionier sein. Sollen wir ihm das verbieten? Und wie dann weiter? Ist die Mitgliedschaft in der Freien Deutschen Jugend für Christen akzeptabel? Die Jugendweihe? Die vormilitärische Ausbildung? Wie werden wir uns verhalten, wenn Manöver durchgeführt werden? Dürfen wir unseren weltanschaulichen Kampf auf dem Rücken eines Sechsjährigen austragen? Oder soll Thomas lernen, sich anzupassen? Nur wer sich anpasst, überlebt.

25. August 1981

Wilfried bringt Äpfel nach Hause. Ich lobe ihn: »Du sorgst aber gut für uns.« Gesine: »Aber Gott sorgt noch viel, viel mehr für uns. Gott hat uns nämlich alles gegeben. Er gibt uns Essen und Trinken und ein Haus und ein Bett und einen Garten und eine Stadt.«

Bei einem Abendspaziergang ruft sie angesichts der erleuchteten Fenster und der Straßenlampen begeistert aus: »Gott hat uns aber eine schöne Stadt geschenkt! Im Dunkeln sieht sie ja noch viel schöner aus als am Tage!«

29. August 1981

Hektischer Samstagmorgen. Erst sitzen wir zu lange beim Frühstück, dann müssen wir uns sputen. Aufgeregt stehen wir mit anderen aufgeregten Eltern auf dem Schulhof herum, die Zuckertüten im Arm. Ist schon ein seltsames Gefühl, wenn der Erstgeborene zur Schule kommt.

Da kommen sie, die ABC-Schützen mit den weißen Käppis. Thomas ist der Kleinste in seiner Klasse. Sein Käppi wird nur von den Ohren gehalten. Gesine und Michael sind stolz auf ihren großen Bruder, der nun eine richtige Schulmappe auf dem Rücken trägt. Thomas kann es nicht erwarten, in die Zuckertüte zu schauen. Was mag da alles drin sein?

Obenauf sitzt jedenfalls eine Musketier-Puppe als Mutmacher.

15. September 1981

Die Lehrerin hat mich gefragt, ob ich im Elternaktiv mitarbeiten würde. Ich habe zugesagt und auch versprochen, die Leitung zu übernehmen.

23. September 1981

Es ist Zeit, die Kinder aus dem Kindergarten abzuholen. Ich schließe die Wohnungstür hinter mir, betrete die Straße. Zeitgleich steigt auf der anderen Straßenseite ein Mann aus seinem Wagen. Er überquert die Straße, kommt mir direkt entgegen, bleibt dann dicht vor mir stehen und spricht mich an: »Waren Sie die ganze Zeit im Haus?«

Die seltsame Begrüßung fährt mir in den Magen.

Stasi, denke ich.

Er: »Ich habe geklingelt, aber es hat niemand geöffnet.« »Ich war bei meinen Eltern«, sage ich. Warum erkläre ich ihm das? Der Mann weist sich als Beamter der Staatssicherheit des Bezirkes aus. Ich blicke auf den Ausweis, ohne etwas zu registrieren. Mir ist einfach nur schlecht. »Was soll das jetzt?«, denke ich. Er müsse mit mir reden, sagt er. »Ich muss zum Kindergarten«, antworte ich. Er: »Ich habe Zeit. Ich werde warten.«

Mir ist schlecht. In meinem Hirn dreht sich alles. Wen kann ich jetzt ganz schnell informieren? Was will der Mann von mir? Was habe ich in der Wohnung? Was könnte wen belasten? Warum kommt der? Warum?

Eine knappe Stunde später sitzen wir uns im Wohnzimmer gegenüber. Ich hätte ihn nicht hereinlassen sollen, denke ich. Warum habe ich ihn hereingebeten?

Er weist sich noch einmal aus. Ich kann nichts lesen, merke mir nicht einmal seinen Namen. Ich bin einfach zu aufgeregt. Nur, dass er ein wenig stottert, hält die Erinnerung fest.

»Sie können sich denken, weshalb ich hier bin?« – »Nein.«

»Sie haben einen Gerichtsbericht geschrieben. Die Bildzeitung hat ihn veröffentlicht.« Zum Beweis dieser Behauptung entfaltet mein Gegenüber einen Bogen Papier, ein abgezogenes Zeitungsblatt. Stimmt. Da steht er, mein Gerichtsbericht über eine Postangestellte. Sie hatte Briefe, in denen sie Geld vermutete, entwendet, geöffnet, das Geld herausgenommen und die Briefe verbrannt. Auf diese Weise war sie auch zu viel Westgeld gekommen. Der Fall war Stadtgespräch. Als die »UNION« den Bericht veröffentlichte, war sie bereits in den Morgenstunden an allen Kiosken ausverkauft. Nun steht er in »Bild«.

Tief in mir drin bin ich stolz, aber auch ehrlich überrascht und frage: »Ja, und?«

»Die Frage ist: Wer hat den Artikel dort hingeschickt?«

»Das kann jeder gewesen sein. Ich war es nicht.«

»Könnten Sie sich vorstellen, dass einer Ihrer Kollegen ...?«

»Nein. Wer sollte deswegen seinen Beruf riskieren?«

Als sich der Mitarbeiter der Bezirksbehörde endlich verabschiedet, sagt er: »Wir bleiben dran. Verlassen Sie sich darauf. Wir kriegen das heraus.«

24. September 1981

Ich komme vom Einkauf nach Hause. Ich sehe sie schon von weitem, zwei Männer in Zivil. Ich weiß sofort Bescheid. Am liebsten möchte ich fliehen. Aber dafür ist es bereits zu spät. Sie haben mich schon gesehen. Einer sagt: »Kommen Sie bitte mit!« Er öffnet die hintere Tür eines Autos, das schon bereitsteht. Ich denke: Die können mich doch nicht einfach auf der Straße verhaften. Wenn die mich jetzt mitnehmen, wird nie einer erfahren, wo ich bin.

Ich muss unbedingt noch einmal ins Haus, denke ich. Ich muss einiges verschwinden lassen aus meinem Arbeitszimmer. Ich muss Wilfried anrufen.

Wenigstens er muss Bescheid wissen. Ich bitte die Männer, noch einmal das Haus betreten zu können. Sie lächeln seltsam und gestatten es, was mich wundert. Aufgeregt schließe ich die Tür zur Wohnung auf, laufe ins Arbeitszimmer. Sie haben gründliche

Arbeit geleistet. Alles ist aufgeräumt, wie leergefegt. Da gibt es nichts mehr, was ich noch erledigen könnte. Ich will telefonieren. Das Telefon ist weg. Ich blicke mich verzweifelt in einer sterilen Wohnung um und denke: Die haben an alles gedacht. Nicht einmal ein Stück Papier finde ich, um eine Nachricht zu hinterlassen. Ich bin meiner Angst ausgeliefert. Es gibt keinen Ausweg. –

Ich werde wach, schweißgebadet. Es war nur ein Traum.

Ich stehe auf, gehe in mein Arbeitszimmer und sortiere alles aus, was besser nicht in fremde Hände geraten sollte. Dann stecke ich Biermann-Lieder, Friedenstexte und verschiedene Briefe in den Ofen. Die Angst hat mich gepackt.

2. Oktober 1981

Der Chefredakteur will eine schriftliche Stellungnahme zum Gerichtsbericht von mir. Ich tippe auf der »Erika« zwei Seiten Erklärung. Einen Durchschlag lege ich zu meinen Unterlagen. »Die Staatsanwaltschaft, mit der ich eng zusammenarbeite, hat mich über den Verhandlungstermin informiert«, tippe ich, und das hört sich für mich an wie: »Das Weib, das du mir gegeben hast ...«

10. Oktober 1981

Für die Postangestellte lautete das Urteil: acht Monate Freiheitsentzug, Schadenersatz an nachweislich Geschädigte und eine Geldstrafe von 6000 Mark.

Mir wird das Schreiben weiterer Gerichtsberichte untersagt.

12. Oktober 1981

Seit einiger Zeit nimmt Thomas Flötenunterricht. Heute sagt er mir: »Ich will nicht mehr Flöte lernen.« »Was man angefangen hat, muss man auch zu Ende bringen«, sage ich. Er entgegnet: »Ja, und heute bringe ich es zu Ende.«

Als er vom Unterricht zurückkommt, ist keine Rede mehr davon, dass er aufhören will. »Jetzt kann ich ja den Griff«, sagt er, »jetzt geht es gut.«

14. Oktober 1981

Thomas will unbedingt Zeitung lesen, bevor er zur Schule geht. Aufmerksam liest er die Überschriften auf der ersten Seite. Dann sagt er: »Stimmt's, wenn ein Atomkrieg kommt, dann steht das gleich ganz vorn in der Zeitung.« Erleichtert legt er das Blatt zur Seite. Noch findet er nicht statt, der Weltuntergang. Muss das sein, dass Kinder solchen Ängsten ausgesetzt sind? Aber wie kann ich ihn beruhigen? Auch mir macht der neue Kalte Krieg Angst. Die Aufrüstung mit Mittelstreckenraketen, Pershing II-Raketen mit nuklearen Sprengköpfen. Weltmächte im Streit. Und wir sind das Herz. Im Ernstfall werden BRD und DDR zum Schlachtfeld. Atomare Vernichtung. Aber muss man solche Ängste an die Kinder weitergeben? Ich umarme meinen Sohn. »Egal, was in unserem Leben geschieht«, sage ich. »Gott hat uns in seiner Hand. Bei ihm sind wir geborgen.«

25. Oktober 1981

Wilfried hat Karten für das Telemann-Kammerorchester bekommen. Das Konzert in der Cottbuser Stadthalle findet anlässlich des 300. Geburtstages des Komponisten statt. Ein Kammerkonzert, das ist ganz anders als die Konzerte, die wir sonst erleben. Wir sitzen sehr aufrecht in der festlichen Garderobe und klatschen nur an den dafür vorgesehenen Stellen. Auch wenn es ziemlich steif zugeht, es ist ein schöner Abend für uns.

28. Oktober 1981

Große Aufregung. Wir fahren nach Berlin. »Bummi« hat uns eingeladen!

Im Verlagshaus der Jungen Welt treffen wir auf die anderen Preisträger-Familien. Und dann lassen wir uns verwöhnen. Zuerst mit einem Essen in der HO-Gaststätte »Zenner«. »Ist das hier ein Schloss?«, fragt Michael und bestaunt die Kronleuchter an der Decke. So etwas hat er noch nie gesehen. Später bringt uns der Bus zum Pionierpalast in die Wuhlheide.

Während sich die Erwachsenen alles ansehen, basteln die Kinder Friedenstauben und erleben eine Märchenerzählerin in Aktion. Wieder im Bus gibt es Süßigkeiten und Spielzeug. Gesine hält beglückt eine Puppe im Arm, Michael drückt einen flauschigen Teddy an sich, und Thomas lässt eine Marionette tanzen. »Siehst du die lange Nase, Papa? Das ist Buratino!«

In der Märkischen Schweiz wartet ein Ferienhaus des Verlages auf uns. Die Zimmer sind eingerichtet wie in einem Interhotel. Hier müsste man mal Urlaub machen können! Am kalten Büfett gibt es alles, was es eigentlich gar nicht gibt. Gegen 20 Uhr bringen wir die Kinder zu Bett, müde, satt und glücklich. An den Türklinken hängen klitzekleine Märchenbücher – ein Gutenachtgeschenk von Bummi. Überwältigt fragt Gesine: »Ist Bummi Gott?« »Nein, aber Gott hat gemacht, dass wir eine fröhliche Familie sind. Und deshalb hat uns Bummi eingeladen.«

29. Oktober 1981

Herzen aus Mürbeteig liegen auf dem Frühstückstisch. Auf der Rückreise nach Berlin fahren Eltern und Kinder in getrennten Bussen. Die Kinder singen und spielen, die Erwachsenen nutzen die Zeit für Gespräche. Die Fahrt endet vor dem erst kürzlich eröffneten Freizeitzentrum. Während sich die Kinder im Turnsaal austoben, erleben wir eine Führung. Endlich können wir alle baden gehen. Gesine stürzt sich kopfüber in die Fluten und schluckt erst einmal Wasser, was ihren Eifer etwas dämpft. Michael geht vorsichtiger ans Werk, wird dann aber immer mutiger. Thomas springt begeistert gegen die Wellen. »Können wir nicht noch länger bleiben?«, bettelt Gesine. Und Thomas fragt beim Rieseneisbecher: »Lädt uns Bummi wieder einmal ein?«

Zu Hause wartet nicht nur Tobias, sondern auch der Alltag.

30. Oktober 1981

Kindergarten, Redaktion, Einkauf, Wäscheberge, Versammlung, angebrannte Milch, Streit im Kinderzimmer. Ja, der Alltag hat uns wieder in seinen Fängen. Ich stehe in der Küche, rühre mit einer Hand den Pudding, damit er nicht klumpt, schubse mit der anderen die Schaukel an, die im Türrahmen hängt und Tobias beglückt. Michael zupft an meinem Bein, weil er auch rühren will. Thomas kommt aufgeregt und mit Schlammschuhen herein, um mir mitzuteilen, dass sein Fahrrad keine Luft mehr hat, und aus dem Nebenzimmer kommen so seltsame Geräusche. Gießt Gesine die Blumen?

Was sind wir doch für eine glückliche, fröhliche Familie!

20. November 1981

Ein Traum der letzten Nacht beschäftigt mich:

Viele Menschen säumen die Straße. Ich höre Musik, Tanzmusik. Ein Paar kommt tanzend die Straße entlang. Ein Mann und eine Frau. In die Tanzmusik hinein mischen sich plötzlich fremde Töne. Marschmusik wird immer lauter. Das tanzende Paar kommt aus dem Tanzschritt, und obwohl es sich wehrt, gerät es in den Gleichschritt, in dem alle marschieren.

3. Dezember 1981

Ein Paket aus Wolfsburg ist gekommen. Zwei Päckchen treffen aus Wermelskirchen und Hückeswagen ein.

Auch wir wollen Verwandten und Freunden in der BRD etwas schenken. Nur was? Ich besticke Tischdecken, häkele Topflappen, backe Christbrot und Plätzchen, kaufe Baumkuchen und halte nach kunstgewerblichen Dingen Ausschau. Als Mitarbeiterin des UNION-Verlages steht mir jährlich ein Kunstdruck-Kalender zu. Mein Kollege wollte seinen Kalender nicht und hat ihn mir verkauft. Ich kann die Pakete packen. Bis zum Wochenende sollen alle Päckchen, die in den Westen gehen, bei der Post sein.

15. Dezember 1981

»Solidarnosc« ist verboten. Was so hoffnungsvoll zu keimen begann, wird mit Gewalt zertreten. Wir stellen Kerzen in die Fenster.

24. Dezember 1981

Laut klopft es gegen die Wohnungstür. »Der Weihnachtsmann!«, rufen die drei Großen wie aus einem Mund und laufen nach draußen.

Den bärtigen Gesellen bekommen sie nicht mehr zu Gesicht. Aber einen Schlitten voller Geschenke hat er dagelassen. Rote, blaue, grüne, gelbe Päckchen. Und für alle vier Kinder zusammen gibt es ein Puppenhaus mit elektrischer Beleuchtung. Sogar Tobias hat schnell den Bogen raus, wie das Licht angeknipst wird. Über zwei Jahrzehnte stand das Haus auf dem Dachboden. Jetzt kommt es wieder zu Ehren. Das Steckenpferd aus Wilfrieds Kindertagen wird gleich eingeritten. »Einen Puppenwagen habe ich nicht bekommen«, stellt Gesine sachlich fest und tröstet sich: »Macht nichts. Vielleicht ein anderes Mal.« Die Großeltern rufen zur Bescherung. Und da steht er, der heiß begehrte Puppenwagen. Während die Jungen ihre Pakete auspacken, nimmt Gesine ihre neu eingekleidete Babypuppe aus dem Wagen, sagt: »Hab ich eben noch ein Kind.« Sie will nicht glauben, dass es ihre Puppentochter Rasa ist. Thomas zieht auch sein Fazit: »Dass ich so viel geschenkt bekomme, habe ich nicht erwartet. Aber nun gebe ich es auch nicht zurück.«

31. Dezember 1981

Silvester feiern wir mit Freunden. Kurz vor Mitternacht überreden wir Achim, mit uns auf den Kirchturm zu steigen. Er hat einen Schlüssel für die Stadtkirche, weil er seit längerer Zeit mit der Bleiverglasung der Kirchenfenster zu tun hat. Kaum stehen wir oben auf der Plattform, da beginnen die Glocken unter uns laut das neue Jahr einzuläuten. Silvesterraketen schießen dicht an uns vorbei, explodieren laut in Tausende von Sternen. Wir fallen einander um den Hals und wünschen uns Gesundheit und Glück.

9. Januar 1982

Mit einem Feldstecher ausgerüstet schauen wir gespannt zum Sternenhimmel. Es ist 19 Uhr. Wir sitzen mit den Kindern im Schlafzimmer. Hier zeigen die Fenster zum Osten. Eine totale Mondfinsternis ist heute zu erleben. Ihren Höhepunkt wird sie gegen 20 Uhr erreichen. Der Mond scheint hell und wirft zauberhaftes Licht durch die Fensterscheiben. Wilfried liest die Geschichte vom kleinen Hävelmann vor. Wir singen »Der Mond ist aufgegangen« und erzählen den Kindern, wie es zu einer Mondfinsternis kommt.

Und dann sehen wir es alle. Die Erde wirft ihren Schatten auf den Mond. Immer mehr verfinstert sich dieser. Zum Schluss ist nur noch eine matte Scheibe zu erkennen. Wenige Minuten später beginnt sich die Seite des Mondes zu erhellen, die sich zuerst verfinstert hatte. Tobias ist darüber eingeschlafen. Thomas, Gesine und Michael aber flüstern noch lange miteinander. Sie haben etwas Aufregendes und Schönes erlebt, und sie haben es mit uns erlebt.

14. Januar 1982

Gesine hat ihren ersten Zahnarztbesuch hinter sich gebracht. Ganz stolz zeigt sie mir im Wartezimmer ihre Plombe: »Siehst du, Mutti, ich habe doch einen Silberzahn bekommen. Und wenn ich groß bin, dann kriege ich goldene!«

16. Februar 1982

Vor zwei Tagen versammelten sich in der Dresdner Kreuzkirche rund 5000 Jugendliche zum Friedensforum. Ich wäre gerne dabei gewesen.

Ich war nicht dabei. Stattdessen war ich bei einer CDU-Veranstaltung und erhielt die Ehrennadel der CDU, verliehen vom Hauptvorstand. Gerald Göttig hat die Urkunde unterschrieben. So richtig weiß ich gar nicht, wofür ich diese Ehrennadel erhalten habe. Vielleicht war ich einfach an der Reihe. Die Betriebsleitung gratulierte und überreichte einen Scheck.

3. April 1982

Thomas gibt mir sein Nuckelkissen. »Das kannst du wegwerfen. Ich brauche es nicht mehr.« Unser Sohn ist kein kleines Kind mehr. Nach den Hausaufgaben schwingt er sich auf das Fahrrad und fährt mit seinen Freunden um die Wette. Olaf Ludwig ist sein Vorbild.

29. April 1982

Otto Häuser, geistiger Vater des braven Schülers Ottokar, liest in der Volksbuchhandlung aus zum Teil noch unveröffentlichten

Manuskripten. Sein jüngstes Manuskript ist eine Liebeserklärung an den Beruf des Lehrers, seinen Beruf. Anschließend reden wir miteinander über die Volksbildung, über die Erziehung sozialistischer Persönlichkeiten, über Zweisprachigkeit, über die Schizophrenie zwischen Denken und Reden, zwischen Erkennen und Handeln. Es ist ein richtig gutes Gespräch. Ich erzähle ihm auch von meinem Wunsch, Geschichten zu schreiben. Als wir uns verabschieden, sagt er: »Vielen Dank für Ihre sehr neugierigen Fragen. Wenn ich wiederkomme, werde ich Sie ausfragen.«

Nichts von dem, was zur Sprache kam, werde ich in meinem Artikel über die Lesung verwenden können.

2. Mai 1982

»Ich brauche etwas zum Trösten, was Lebendiges«, sagt Thomas. Sein Großvater schenkt ihm ein kleines Kaninchen, schwarzweiß gescheckt.

Thomas verbringt viel Zeit mit seinem neuen Freund. Er streichelt das Tier und vertraut ihm manches Geheimnis an. Schnell wird das Kaninchen zutraulich.

11. Mai 1982

Thomas ist ein guter Sportler. Jetzt soll er Leistungssportler werden. In der Schule hat man ihm von Olympiaden und Goldmedaillen erzählt. Goldmedaillen, ja, die will er auch. Wir wollen nicht, dass er dreimal die Woche hart trainiert, später sogar fünfmal in der Woche, um vielleicht einmal für den Staat Medaillen zu erkämpfen. Wir geben unsere Einwilligung nicht. Thomas weint bitterlich und verkriecht sich in seinem Bett. Als ich ihn trösten will, schluchzt er: »Immer verbietet ihr mir alles!«

8. Juni 1982

Gesine schlingt am Morgen ihre Arme um meinen Hals und sagt: »Mutti, weißt du noch? Im vorigen Jahr bin ich früh zu dir ins Bett gekommen, und du hast zu mir gesagt: Nun bist du schon vier Jahre alt, meine Tochter!« »Stimmt«, sage ich. »Und jetzt wirst du schon fünf!« Später unterhalten sich die Zwillinge über ihren Geburtstag. Gesine: »Wir stehen nicht so schnell auf. Wir warten erst noch eine Minute. Dann stehen wir auf. Nein, wir warten besser zwei Minuten. Und dann gehen wir ins Kinderzimmer.« Michael: »Ja, und dann freuen wir uns ganz doll.«

Großvater sagt am Frühstückstisch: »Wie ist es denn möglich, dass ihr alle beide Geburtstag habt?« Michael: »Na, wir sind doch Zwillinge.« Und Gesine belehrend: »Es gibt auch Drillinge, Vierlinge, Fünflinge, Sechslinge und Siebenlinge und Achtlinge.« »Ja, und ich kriege mal Hundertlinge«, kündigt Michael aufgeregt an. Das ist zu viel für Gesine. Sie empört sich: »Die passen doch gar nicht ins Haus. Wie sollen die denn ins Haus gehen?« Michael schlagfertig: »Na, hintereinander!«

17. Juni 1982

Es ist verrückt. In diesem Jahr wollten wir unbedingt einen Urlaubsplatz für die Familie haben. Wilfried beantragte bei der Betriebsgewerkschaftsleitung der HO einen Ferienplatz für kinderreiche Familien, und ich bemühte mich um den Verlags-Bungalow. Und jetzt haben wir beides. Den Bungalow in Sebnitz und einen FDGB-Platz in Neuglobsow. Zum Glück nicht zeitgleich. Nach Sebnitz werden wir ohne Tobias fahren, nach Neuglobsow aber können wir ihn mitnehmen.

23. Juni 1982

Thomas' Kaninchen ist gestorben, ganz plötzlich. Zuerst war Thomas untröstlich. Nun aber hat er eine neue Leidenschaft: Pferde. Er will Kunstreiten lernen und fährt dafür einmal wöchentlich mit dem Bus in ein benachbartes Dorf. Er striegelt die großen Tiere und hilft beim Stallausmisten. Und wenn er nach Hause kommt, riecht die Wohnung nach Pferdestall.

2. Juli 1982

Thomas legt uns sein erstes Zeugnis vor. Nur Einsen und Zweien. Er hat ein Lob erhalten, weil er zu den fleißigsten Altstoffsammlern seiner Klasse gehört. Außerdem zeigt er uns eine Urkunde. Er hat sie »für gutes Lernen in der sozialistischen Schule« bekommen. Die Schultasche stellt er in die Ecke. Jetzt sind Ferien. »Wir wollen auch Ferien haben«, sagen die Zwillinge. Ich verspreche: »Bekommt ihr. Wir machen jetzt alle große Ferien.«

6. Juli 1982

Von wegen Bungalow. Wir sind in Sebnitz und begeistert. Ein richtig tolles Ferienhaus ist das. Mit Loggia. Und viel Wiese gehört dazu.

Die Kinder laufen gleich zu den Schafen des Nachbargrundstücks. Eine Katze gibt es auch. Vergessen sind die Strapazen der Bahnfahrt. Endlich Urlaub.

8. Juli 1982

An manchen Tagen wandern wir viele Kilometer durch die Sächsische Schweiz. Heute wollen wir bis zum »Kuhstall«. Und das zu Fuß. Nach einigen Kilometern brauchen die Kinder moralische Unterstützung. »Hört ihr die Vögel zwitschern? Wer im Auto sitzt, hört sie nicht. Der riecht auch nicht die Waldluft, der fährt einfach so am schönen Fingerhut vorbei. Wandern macht die Beine stark.«

Endlich kommen wir an. Durstig. Hungrig. Vor dem Selbstbedienungstrakt steht eine lange Menschenschlange. Bekleckerte Tische, kaputte Stühle, überfüllte Abfalleimer und viele, viele Touristen. Im Wald haben wir kaum einen Urlauber gesehen. Wo kommen die auf einmal alle her? Wilfried bringt Nudeleintopf. Dicke Fettaugen gucken uns aus lauwarmer Brühe an. Die Kinder essen kaum. Schade um das Geld. Weiter zum Lichtenhainer Wasserfall, der etwas ganz Besonderes sein soll. Es stellt sich heraus: Der Weg dorthin war das Beste. Wir sind erschöpft. Ob nach Bad Schandau oder nach Sebnitz, ein Dutzend Kilometer liegen so oder so vor uns. Zum Glück fährt die Kirnitzschtalbahn bis Bad Schandau. Kaum eingestiegen, schlafen die Zwillinge fest ein. Unser Kleingeld reicht nicht für die Fahrt. 25 Pfennige fehlen. Den Hunderter kann die Schaffnerin nicht wechseln. Sie macht einen peinlichen

Aufstand. Alle Leute sehen mit einem Was-die-können-nicht-zahlen-Gesicht zu uns herüber. Endlich erbarmt sich ein Mitreisender und schenkt uns das fehlende Geld.

10. Juli 1982

Der Holztisch vor dem Haus ist gedeckt. Wir halten uns an den Händen und singen ein Dankgebet. Der Nachbar kommt mit einem Eimer roter Kirschen. »Nehmen Sie! Sie können ja nicht wissen, wie sehr es mich freut, dass es noch solche Familien unter uns gibt. Gott sei mit Ihnen«, sagt er und ist schon wieder hinter der Hecke verschwunden.

13. Juli 1982

Thomas hat einen Wunsch: Er will mit uns auf die Festung Königstein. Auch die Zwillinge sind begeistert. Mir werden auf der Festung die Knie weich. Ich möchte drei Hände haben, um die drei Kinder krampfhaft festzuhalten. Meine Furcht ist lächerlich, aber ich kann nicht dagegen an. Höhenangst. Seit ich Kinder habe, fürchte ich mich vor Abgründen. Thomas setzt sich wie Münchhausen auf eine Kanonenkugel und will wissen, wie weit eine solche Kugel fliegen kann. Dann will er unbedingt die Armeeausstellung sehen. Auch die Zwillinge wollen nichts auslassen. Ich bleibe auf der Wiese sitzen, will im Urlaub nichts vom Krieg wissen. Solche Ausstellungen sollten boykottiert werden. Seltsam, neben mir sitzen (boykottieren) viele andere Frauen. Die Männer aber bleiben lange, lange in den Ausstellungsräumen. Welch ein Interesse an Vernichtungswerkzeugen. Oder ist es die Liebe zur technischen Perfektion?

13. August 1982

Manche können eben nie genug kriegen. Schon wieder genießen wir Urlaubsfreuden. Für Tobias ist es der erste Urlaub seines Lebens. Im Bettenhaus »Rheinsberg« beziehen wir zwei Dreibettzimmer. Zum Urlauberrestaurant »Stechlin« sind es nur wenige Minuten Fußweg. Die Dorfkirche bietet Urlaubsbetreuung an. Die

Gubener Jugendband »Sonne und Schild« lädt für Sonntag zum Paulus-Oratorium ein. Das werden wir uns nicht entgehen lassen.

16. August 1982

Der Stechlinsee ist einmalig klar. Wilfried rudert mit den drei Großen hinaus. Tobias und ich schauen vom Strand aus zu. Wir haben ungeteilt Zeit füreinander und genießen es. Später wandern wir alle zum Fenchelberg. Ich stimme ein Lied an: »Nun wollen wir singen das Abendlied ...« Michael unterbricht mich: »Sing leise, Mutti, damit es der Abend nicht hört. Sonst kommt er so zeitig.«

In der Nacht platzt der Himmel. Regen prasselt gegen die Fenster.

17. August 1982

Die Wolken wollen nicht weichen. Wilfried will Zeichenblöcke kaufen. Es gibt nicht einmal Schreibpapier. Bleibt nur der Märchenfilm im Klubraum.

18. August 1982

Schon vor dem Frühstück stellt sich Wilfried beim Fahrradverleih an und erwischt die letzten zwei. Wir radeln nach Rheinsberg. 17 Kilometer. Die Stadt enttäuscht uns. Der Putz fällt von den Häusern, kaputte Dächer, morsche Zäune. Gepflegt ist einzig der Schlosspark. Steriles Grün im Grau zerfallener Häuser.

19. August 1982

Wieder regnet es. »Da werden wir aber wachsen«, versuche ich es mit einem Scherz. Doch die Kinder haben mit dem Wetter gar keine Probleme. Plötzlich reißt der Himmel auf, die Sonne kämpft sich durch. »Da müsste man doch einen Regenbogen sehen«, sagt Thomas. Und richtig: Vor der dunklen Wolkenwand schlägt er seinen großen Bogen. Gesine erklärt uns: »Das ist Gottes Zeichen.« »Ja«, ergänzt ihr Zwillingsbruder: »Gott hat den Regenbogen an den Himmel gezeichnet.«

23. August 1982

Gestern war Gottesdienst, heute zieht es die Kinder schon wieder in die Dorfkirche. Hier liegen Bücher aus, hier gibt es Buntstifte und Zeichenblätter. Jeder ist willkommen, auch zu den Abendandachten. Heute geht es um Schwangerschaftsabbruch. Es werden Lichtbilder gezeigt, die ich besser nicht gesehen hätte. Denn jetzt bekomme ich sie nicht mehr aus meinem Kopf heraus, die Bilder von zerstückelten Menschen in Abfalleimern.

25. August 1982

Noch einmal gehen wir all die schönen Wege. Noch einmal stehen wir am Stechlinsee, bücken uns nach blanken Kieseln. Aber nur Wilfried vermag es, sie auf dem Wasser hüpfen zu lassen.
Ich frage Michael: »Was hat dir im Urlaub am besten gefallen?«
Michael: »Die Mutti.«

1. September 1982

Michael schafft es, mit einem Strohhalm Seifenblasen herzustellen. Wenn er ganz vorsichtig in das Glas mit Seifenlauge bläst, werden sie groß und schillern bunt wie ein Regenbogen. Vorsichtig steigt er die Treppe hinauf. Er will seinem Großvater eine wunderschöne Seifenblase zum Geburtstag schenken. »Sei vorsichtig, damit sie nicht kaputtgeht!«

5. September 1982

»Bemalt wird nur Papier, das ich euch gebe«, sage ich beinahe täglich aufs Neue. Und doch findet sich manchmal ein Kritzelkringel auf dem gerade fertig gestellten Manuskript. Ein freundlicher Gruß aus dem Kinderzimmer.

10. September 1982

Wilfrieds Mutter ist nach Wolfsburg gezogen. Heute heiratet sie. Wir wären gern dabei gewesen. Wenn wenigstens Wilfried die

Genehmigung bekommen hätte. Aber sein Antrag wurde abgelehnt. »Wir müssen das nicht begründen«, hieß es auf dem Volkspolizeikreisamt lapidar. Und der CDU-Kreissekretär äußerte mir gegenüber, man habe sich bei ihm nach meinem Ehemann erkundigt. Er habe leider nicht viel sagen können. »Wäre Ihr Mann Mitglied bei uns, hätten wir ein gutes Wort einlegen können. Aber so ... Manchmal ist unser Wort ausschlaggebend dafür, wohin das Zünglein an der Waage ausschlägt. Ihr Mann sollte sich zur Parteimitgliedschaft entschließen. Dann kann er vielleicht auch einmal seine Mutter besuchen. Machen Sie ihm das klar.« Als ich Wilfried davon erzähle, sagt er nur: »Da verzichte ich doch lieber darauf, in den Westen zu fahren.«

16. September 1982

Gesine schenkt mir ein Bild. Sie hat mich wie eine Sonne gemalt mit Armen und Beinen und einem lachenden Gesicht. Die restlichen Sonnenstrahlen hat sie gelb gemalt und auf Haarlänge gekürzt. Ebenso erscheint Gott auf ihren Bildern: Ein riesiger freundlicher Kopffüßer mit goldenem Strahlenkranz.

10. Oktober 1982

Im Ehekreis geht es heute lyrisch zu. Wir haben bei einem gemeinsamen Spaziergang buntes Laub gesammelt, Hagebutten gepflückt und Kastanien gesucht. Jetzt sitzen wir in Siegfrieds Wohnzimmer und suchen nach Worten. Die meisten reimen lustig Blätter auf Wetter, andere geben sich philosophisch. Verse zum Thema Herbst. Später lesen wir uns die literarischen Versuche gegenseitig vor. Helga findet den Herbst für ihren »Hausbau gar nicht fein. Ach, könnt' doch noch ein Weilchen Sommer sein.« Achim ist kein Mann vieler Worte. Er hat nur einen Satz formuliert: »Der Herbst birgt neues Leben in seiner Pracht des Verwelkens.«

15. Oktober 1982

Billy Graham evangelisiert in der DDR! Seit gestern. In der Görlitzer Dreifaltigkeitskirche findet in drei Tagen eine Veranstaltung mit dem »Maschinengewehr Gottes« statt. Billy Graham – ich will ihn unbedingt erleben, hören, was er zu sagen hat. Um mir endlich ein eigenes Urteil erlauben zu können. Gehört und gelesen habe ich viel. Matthias und Dagmar vom Ehekreis kommen auch mit.

18. Oktober 1982

Mit dem ersten Zug sind wir nach Görlitz gefahren, obwohl die gottesdienstliche Veranstaltung erst um 19.30 Uhr losgeht. Aber wir wollen unbedingt Platz finden in der Kirche. Andere wollen das auch. Bereits gegen Mittag finden sich die ersten Leute vor der Kirche am Leninplatz ein. Und dann werden es immer mehr. Schnell reihen wir uns ein, lassen geduldig Stunde um Stunde vergehen. Bald stehen Hunderte auf dem Bürgersteig vor dem Eingang der Kirche. Ein Volkspolizist marschiert dicht an uns vorbei, tippt jeden, der auch nur einen Fuß auf der Straße hat, mit dem Schlagstock an und sagt streng: »Verlassen Sie sofort die Straße, sonst lasse ich hier alles wegen Verkehrsbehinderung räumen.« Die wartende Menge ist sehr diszipliniert. Wir unterhalten uns leise, schauen immer wieder einmal auf die Uhr. Endlich öffnet sich das Kirchenportal.

Die Veranstaltung wird in mehrere Kirchen übertragen. Billy Graham in der DDR! Wir erleben ihn von Angesicht zu Angesicht, erleben eine Veranstaltung mit viel Musik, viel Gesang, viel Gebet und der guten Nachricht, die der Prediger in einfache Worte kleidet. Mir wird wichtig, was auf den Einladungsplakaten steht: »Wenn Sie Ihr Leben Jesus Christus ausliefern, wird sich Ihr gesamtes Denken ändern, Ihr Herz, Ihre Einstellung zum Leben und zu den Menschen.«

28. Oktober 1982

Achim ist verunglückt. Auf der Baustelle seines Einfamilienhauses. Er ist sechs Meter in die Tiefe gestürzt und sehr unglücklich gefallen. Helga hat ihn gefunden, als sie am Nachmittag Kaffee auf die Baustelle brachte. Jetzt liegt Achim auf der Intensivstation. Ich weiß keine Worte für Helga und die beiden Kinder. Wir liegen uns in den Armen und weinen. Wir beten miteinander, aber wir wissen angesichts der schweren Verletzungen nicht, was wir beten sollen.

29. Oktober 1982

Achim ist tot. Ich fasse es nicht. Ich fühle seinen Händedruck, fühle die rissige Hornhaut seiner Handfläche. Hat Achim mir nicht eben erst mit freundlichen Worten zum Geburtstag gratuliert? Ich fühle, wie er mich umarmt und Gottes Segen wünscht. Silvester auf dem Kirchturm. Mir fällt der Satz ein, den Achim bei unserem letzten Ehekreistreff formuliert hat:

»Der Herbst birgt neues Leben in seiner Pracht des Verwelkens.« Plötzlich bekommen diese Worte eine ganz andere Bedeutung.

13. November 1982

Es läuft wieder die Friedensdekade. »Angst – Vertrauen – Frieden« heißt das Motto. Es ist viel Angst. Es ist wenig Vertrauen. Es ist kein Frieden. Einer müsste anfangen mit dem Vertrauen. Den ersten Schritt tun. Nicht mehr mitmachen im Rüstungswettlauf.

14. Dezember 1982

Ein Paket ist beim Postamt abzuholen. Weil es beschädigt ist, kann es nicht geliefert werden, steht auf der Karte. Man muss blind sein, um es zu übersehen. Es ist nicht einfach beschädigt. Es ist geöffnet worden. Natürlich. Kein Paket bleibt ungeöffnet. Was mich aber wundert: Das Paket trägt eine total verkehrte Anschrift und ist dennoch bei mir angekommen.

Freunde aus Kiel sammeln gebrauchte Kinderbekleidung, packen Pakete, schicken sie in den Osten. Nicht nur zu uns. Sie versorgen mehrere Familien. Da kann es schon einmal vorkommen, dass Namen und Adressen durcheinander kommen. Der Wohnort in unserer Adresse stimmt nicht. So recht kann ich mich über dieses Paket nicht freuen. Es hat uns erreicht. Wieso?

Thomas, Gesine, Michael und Tobias stehen in der Küche und staunen. Die Pute ist so groß, dass sie nicht in die Röhre passt. Thomas möchte am liebsten von der Keule kosten, aber den Braten gibt es erst morgen. Ab in die Betten, Kinder, und noch etwas geschlafen, bevor wir alle zur Christvesper gehen. Wilfried versucht, sie mit einem Weihnachtslied zu beruhigen. Ich putze den Baum im Wohnzimmer und stapele die Geschenke. Ach, es ist noch so vieles zu erledigen.

Die vergangenen Tage waren hektisch und anstrengend. In der Redaktion wurde hart gearbeitet. Und wenn ich abends zu Hause war, ging es in die »zweite Schicht«: kochen, backen, Geschenke einpacken, Pakete abschicken, Kartengrüße schreiben. Wilfried hat für saubere Fenster und gewischte Stuben gesorgt. Beim Aufräumen aber, da kamen wir uns beide vor wie Sisyphos. Es ist einfach kein Fertigwerden!

Jetzt noch die Weihnachtsstube. Der Baum steht, die Geschenke liegen bereit. Ein kleiner Naschmarkt ist in einer Zimmerecke aufgebaut.

Inzwischen sollten die Kinder längst wieder aufgestanden und angezogen sein. Ausgerechnet heute schlafen sie länger. Schnell, schnell, die Zeit wird knapp!

Nur noch die Schuhe anziehen, erst Gesine, dann Michael. Gesine hat ihre schon wieder ausgezogen, sie will es alleine machen. Das dauert. Vier Schals, vier Mützen, acht Handschuhe. Los geht's! Schnell, schnell, wir wollen doch nicht zu spät kommen!

Da kracht und klirrt es im Wohnzimmer. Nein, das ist nicht der Weihnachtsmann. Das ist der Weihnachtsbaum. Wilfried geht mit den Kindern schon einmal in Richtung Gemeindehaus. Ich versuche im Wohnzimmer zu retten, was zu retten ist, eile dann den anderen hinterher.

Atemlos betrete ich den Gottesdienstsaal. Wilfried schiebt die drei Großen durch die Stuhlreihen, Tobias hält er auf dem Arm. »An einem solchen Tag kommt man nicht zu spät«, sagt jemand vorwurfsvoll. Vom Harmonium erklingt das Präludium. Mir laufen Tränen über das Gesicht. Unaufhaltsam.

2. Januar 1983

Das Jahr fängt gut an. Wir haben einen Ferienscheck bekommen. Vom 18. bis zum 31. August können wir als Familie im Ferienobjekt der VOB Union »Rangsdorfer Forst« Urlaub machen. Uns wird ein Bungalow erwarten, komplett ausgestattet, drei Zimmer mit je zwei Betten und je einer Waschgelegenheit, fließendes warmes und kaltes Wasser, ein Aufenthaltsraum, eine Küche, Innen-WC, Bettwäsche, Geschirrtücher, Campingmöbel – alles ist vorhanden. Und wir als kinderreiche Familie zahlen 3 Mark pro Tag! Insgesamt also 39 Mark! Versorgen müssen wir uns allerdings selbst.

2. Februar 1983

Thomas und Gesine üben ein Flötenstück ein. Michael haben wir bisher noch nicht für ein Instrument begeistern können. Er bastelt lieber.

27. Februar 1983

Seit vergangenem Jahr nimmt Thomas am Bibelunterricht teil. Er ist der Jüngste, aber mit großem Eifer und sehr viel Ernst bei der Sache. An diesem Wochenende ist er mit der Bibelgruppe nach Berlin gefahren, um das Pergamon-Museum zu besuchen. Vorher musste ich ihn wieder mit Teersalbe behandeln. Sein Ekzem blüht.

2. März 1983

Unermüdlich schaffen vier Künstler unter unserem Dach mit Pinsel und Farbe, mit Buntstiften und Wachs. Die glatten Möbelwände in der Küche sind längst beklebt mit ihren Werken. An den Wänden im Kinderzimmer hängen gerahmte Bilder. Alles in allem zu wenig Fläche!

Ich ziehe eine Wäscheleine zwischen Küchenherd und Kühlschrank, Fenster und Tür, hole die Wäscheklammern. Wir suchen gemeinsam aus, welche Bilder eine Woche lang in unserer Küchengalerie ausgestellt werden. Dann laden wir die Großeltern zur Vernissage ein. Sie kommen und staunen.

14. März 1983

Tobias will mit mir spazieren gehen. Wohin? »Gehen wir hier entlang«, sage ich und wende mich nach rechts. Tobias protestiert. Er will nach links. Kein Problem. Der Weg ist das Ziel, denke ich, und lenke ein. Jetzt will mein Sohn aber nach rechts. Mir doch egal, gehen wir eben nach rechts. Tobias schreit. Wieder will er in die andere Richtung, und weil ich wieder nachgebe, wird er immer wütender. Endlich begreife ich, was er wirklich will. Das Hin und Her, von ihm selber inszeniert, macht ihn wütend. Er hat seinen Willen entdeckt, und er will Grenzen gesetzt bekommen. So seltsam es sich anhören mag: Er will ganz einfach, dass ich ihm sage, wo es langgeht. Auch das kann er haben.

22. März 1983

Wilfrieds Mutter hat wieder ein Paket geschickt. Die Schokolade habe ich versteckt. Es muss ja nicht gleich alles auf einmal genascht werden. Ärger, dass der vakuumverpackte Kaffee durchstochen ist. Das hat doch mit normalen Kontrollen nichts mehr zu tun. Ich glaube eher, das ist Schikane oder ein Zeichen von Neid oder Frust. Dabei will ich mir abgewöhnen, mich darüber zu ärgern. Schließlich will uns Großmutter mit den Paketen erfreuen.

Neulich habe ich mich aber doch sehr geärgert, als ich ein Westpaket auspackte. Das Buch »Kreise schlagen« von Ulrich Schaffer war konfisziert worden. Es stehe auf der Liste der verbotenen Gegenstände, hieß es zur Begründung. Das hat mich erst recht neugierig gemacht. Ich habe mir das Buch bei Freunden ausgeliehen und beim Lesen überlegt, welcher Text unter dem Kontrollblick anstößig war. Ich vermute, es waren diese Worte:

grenzen

1
immer wieder tritt der rand uns so nah
bietet sich die abgrenzung uns an:
hier und dort einen strich zu machen
ein ende zu setzen
eine grenze zu ziehen und zu sagen:
bis hierher und nicht weiter

mit diesen grenzen ließe sich leichter leben
denn dann gäbe es ein innerhalb
und ein außerhalb
dann wären die fronten klar

dann brauchten wir uns nicht
jede minute jeden tag
neu zu entscheiden
immer wieder neu überlegen
wie was und wer wo und warum
dann wäre es einfach
dann könnten wir menschen und dinge
situationen und umstände einfach etikettieren
dann wäre alles glasklar
dann hätte man ruhe

dann würde alles in zwei welten zerfallen:
hier die christen da die nichtchristen
hier ich und da der andere
hier die sucher und da die spießbürger
hier weiß da schwarz
dann wäre das leben ein einfacher western
mit guten und bösen
dann könnte rücksichtslos der gleiche maßstab
auf alle menschen angelegt werden
dann würde für uns entschieden
dann brauchten wir nicht mehr denken

2

manchmal ziehen wir die grenze
schließen ein und aus
und merken plötzlich
dass der feind
das was uns zerstört
innerhalb unserer grenzen ist

wie wir es nicht mehr los werden
und drinnen alles stirbt

3

gute grenzen
garantieren
sicherheit
vor dem
leben

und oft tod
unserer umwelt

Ja, »gute Grenzen garantieren Sicherheit vor dem Leben«. Die DDR bietet genau diese Sicherheit. Und kassiert dafür Freiheit.

5. April 1983

Ein Kollege erzählt mir von Aktivitäten einer Untergrundbewegung. Er tut geheimnisvoll, sagt: »Das bleibt doch aber unter uns.« Er spricht von einer Gruppe junger Leute, die Reformen wollen, die den Sozialismus demokratisieren wollen, die heimlich Flugblätter drucken. Ich frage mich, weshalb er mir das erzählt. Ist er auf mich angesetzt? Will er mich provozieren? Prüfen? Wenn diese Geschichte wahr ist, sollte er sie für sich behalten, denke ich und lasse das Gehörte in die Gehirnschublade mit der Aufschrift »Vergiss es!« fallen.

9. April 1983

Samstagmorgen. Endlich ausschlafen. Wie rücksichtsvoll heute die Kinder sind! Keines springt uns auf den Bäuchen herum. Keines schlüpft unter die Decke, um uns zu kitzeln. Keines schiebt gnadenlos unsere Augenlider hoch, um zu sehen, ob wir denn nicht schon wach sind. Diese himmlische Ruhe! Obwohl – es wäre ja eigentlich schön, wenn sie jetzt alle kämen, um mit uns zu schmusen und zu toben. Gibt es etwas Schöneres als vier fröhliche Kinder, die sich die Ehebetten zum Spielplatz erkoren haben und die beiden wenn auch noch verschlafenen Riesen darin zu ihren besten Spielgefährten?

Diese Ruhe!? Es kichert verräterisch vor der Tür. Wir stehen wohl besser auf. Im Hausflur, erst vor wenigen Wochen renoviert, überraschen uns an den Wänden Gespenster, Gespenster, Gespenster – gruselige, furchtbare, Schrecken erregende Bleistiftgespenster auf weißer Tapete, Kreidegespenster auf dem Ölsockel. Und hinter der Kellertür hocken Thomas, Gesine, Michael und Tobias und heulen auf, dass einem die Gänsehaut kommen könnte.

Ich bin entsetzt. Die nagelneue Tapete. »Kinder, Kinder! Worauf wird gemalt? Auf Papier, das ich euch gebe! Hoffentlich geht das wieder ab!«

Samstagvormittag. Die Kinder sind mit Radiergummis und feuchten Lappen ausgerüstet. Kein Problem für den Ölsockel. Aber die Tapete verträgt das Radieren schlecht. Die Gespenster hinterlassen ihre Spuren bis zur nächsten Renovierung.

»Wir wollten doch nur, dass ihr euch richtig gruselt«, erklärt Thomas traurig. »Ihr solltet euch ganz doll erschrecken«, ergänzt Michael.

Da tut es mir Leid, so dumm reagiert zu haben. Was wäre Schlimmes passiert, wenn wir Erwachsenen den Spaß verstanden und mitgemacht hätten?

Wir hätten ein Gespensterfest feiern können, mit Bettlakengewändern und Gruselgeschichten. Diese Chance ist verpasst. Schade.

2. Juni 1983

Nach Feierabend sitzen mein Kollege und ich noch bei einem Bier zusammen. Er sagt, er müsse sich bei mir entschuldigen. »Erinnerst du dich an die Geschichte, die ich dir einmal erzählt habe? Sie war erfunden. Ich musste herausbekommen, wer in meinem Bekanntenkreis spitzelt. Jetzt weiß ich, dass du es nicht bist. Und inzwischen weiß ich, wer es ist.«

Er habe jedem, den er in Verdacht hatte, also jedem, mit dem er irgendwie zu tun hat, etwas erzählt, was den Staatssicherheitsdienst interessieren würde. Eine dieser Geschichten sei ihm jetzt auf die Füße gefallen. »Ich habe dir eine Falle gestellt«, sagt er. »Entschuldige. Ich wusste mir nicht anders zu helfen.«

14. Juni 1983

Gesine ist auf einen Baum geklettert. Müde, hungrig und durchgeschwitzt kommen wir vom Waldausflug zurück. »Schnell waschen, essen, Zähne putzen und ab ins Bett«, rufe ich. Aber unsere Tochter besteht darauf, erst noch malen zu müssen. Nichts kann sie davon abbringen, die Wasserfarben hervorzuholen. Und dann malt sie einen großen Baum mit vielen Ästen und sich selbst lachend in die Spitze des Baumes. So hoch ist sie heute geklettert!

23. Juni 1983

Jeder Zeitungsartikel über das kirchliche Leben muss dem CDU-Bezirksvorsitzenden D. zur Zensur vorgelegt werden. Das ärgert mich. Und noch mehr ärgert es mich, wenn D. dann mit seinem roten Kugelschreiber mein Deutsch in seine Funktionärssprache übersetzt. Aber ich bin machtlos dagegen. Als er heute wieder einmal kaum etwas übrig ließ von meinem Text, habe ich nur gesagt: »Streichen Sie meinen Namen und setzen Sie Ihren drunter.« Es macht mich so wütend.

25. Juni 1983

Für unsere Jugendgruppe beginnt die Sommerpause. Danach werde ich nicht mehr Jugendleiterin sein. Fast zwei Jahrzehnte habe ich diese Arbeit getan. Sie war mir immer wichtig. Jetzt reiche ich den Stab weiter, in jüngere Hände. Ich will mich in der Gemeinde mehr auf den Ehekreis konzentrieren.

3. Juli 1983

Einmal pro Woche treffen wir uns mit unseren Freunden zum Reden und Beten. Hinterher wissen wir nicht immer eine Lösung für Konflikte, aber wir sind getröstet, ermutigt und gestärkt. »Es ist und bleibt die revolutionärste Tat, immer laut zu sagen, was ist.« Rosa Luxemburg hat sich mit diesem Zitat eines Zitats von Lasalle bedient. Das laute Sagen, es beginnt leise. Im engsten Freundeskreis beginnt es.

13. Juli 1983

Wilfried und ich kommen spät nach Hause. Mitternacht ist längst vorüber, als wir endlich in den Betten liegen. Vieles geht mir durch den Sinn. Ich kann nicht gleich einschlafen. Plötzlich höre ich durch die geöffnete Balkontür Stimmen. Da ist offensichtlich jemand in unserem Garten. Das sind doch Kinderstimmen! Das sind ja unsere Kinder! Was geht denn hier ab? Ich stürze auf den Balkon, sehe die vier mit Taschenlampen bewaffnet im Gänsemarsch durch den Garten gehen. »Jetzt aber ab in die Betten!«, rufe ich vom Balkon. Die Kinder knipsen erschreckt die Taschenlampen aus und sind mucksmäuschenstill. »Na, werdet ihr wohl hochkommen!«, sage ich einen Zahn schärfer. Schweigende Kehrtwendung. Unser Quartett tippelt ins Haus. Als die Kinder die Treppe hochkommen, höre ich sie reden. »So ein Mist!« – »Schade!« – »Nun war alles umsonst.« Ich entscheide energisch: »Jetzt wird geschlafen. Wir reden morgen darüber!«

Die Häupter gesenkt, mit hängenden Schultern verschwinden die vier in ihrem Schlafzimmer.

14. Juli 1983

»Wir wollten doch nur sehen, wie die lieben Tiere in der Nacht schlafen«, erzählen mir die Zwillinge am nächsten Tag. »Und wir haben uns extra gegenseitig wachgehalten, weil ihr so spät nach Hause gekommen seid. Wir hatten uns das so schön ausgedacht.« Jetzt schäme ich mich. Warum habe ich denn gleich geschimpft? Warum habe ich ihnen dieses besondere Erlebnis nicht gegönnt? Wie oft habe ich den Kindern das Buch vorgelesen »Guten Morgen, liebe Tiere, wie habt ihr denn geruht?« In der letzten Nacht wollten sie erkunden, wie das aussieht, wenn nachts die Hühner auf der Stange sitzen und sich die Kaninchen im Stroh kuscheln. Und ich habe ihnen das verdorben, weil ich zu schnell und falsch auf ihren nächtlichen Ausflug reagiert habe, weil ich nur daran dachte, was wohl die Leute denken, wenn unsere Kinder nach Mitternacht im Garten herumlaufen. Ich sollte meine Entscheidungen nicht davon abhängig machen.

18. August 1983

Wir fahren mit den Kindern per Bahn nach Rangsdorf. Meine Eltern bringen uns im Trabi das Gepäck zum Ferienobjekt. Das »Gutenberghaus« erwartet uns. Nur wenige Schritte sind es zum See und zum Wald. Hier werden wir uns gut erholen.

20. August 1983

Die Kinder haben dem Hügel hinter der Bungalowsiedlung einen Namen gegeben: Bollerberg. Dort spielen sie Indianer und Naturforscher. Oft wandern wir gemeinsam. Leider lockt der See nicht zum Baden. Das Wasser ist grün und stinkt nach Mist. Wer baden geht, muss sich hinterher lange duschen. Und gerade in diesem Jahr haben wir einen heißen Sommer.

21. August 1983

In der Kirche wird ein Kind getauft. Wir hören die Geschichte vom königlichen Finanzverwalter, der durch das Wort zum Glauben kommt und sich von Philippus taufen lässt. Nach dem Gottesdienst stellt Thomas zufrieden fest: »Ich bin ja auch getauft.« Als ich das verneine, sagt er: »Schade. Ich will aber getauft sein. Dann lasse ich mich eben taufen.« Thomas ist noch keine acht Jahre alt. Kann er da schon eine solche Entscheidung treffen? Ich sage nur: »Das ist schön, da freue ich mich.«

5. September 1983

Seit dem Urlaub in Rangsdorf gibt Thomas keine Ruhe mehr. Immer wieder hakt er nach: »Wann kann ich getauft werden? Gibt es da eine Altersgrenze?« »Nein«, sage ich und erkläre ihm, dass über seinen Wunsch erst einmal im Gemeinderat gesprochen werden muss, dass er in einer Gemeindestunde seinen Glauben zu bezeugen hat und dass dann die Gemeinde entscheidet. Thomas bittet: »Sagst du es im Gemeinderat?« Das verspreche ich. Er umarmt mich glücklich: »Du bist meine allerbeste Mutti!«

14. September 1983

Zum 10. Hochzeitstag schenken wir uns goldene Ringe. Endlich gab es welche zu kaufen, ohne dass man Gold abgeben musste. Wir setzen uns die Ringe gegenseitig auf und versprechen einander Treue. Eigentlich keine schlechte Idee, den Ehevertrag alle zehn Jahre zu erneuern. Aus Gewohnheit möchte ich nicht verheiratet sein.

16. Oktober 1983

Thomas bleibt bei seiner Entscheidung. Als er vor der Gemeinde gefragt wird, weshalb er sich taufen lassen will, ist sein Zeugnis eindeutig: »Weil ich zu Gott gehören will. Ich will ein Christ sein.«

23. Oktober 1983

Beim Schulausscheid Junger Talente hat sich Gesine mit ihrem Flötenspiel zum Kreisausscheid qualifiziert. Während sie ihr Stück fehlerfrei spielt, halte ich die Luft an. Wahrscheinlich bin ich aufgeregter als sie.

4. Dezember 1983

Thomas wird getauft. Auch für seine Geschwister ist das ein wichtiger Tag. Gesine malt ein Bild. Gott schwebt vom Himmel herab zu denen, die sich taufen lassen. Unter ihnen ein kleiner Junge mit Indianerfedern im Haar. Thomas. Wir schenken unserem Erstgeborenen eine Schweizer Schulbibel. Beim Kaffee am Nachmittag ist Thomas ungewöhnlich still. Abends im Bett bricht es aus ihm heraus: »Heute war der schönste Tag in meinem Leben. Ich bin ganz froh. In mir ist so viel Freude. Es ist gar kein Platz mehr da für eine Traurigkeit oder Angst. Ich kann das gar nicht sagen, wie froh ich bin. Ich bin so froh, dass ich am liebsten an die Decke springen möchte.«

Gesine, sechs Jahre alt, hat ebenfalls etwas Wichtiges zu sagen: »Ich gehe jetzt immer in den Gottesdienst und in den Kindergottesdienst, weil ich auch getauft werden möchte. Und da muss ich noch ganz viel von Jesus lernen.« Ich erkläre ihr: »Du musst nur wissen, dass dich Jesus lieb hat.« Gesine strahlt: »Das weiß ich ja schon lange. Aber taufen lassen will ich mich erst, wenn ich groß bin. Wenn ich zehn Jahre alt bin. Dann bin ich ja schon sehr groß.« Sie stellt fest: »Nicht wahr, Mutti, ihr geht auch nicht zum Gottesdienst, weil ihr dorthin gehen müsst, sondern weil ihr von Jesus hören wollt.«

5. Dezember 1983

Vom Rat der Stadt haben wir überraschend noch einen 200-Mark-Gutschein für Kinderbekleidung erhalten. Auf in das Schuhgeschäft. Die Verkäuferin hilft mir, acht zappligen Füßen die verschiedensten Schuhe anzuprobieren. Schließlich kaufen wir vier Paar Stiefel für den Winter, vier Paar Hausschuhe, vier Paar Gummistiefel. Nikolaus kann kommen.

10. Dezember 1983

Unser Ehekreis trifft sich zum Adventsabend. Das Feuer im Kamin prasselt. Jeder von uns bereichert den Abend mit einem Beitrag. Wir singen, lesen uns gegenseitig Geschichten vor, lassen uns den Glühwein schmecken. Mir ist dieser Kreis sehr wichtig geworden. Hier komme ich mit Menschen zusammen, mit denen ich offen reden kann. Für manchen unter uns ist das eine ganz neue Erfahrung – Gemeinschaft, die offen ist für Träume.

18. Januar 1984

Thomas ist Wandzeitungsredakteur in seiner Klasse. Er schneidet Zeitungsartikel und Fotos aus, klebt sie auf, schreibt auch selber Beiträge.

12. Februar 1984

Der Ofen im Kinderzimmer qualmt. Er hält die Wärme nicht mehr. Ich bitte einen Ofensetzer, sich den Ofen anzusehen. Vielleicht lässt sich was reparieren. »Da verdiene ich nichts dran«, sagt der Handwerker.

Wir stellen zusätzlich Heizkörper auf.

4. März 1984

Beim Eheseminar lernen wir Uschi und Manfred aus Brandenburg kennen. Heute sind sie unsere Gäste. Leider ist der Abend viel zu schnell vorbei. »Macht doch im Sommer bei uns Urlaub«, laden sie uns ein. »Ihr könnt in unserem Garten wohnen. Ein Swimmingpool ist auch da.«

Wir lassen uns gern einladen, schon, um dann unsere Gespräche fortzusetzen.

19. April 1984

Vor dem Konsum-Kaufhaus eine lange Menschenschlange. Sie führt über das Treppenhaus bis in die dritte Etage zur Kinderbekleidung hoch. »Was gibt es denn?«, frage ich die Letzten in der Reihe. Achselzucken. »Keine Ahnung.« »Wahrscheinlich Kordhosen.« Ich stelle mich an. Kordhosen, das wäre gut. Die Kinder brauchen Hosen. Es geht schnell voran. Endlich bin ich an der Reihe. Die Verkäuferin greift in einen großen Karton neben sich. »Welche Größe?« Ich hole tief Luft: »Ich brauche vier Hosen.« »Das geht nicht«, sagt die Verkäuferin. »Es soll doch für alle reichen.« – »Aber ich habe vier Kinder«, bleibe ich hartnäckig. Die anderen werden ungeduldig. »Geht das hier mal weiter?«, fragt einer. Die Verkäuferin will meinen Ausweis sehen. Endlich verkauft sie mir vier Hosen. Glücklich gehe ich nach Hause.

21. April 1984

Christiane und Rainer aus Wermelskirchen besuchen uns. Sie verstecken für unsere Kinder große Schokoladen-Osterhasen im Garten. Die sind eigentlich viel zu schade zum Essen.

5. Mai 1984

Mein Koffer ist nicht gepackt. Ich habe es eilig. Der Zug wird gleich abfahren. Die Zeit vergeht so schnell. Ich muss unbedingt den Zug erreichen. Ich haste durch das Bahnhofsgebäude. Es stehen so viele nach Fahrkarten an. Wo ist mein Zug? Hoffentlich ist er noch nicht abgefahren. Ein Blick zur Uhr. Wie viel Zeit bleibt noch? Wo ist der richtige Bahnsteig? In welchen Zug muss ich denn einsteigen? Da. Endlich. Gerade so schaffe ich es. Der Zug fährt los. Ich atme auf, lasse mich in den Sitz fallen, schaue aus dem Fenster. Ich erschrecke. Es ist die falsche Richtung. Ich sitze im falschen Zug. Ich muss hier wieder raus! Der Zug fährt immer schneller. Er hält nicht mehr an. Und wenn ich einfach abspringe? Aber werde ich mir dabei nicht alle Knochen brechen? Ich muss hier raus. Ich springe ab, schlage hart auf, werde wach. –

Immer wieder diese Träume. Mich hat es erwischt. Midlife-Crisis. Seit Wochen laufe ich Nacht um Nacht Zügen hinterher, die längst abgefahren sind, oder ich sitze in falschen Zügen.

Juli 1984

Ich schreibe mehr denn je Gedichte und Kurzgeschichten. Vielleicht ist das eine Möglichkeit, aus der Sinnkrise herauszukommen. Die Arbeit als Lokalredakteurin kann meinen Tag ausfüllen, nicht aber mein Leben. Es ist mir alles zu sehr vorgegeben. Und der CDU-Bezirksvorsitzende bestimmt, wo es langgeht. Er hat immer Recht. Ich darf gar nicht daran denken, dass es auf dieser Schiene weitergeht bis zur Rente.

6. August 1984

Fröhliches Wiedersehen mit Uschi und Manfred in Brandenburg. In ihrem Gartengrundstück mit Bungalow und Swimmingpool trifft sich die Jungschar, versammelt sich die Jugendgruppe, sitzen Ehepaare der Gemeinde zusammen.

Und jetzt packen wir hier unsere Koffer aus und beziehen die Betten.

8. August 1984

Gesine, Thomas, Michael und Tobias gewinnen schnell Freunde. Sie spielen tagsüber zusammen, sitzen abends mit ihnen in den Betten, singen, beten und erzählen. Sie fühlen sich sehr wohl hier. Wir auch. Es ist, als würde man sich seit langem kennen.

13. August 1984

Die Kinder spielen Verstecken. Manfred und Uschi erinnern sich an den August 1961. Sie erzählen uns von den Erfahrungen, die sie mit dem Staat DDR gemacht haben, damals, als in Berlin die Mauer gebaut wurde, als sie an der Ostseeküste verhaftet wurden, als man sie in einem Schauprozess wie Schwerverbrecher behandelte. An den 18. August 1961 erinnern sie sich, an die Fahrradfreizeit und die Fahrt »Rund um Bornholm«. Mit anderen Jugendlichen der Brandenburger Baptistengemeinde und der Jungen Gemeinde aus Berlin-Schmöckwitz waren sie unterwegs, hatten eine Fahrt auf der »Binz« gebucht. Das Schiff änderte plötzlich seine Route, fuhr nicht um Bornholm, sondern wegen des Wellengangs an der Küste Rügens entlang.

Manfred: »Wir waren enttäuscht und protestierten. Einer schrieb eine Petition. Der Kapitän sollte sich an die Route halten. Es war ein Spaß, nichts weiter.« Uschi: »Der Zettel machte die Runde. Jeder von uns unterschrieb.«

Manfred: »Das Lachen verging uns, als es aus dem Lautsprecher tönte, kriminelle Elemente hätten die Absicht, die ›Binz‹ nach Dänemark zu entführen.« Uschi: »Erst haben wir gar nicht begriffen, dass die uns meinten. Dann tauchte die Marine auf und flankierte die ›Binz‹ bis nach Saßnitz.« Manfred: »Dort warteten sie schon mit den Handschellen auf uns.«

»Und weiter? Wie ging es weiter?«, fragt Wilfried.

»Wir wurden stundenlang verhört. Wir mussten uns nackt ausziehen. Alle.«

Uschi: »Es war demütigend. Ich werde das nie vergessen.«

Manfred: »Nach vier Prozesstagen wurden die Urteile verkündet. Acht Jahre Zuchthaus gab es für den, der die Petition geschrieben hatte.«

»Wir haben damals Bewährung gekriegt«, sagt Uschi. Manfred: »Man konnte uns keine so genannten republikfeindlichen Äußerungen nachweisen.«

19. August 1984

Der Abschied fällt schwer. Wir haben die Gastfreundschaft sehr genossen.

Wieder zu Hause, beginnt Gesine auf einmal zu weinen. Sie kann sich gar nicht beruhigen. Sie weint um die Freunde, die zurückgeblieben sind. Thomas stimmt tränenreich ein, auch Michaels Augen werden feucht. »Das war der erste Urlaub, wo wir wirkliche Freunde hatten«, schluchzt Thomas. »Hört bloß auf«, sage ich, »sonst heule ich auch noch mit.«

23. August 1984

Bald geht die Schule wieder los. »Thälmannpionier werde ich aber nicht«, sagt Thomas mit großer Bestimmtheit. »Ich bin doch jetzt getauft und will richtig als Christ leben.« Wir setzen uns abends mit ihm zusammen. Er soll wissen, welche Konsequenzen seine Entscheidung hat. »Wenn du kein Pionier bist, bekommst du keine Auszeichnungen mehr«, sage ich. Thomas: »Das ist nicht so schlimm. Ich lerne ja nicht für die Auszeichnungen.« Ich weiter: »Wahrscheinlich werde ich dann nicht mehr im Elternaktiv mitarbeiten dürfen.« Thomas: »Dann müssen die sich eben jemand anderes suchen, der die Arbeit macht.« Ich: »Und es kann sein, dass du später nicht studieren darfst, dass du nicht jeden Beruf erlernen darfst.« Thomas: »Gibt es nicht auch bei der Kirche Berufe?«

Ich bin stolz auf ihn. Er weiß, was er will.

Auch Gesine und Michael sind sich einig: »Wir werden nicht Pionier.« Gesine setzt noch eins drauf: »Man kann nur an Jesus glauben oder an Erich Honecker.«

26. August 1984

Zwei Zuckertüten sind zu füllen. Welch Glück, eine Großmutter im Westen zu haben. Sie hat ein Paket mit Süßigkeiten geschickt. Seit fünf Jahren lebt sie nun schon in Wolfsburg. Besuchen konnten wir sie noch nicht. Weder zu ihrer Hochzeit noch zu ihrem 65. Geburtstag hat Wilfried eine Reiseerlaubnis bekommen.

1. September 1984

Michael und Gesine sind aufgeregt. Thomas tut erhaben. Er kommt bereits in die vierte Klasse. Tobias ärgert sich. Alle gehen in die

Schule, nur er nicht. Die Zwillinge haben große Zuckertüten, er nicht. Sie besitzen Schultaschen, er nicht. Neid sitzt auf seiner Nasenspitze. Tapfer bemüht er sich um Fassung. In zwei Jahren wird auch er seinen ersten Schultag haben.

12. September 1984

Wir möchten unsere Kinder vor unnötigen Schwierigkeiten bewahren. Was sind unnötige Schwierigkeiten? Sind Wind und Wetter nicht nötig, um zu reifen? Was stärkt den Rücken? Woran zerbricht er?

21. September 1984

Die Zwillinge hängen sich die Schultaschen um. Ein Mitschüler will sie zurückhalten. »Ihr könnt doch jetzt nicht nach Hause gehen, wir werden doch heute Pioniere.« Gesine selbstbewusst: »Wir nicht. Da kannst du lange warten.«

7. Oktober 1984

Es hagelt wieder einmal Auszeichnungen. Immerhin ist es der 35. Jahrestag der DDR-Gründung. Ich bin »Aktivist der sozialistischen Arbeit« geworden. »Für vorbildliche sozialistische Arbeit verbunden mit aktiver gesellschaftlicher Tätigkeit ...«, so steht es in der Urkunde. Und in der Begründung des Chefredakteurs und Betriebsleiters: »Mit dieser hohen Ehrung würdigen und anerkennen wir Ihre seit Jahren bewiesene Einsatzfreude, Ihren Fleiß und Ihr Engagement für unsere Zeitung. Mit Hochachtung schätzen wir immer wieder Ihre Arbeit ein, die Sie in den vergangenen Jahren bei wechselnder Besetzung als treue Kraft bewältigt haben. Vorbildlich ist es, wie Sie den persönlichen Verpflichtungen im Rahmen Ihrer großen Familie gerecht werden und dabei die Belange der Zeitung stets mit einordnen. Gleichzeitig schätzen wir Ihre journalistische Arbeit bei der Verwirklichung der Aufgaben, die uns unsere Partei stellt. In die Anerkennung eingeschlossen ist Ihre aktive gesellschaftliche Arbeit sowohl im CDU-Kreisvorstand Forst, im Rahmen des Verbandes der Journalisten der DDR und im schulischen Bereich.« 250 Mark hängen am Aktivisten. Für das Geld werde ich mir eine Jacke kaufen.

Vom Bezirksausschuss der Nationalen Front erhalte ich für »beispielhafte Taten im Wohnbezirk« das »Ehrenzeichen für vorbildliche Nachbarschaftshilfe«.

9. Oktober 1984

Thomas' Lehrerin tut mir Leid. Frau H. steckt in einer Zwickmühle. Drei Jahre lang war ich Vorsitzende des Elternaktivs. Immer wieder hat sie in den Elternabenden meine gesellschaftliche Tätigkeit als vorbildlich hervorgehoben. Jetzt muss sie eine weitere Zusammenarbeit mit mir vor den Eltern ablehnen, gedrängt vom Schuldirektor. Auch er tut mir Leid. Auch er ist in Bedrängnis. Beim Wochenrapport wird er jedes Mal vom Kreisschulrat gefragt: »Ist der Fall Ebert endlich geklärt?«

Es darf nicht sein, dass eine Mutter in der Schule aktiv ist, deren Kinder keine Pioniere sind. So darf das offiziell aber nicht begründet werden. Ich bin gespannt auf den Elternabend. Wie wird sich Thomas' Lehrerin herauswinden? Eigentlich wählen die Eltern das Elternaktiv. Die Klassenlehrerin aber entscheidet, wer gewählt werden darf. Eigentlich entscheidet die Klassenlehrerin, nicht der Schuldirektor, nicht der Kreisschulrat.

23. Oktober 1984

Frau H. schreibt die Namen derer an die Tafel, die zur Wahl stehen. Sie wird gefragt, weshalb mein Name nicht dabeisteht. Sie schaut kurz zum Schuldirektor, der auf der hintersten Bank sitzt, wird rot und murmelt: Sie glaube, ich sei zukünftigen Aufgaben nicht gewachsen. Die Eltern murren. Sie versuchen, die Entscheidung zu kippen. Der Schuldirektor schaltet sich ein: »Wenn der Lehrer die Zusammenarbeit ablehnt, gibt es keine Zusammenarbeit.«

Ich bekomme einen sehr schönen Blumenstrauß. »Nehmen Sie ihn bitte an«, sagt Frau H. leise. Sie hat Tränen in den Augen. »Er kommt von Herzen.«

Der Schuldirektor verlässt das Klassenzimmer. Ihm ist eine Sorge genommen. Der Fall Ebert ist endlich gelöst.

23. November 1984

Im Manöverspiel »Schneeflocke« lernen die ABC-Schützen, wie man vorsichtig und schnell eine »Bombe« trägt. Beim Elternabend empört sich eine Mutter. Die Lehrerin versteht die Aufregung nicht: »Es ist doch nur Spiel. Es sind doch nur Luftballons, die nicht zerplatzen dürfen.«

16. Dezember 1984

Edelgard und Hartmut haben uns zwei Konzertkarten geschenkt. Ein Dankeschön dafür, dass wir uns, wenn sie unterwegs sind, um ihre Kinder kümmern. Wir haben gute Plätze in der Klosterkirche und genießen das Weihnachtsoratorium. Endlich wird uns weihnachtlich ums Herz. Bisher war immer nur Stress.

31. Dezember 1984

Siegfried ist aus der Gemeinde ausgetreten. Margitta und er haben sich auch aus dem Ehekreis abgemeldet. Sie haben einen Ausreiseantrag gestellt und wollen uns nicht in die Maschinerie der Staatssicherheit hineinziehen. Siegfried sagt, er wolle nicht, dass seine Entscheidung mit unserer Gemeinde in Verbindung gebracht wird. Es sei besser so. Mich macht es traurig, dass sie weggehen wollen.

7. Februar 1985

Fünf Jahre wird Tobias heute. Er hat sich Freunde aus dem Kindergarten eingeladen. Wir spielen Topfschlagen, singen und musizieren und lassen ein Ringlein wandern. Abends im Bett erzähle ich unserem jüngsten Sohn, warum wir ihn Tobias genannt haben. »Du warst noch in meinem Bauch, da haben wir hin und her überlegt, welcher Name am besten passt. Und dann haben wir uns für Tobias entschieden, denn das heißt ›Gott ist gut‹«, erkläre ich ihm. Tobias wundert sich. »Da wusstet ihr doch noch gar nicht, dass ich es bin, der geboren wird.« Stimmt. Wir wussten es nicht. Gott wusste es. Er hat ihn bei seinem Namen gerufen.

22. Februar 1985

Seit drei Tagen sind wir in Boltenhagen und nehmen hier im Amalia-Sieveking-Haus an einem Familientraining teil. Insgesamt werden wir sechs Tage lang mit anderen Familien zusammen sein. Wir schulen unsere Wahrnehmung, lernen, aufeinander zu hören, bringen Konflikte zur Sprache und reden über Erziehungsschwierigkeiten. Wir kommen uns als Familien sehr nahe, kommen auch in der eigenen Familie einander ein ganzes Stück näher. Und in der freien Zeit füttern wir die Schwäne und Möwen am Ostseestrand.

23. Februar 1985

Jeder »verzaubert« mit Buntstiften seine Familie. Familienberater werten die Bilder hinterher mit den jeweiligen Familien aus.

Gesine malt ein farbenprächtiges Bild mit einer goldleuchtenden Sonne, die freundlich lacht und in ihren goldenen Armen ein Bärchen wiegt. Auf dem prächtigen Baum daneben tummeln sich zwei Eichhörnchen. Im Fluss vor dem Baum springt ein Fisch und schwimmt fröhlich davon. Das Bild spricht für sich. Ich freue mich, dass Gesine unsere Familie so erlebt. Ich bin froh, dass sie es zulassen kann, dass Tobias mit seinen fünf Jahren noch die besondere Wärme und Nähe der Mutter braucht. Ich freue mich, dass sie ihren Vater als Baum mit starken Wurzeln und dicken Ästen erlebt, der Stärke und Zuverlässigkeit vermittelt. Ich staune, dass sie Thomas, zehnjährig, davonschwimmen sieht, schon ein Stück losgelöst von Sonne und Baum. Vom Sonnengelb haben alle Tiere auf ihrem Bild etwas abbekommen.

Auf einem zweiten Bild zeichnet sie sich selbst als ungestümes Fohlen mit goldenem Schweif, goldener Mähne und goldenen Hufen. Sie ist ein sehr glückliches Kind.

Michael verzaubert sich in einen Elefanten. Wundert mich das? Verbergen nicht alle Elefanten ihre große Empfindsamkeit hinter einer dicken Haut? Zerschlagen diese großen Tiere nicht manchmal Porzellan, ohne es eigentlich zu wollen?

5. März 1985

Gesine kommt aufgeregt von der Schule nach Hause. Sie bringt ihre beste Freundin Ina mit. Die ist ganz aufgelöst und weint. Beide erzählen abwechselnd, was in der Schule passiert ist. Die Klassenlehrerin hat die Mädchen in der großen Pause zurückgehalten und auf sie eingeredet. »Weil Ina jetzt auch in den Kindergottesdienst geht«, sagt Gesine. »Sie hat gesagt, die Kirche hat Kriege gemacht und Menschen verbrannt und gefoltert, und es gibt gar keinen Gott, hat sie gesagt.«

Offensichtlich hat Frau K. die große Pause dazu genutzt, die Mädchen einzuschüchtern. Zwanzig Minuten lang hat sie ihnen in schauerlicher Weise die Kirche des Mittelalters vor Augen gehalten und die Kinder unter Druck gesetzt.

Ina schluchzt: »Wenn ich in den Kindergottesdienst gehe, darf meine Mutti nicht mehr in der Elternvertretung mitarbeiten.« Gesine ergänzt: »Ja, und Ina soll dann daran schuld sein.« »Und ich kriege dann auch nicht das rote Halstuch«, weint Ina, und Gesine berichtet: »Und ich darf nicht mehr andere Kinder in den Kindergottesdienst einladen, hat sie gesagt. Das ist verboten.«

Die Kinder brauchen Rückenwind.

7. März 1985

Nach einem klärenden Gespräch in der Schule entschuldigt sich Frau K. bei Inas Mutter. Sie habe sich da wohl etwas im Ton vergriffen.

Begriffen aber hat sie nichts. Zu mir sagt sie: »Sie sind doch kinderreich und kriegen so viel vom Staat, da sollten Sie aber auch dankbar sein und Ihre Kinder zu den Pionieren schicken.« »Das ist doch eine Kinderorganisation, in die man freiwillig und aus Überzeugung eintritt. Das hat doch nichts mit Dankbarkeit zu tun«, versuche ich ihr zu erklären. Sie aber sagt: »So richtig verstehe ich das nicht, dass Ihre Kinder gegenüber den Pionieren gar keine Nachteile haben sollen.« Schade, dass ich unsere Zwillinge nicht vor dieser Lehrerin bewahren kann. Sie haben es bei ihr nicht leicht.

28. März 1985

Es ist wieder ein großes Paket mit gebrauchten Kindersachen eingetroffen. Wir haben Spaß beim Anprobieren. Was noch nicht passt, kommt in den Schrank, irgendwann passt es.

Wenn die Kinder von Schulfreunden gefragt werden: »Wo hast du denn die Jeans her?«, heißt es oft kurz und bündig: »Aus dem Schrank.«

3. Mai 1985

Thomas hat von der Flöte zum Keyboard gewechselt. Schade eigentlich, denn er und Gesine haben sehr schön im Duett gespielt.

Auch Gesine hat ihre Flöte weggeräumt. Sie lernt jetzt Konzertgitarre.

Keins der Kinder will sich an das Klavier setzen. Das größte Instrument im Haus bleibt ein dekoratives Möbelstück.

12. Mai 1985

Beim Eheseminar im Gemeindezentrum lernen wir Matthias und Elisabeth aus Glauchau kennen. Als wir ins Gespräch über unsere Arbeit kommen – Matthias ist Buchbinder –, meint dieser, sein Vater, Johannes Feige, suche jemanden, der Texte zu seinen Grafiken schreibt, für Ausstellungen. »Du könntest das bestimmt«, sagt Matthias. Ich bin skeptisch. Ich kenne zu wenig Arbeiten des Künstlers. »Wenn ihr nächstes Jahr wieder zum Eheseminar kommt, bringt doch einmal ein paar Arbeiten mit. Mal sehen, ob sie mich ansprechen«, sage ich.

25. Mai 1985

Unser Pastor stöhnt. Sein Terminkalender ist übervoll, und nun soll er auch noch einiges für den Kalender »Wort für heute« schreiben. »Lass mich das doch versuchen«, sage ich und nehme die Manuskriptvordrucke mit.

29. Juni 1985

Ich habe nicht nur die Kalendermanuskripte an die Evangelische Versandbuchhandlung geschickt, sondern auch gleich noch ein paar Gedichte und Kurzgeschichten für »Wort und Werk«.

17. Juli 1985

Ich kann es kaum fassen: Günter Lorenz von der Evangelischen Versandbuchhandlung fragt an, ob ich nicht noch einiges andere in der Schublade hätte und ob sich da nicht ein Buch draus machen ließe. Davon habe ich immer geträumt. Günter Lorenz lädt mich nach Berlin ein, um Konkreteres zu bereden. Woher weiß er, dass ich gerade damit fertig geworden bin, die Erlebnisse unserer Jugendgruppe aufzuschreiben? Ja, ich habe wirklich etwas in der Schublade.

2. August 1985

Urlaub in der Altmark, im Luftkurort Arendsee. Wir wohnen in einem 500-Betten-Haus und müssen uns streng an die Essenszeiten halten. Frühstück gibt es für uns bereits um 7.15 Uhr. Wenn wir nicht pünktlich am Tisch sitzen, gerät alles durcheinander, denn Punkt 7.45 Uhr warten die Nächsten darauf, sich auf unsere Plätze setzen zu können. Es ist alles bis ins Letzte organisiert in diesem FDGB-Heim, das in den 20er Jahren als »Stahlhelm-Heim« erbaut worden ist und 1945 zum »Waldheim« wurde. Das Heim liegt im Sperrgebiet. Nicht alle Wanderwege dürfen wir betreten.

9. August 1985

Während sich unsere Kinder im Fernsehraum Trickfilme ansehen, sitzen Wilfried und ich auf der Terrasse. Dann trudeln unsere drei Großen bei uns ein. »Und Tobias?« – »Der guckt sich noch den Sandmann an.«

Er weiß ja, wo wir sind, denken wir. Da ertönt aus dem Lautsprecher: »Frau Ebert, kommen Sie bitte zur Rezeption.« Dort finde ich Tobias, ein Häuflein Elend. Er weint und weint, völlig aufgelöst.

12. August 1985

Die Angst, uns zu verlieren, sitzt in Tobias fest. Als Wilfried und ich abends spazieren gehen, wird Tobias wach, vermisst uns und weint. Thomas versucht vergeblich, ihn zu beruhigen. Tobias erzählt uns später: »Ich dachte, ihr habt euch vielleicht verlaufen und seid nach Hause gefahren. Und was mache ich ohne euch, wenn ich vom Gespensterspuk träume und der Menschenfresser mein Bein abfressen will?«

13. August 1985

Tobias sagt nicht mehr Mutti zu mir. Er ruft mich beim Namen. Als ich ihn frage, weshalb er das tut, begründet er völlig logisch: »Hier gibt es doch ganz viele Muttis, aber nur eine Ingrid. Und ich will doch nur dich.«

14. September 1985

Jede sich uns bietende Gelegenheit, mehr über Ehe und Familie, Partnerschaft und Erziehung, Kommunikation, Streitkultur, Distanz und Nähe, Umgang mit Verlusten, Geschwisterfolge und anderes zu lernen, nehmen Wilfried und ich wahr. Wir fahren zu Tagungen der Evangelischen Akademie, nehmen an Weiterbildungskursen für Ehekreisleiter teil und am »Fernkurs Ehe« von »stud.christ«. Das bringt uns weiter und einander näher.

Die Ehe ist kein Selbstzweck. Auch das lernen wir. Deshalb findet unser Familienleben nicht hinter verschlossenen Türen statt. Oft sitzen Gäste am Tisch, meist sind es Bausoldaten, denen wir ein Ersatzzuhause anbieten. Manchmal haben wir mehr Gäste, als die Kinder vertragen können. Dann protestieren sie: »Wir wollen nicht immer Besuch haben.«

25. September 1985

Ulrich Schaffer liest in Berlin. Wilfried und ich können mit Hartmut mitfahren. Wir freuen uns, den Autor persönlich kennen zu lernen. Viele seiner Bücher stehen ja schon lange bei uns im Schrank.

5. Oktober 1985

Durch das Fernstudium von »stud.christ.« der Sächsischen Landeskirche habe ich Birgit und Michael Fischer aus Zittau kennen gelernt. Sie beantworteten meine Lehrbriefe. Dadurch sind wir uns auch persönlich näher gekommen, und jetzt sind wir mit den Kindern bei Fischers eingeladen.

7. Oktober 1985

Es ist kalt. Es ist windig. Und es ist ein herrlicher Tag. Wir lassen mit Familien, die zur evangelischen Kirche Zittaus gehören, Drachen steigen. Eigentlich kennen wir einander nicht und doch sind wir vertraut. Es ist ein schönes Gefühl, sich verbunden zu wissen, überall Menschen zu finden, die in Gottes Zukunft gehen.

19. Oktober 1985

Jeden Samstag stehen unsere Kinder in der Küche und sorgen für das Mittagessen. Jeden Samstag gibt es Spaghetti und Tomatensauce. Während sie Zwiebeln schneiden und die Spaghetti in das kochende Wasser schütten, kommt René, ihr Cousin. Er guckt erstaunt und sogar ein klein wenig entsetzt: »Müsst ihr selber kochen?« Michael schwingt den Kochlöffel und sagt: »Was heißt müssen? Wir dürfen!«

3. Januar 1986

»Ich möchte Klavier spielen können.« Erstaunt gucke ich zu Tobias. Oft genug habe ich versucht, den Kindern dieses Instrument schmackhaft zu machen. Vergeblich. Und jetzt will unser Jüngster Klavier lernen. In der Musikschule sind gerade keine Plätze frei. Wir finden aber für ihn einen Privatlehrer.

20. Februar 1986

»Mal sehen, was der Lehrer heute von dir hören will«, versuche ich Tobias auf die erste Begegnung mit seinem Klavierlehrer vorzubereiten. Tobias: »Ich sage erst einmal Guten Tag.« Und das macht er dann auch. In der ersten Unterrichtsstunde lernt Tobias, wo sich das »Schlüssel-C« befindet. Stolz zeigt er es mir zu Hause.

1. März 1986

Michael erzählt beim Abendessen, dass er in seiner Klasse Brigadeleiter ist. »Und was hast du da für Aufgaben?«, fragt Wilfried. »Ich muss kontrollieren, ob alle ihre Hausaufgaben gemacht haben, ob sie die Schulsachen richtig eingepackt haben. Und ich muss jeden melden, der etwas vergessen hat. Und ein Brigadebuch muss ich auch schreiben. Ich muss jeden aufschreiben. Wir sind Brigade II«, sagt Michael.

20. März 1986

Seit drei Tagen nehme ich an einer Mitarbeitertagung freikirchlicher Zeitschriften in Schmiedeberg teil. Ich lerne Chefredakteure christlicher Zeitungen kennen und komme ins Gespräch mit der Schriftstellerin Margot Langner. Die Begegnungen erweitern meinen Horizont. Endlich ist auch Gelegenheit, mit Günter Lorenz über mein Buch-Manuskript zu reden. Der Leiter des Evangelischen Kunstdienstes Sachsens, Joachim Schöne, referiert im Martin-Luther-King-Haus über die Bildende Kunst in der Kirchenpresse. »Das Beste ist gerade gut genug, um das Evangelium weiterzusagen«, betont er. Ich nutze eine Tagungspause, um mit ihm über die Feige-Grafiken zu reden. Er zeigte sich sehr aufgeschlossen. Neue Türen öffnen sich für mich. Ich kann darüber nur staunen.

23. März 1986

Edelgard, Hartmut, Wilfried und ich fahren zu einem Konzert nach Cottbus. Es ist nicht leicht, einen Parkplatz an der Oberkirche zu finden. Und in der Kirche sind fast alle Plätze schon besetzt, als wir eintreffen. Aber ganz nach vorn, vor das Podium, hat sich bisher keiner getraut. So haben wir die besten Plätze bekommen und erleben Ludwig Güttler mit seiner Trompete fast hautnah! Vivaldi, Telemann, Bach. Es ist ein einmaliges Erlebnis. Hinterher signiert uns

Güttler die Langspielplatten, die wir mitgebracht haben. Angeregt durch den eindrucksvollen Abend sitzen wir anschließend mit unseren Freunden bei einer Flasche Wein zusammen.

27. März 1986

Die Sonne ist im Westen verschwunden. Der Abend kommt kühl daher. Ich gehe zu Siegfried und seiner Familie, um Abschied zu nehmen. Steht da ein Mann in der Toreinfahrt gegenüber? Ich bin mir sicher, es wird registriert, wer sich heute Abend bei Siegfried trifft. Morgen früh wird er sich mit Frau und Kind in den Zug setzen. Ausreisen – ausreißen?

Wir sitzen auf Holzkisten, Sektkorken knallen. Die Gläser wollen nicht recht klingen. Zu trinken gibt es im Überfluss, aber es löst nicht die Zunge. Wir sollten uns mit unseren Freunden freuen. Wir können es nicht. Schweigen füllt die leeren Räume. Ohnmacht schnürt meinen Hals ein. Trauer legt sich wie eine Kette um das Herz. Wir sind zusammen aufgewachsen, zusammen zur Schule gegangen, haben zusammen manche Krise betend durchgestanden. Ich will Siegfried nicht aus den Augen verlieren. Es tut mir weh, dass er geht. Ist es ein Abschied für immer?

Siegfried sagt zu mir: »Wie kannst du so blauäugig sein?! Begreife doch: Hier wird nichts mehr. Die DDR ist wirtschaftlich am Ende. Es geht alles den Bach hinunter.« Und weiter: »Überlege doch einmal, was du deinen Kindern antust! Und meinst du wirklich, es sei etwas wert, in diesem Staat Grund und Boden zu besitzen? Es wird dir nichts nützen. Sie werden dir dein Haus nehmen, und du wirst dich nicht dagegen wehren können. Meinst du wirklich, rechts und links von eurem Grundstück wird alles abgerissen und du behältst deine kleine heile Welt?«

Meine heile Welt: Ein kleines altes Haus mit Garten in einer Wohnstraße, die systematisch leergezogen und dem Zerfall preisgegeben wird. Die SED plant einen großen Neubau für ihre Kreiszentrale, unserem Haus gegenüber. Für diesen Neubau müssen ein Dutzend hoher Mietshäuser weichen, trotz massiver Wohnungsnot. Die Häuser werden einfach nicht mehr vermietet. Sie werden nicht mehr instand gesetzt und schließlich gesperrt. Damit ist der Weg zum Abriss frei. Wird man uns unser Grundstück nehmen können?

Mein Hals ist zugeschnürt.

Scheiden tut weh.

Warum kann ich mich nicht einfach freuen, dass dem Ausreiseantrag unserer Freunde endlich entsprochen wurde, dass sie dieses Land verlassen können?

Lange haben sie darauf warten müssen. Zehn Jahre. Was haben sie dafür nicht alles auf sich genommen: Diskriminierung, Entfremdung, Vernehmungen, Drohungen, permanente Bespitzelung, erneute Antragstellungen. Jetzt endlich grünes Licht. Überstürztes Packen. Was mitnehmen? Was zurücklassen?

Sie lassen Freunde zurück. »Du musst loslassen lernen«, sagt Siegfried zu mir. »Lass mich aus deinem Herzen, dann gewinnst du Platz für neue Freunde.«

Meine Zähne graben sich in die Zunge. Ich halte meine Tränen zurück. Zu Hause werde ich sie herauslassen. Margitta hat alle ihre silbernen Ringe zur Abschiedsrunde angesteckt. »Wenn sie mir an der Grenze den Schmuck wegnehmen wollen, werfe ich alles aus dem Fenster«, sagt sie in das Schweigen der Runde hinein. »Dann sollen sie doch auf allen vieren durch das Gras kriechen, wenn sie was haben wollen.« Dann wieder Schweigen. Es wiegt schwer. Selten versucht es einer zu durchbrechen, meist erst, wenn er sich schwerfällig von seinem Platz erhebt, um zu gehen.

»Lebt wohl! Macht's gut! Bleibt gesund!« Ein letztes Umarmen in kleiner Runde. Wer von uns wird hinterher auftragsgemäß von der Abschiedsparty berichten?

28. März 1986

Margitta hat mir einige Sachen für die Kinder dagelassen. Spielzeug, Bekleidung. Tobias fischt sich aus dem Stapel eine weiße Mütze. Sie passt, und sie steht ihm auch. Weil sie ihm so gut gefällt, will er sie gar nicht mehr absetzen, nicht einmal zum Schlafengehen. »Da habe ich meine Träume drunter«, sagt er.

29. März 1986

Ich brauche keine Mütze, um zu träumen. Letzte Nacht träumte ich von Hühnern, die den ganzen Tag ihre Köpfe in der Schlinge hatten, erst abends wurden sie freigelassen. Das ist doch gefährlich, wenn man sich nicht rühren darf!, dachte ich im Traum.

Ostern 1986

Regina und Frank lassen sich taufen. Unsere Gemeinde wächst. Und die Zahl der Gottesdienstbesucher wächst noch mehr. Oft sind doppelt so viele Stühle besetzt wie wir Mitglieder sind. Vor allem junge Leute kommen. Sie staunen, hier einen Ort zu finden, wo jeder sagen kann, was er denkt, wo über Themen gesprochen wird, die anderenorts tabu sind.

19. April 1986

Unser Ehekreis verbringt das Wochenende in einem nahe gelegenen Rüstzeitheim. Thema: »Wir sind kein unbeschriebenes Blatt«.

Matthias bringt einen jungen Mann mit, L.

Keiner von uns kennt ihn. Aber bei uns ist jeder willkommen.

26. April 1986

Die amerikanische Familienforscherin Virginia Satyr ist in Berlin. Ich habe das Glück, die Therapeutin live zu erleben. Es begeistert mich, wie sie Konflikte aufdeckt und Lösungen anbietet. Eine Familie spielt auf der Bühne, was sie bewegt. Die erwachsene Tochter ist dabei, sich abzunabeln, spürt aber, dass ihre Eltern sie nicht gerne gehen lassen. Die Eltern wollen ihr Freiraum geben, möchten sie aber auch halten. »Es ist so schwer«, sagt die Mutter in der Pause zu mir, als wir in ein Gespräch kommen. »Ich hätte nie gedacht, dass es so schwer ist.« Beratungsarbeit, das wäre auch etwas für mich. Menschen helfen, ihr Leben zu leben. Vielleicht sollte ich mich beruflich neu orientieren. Ich schreibe sehr gern, aber es ärgert mich, täglich Phrasen dreschen zu müssen.

28. April 1986

Im Kernkraftwerk Tschernobyl, 130 Kilometer nördlich von Kiew, hat es eine Explosion gegeben. Radioaktive Wolken ziehen über Europa. Der Strahlentod kommt auf leisen Sohlen. Er ist nicht zu sehen, nicht zu hören, nicht zu schmecken. Wie können wir unsere Kinder schützen?

1. Mai 1986

Aggression – das Stichwort des Eheseminars im Gemeindezentrum. Wir haben gute Gespräche. Viele von uns kennen sich bereits vom letzten Jahr. Helmut Landsiedel von der Arbeitsgemeinschaft Beratung – Therapie – Seelsorge ist das erste Mal unter uns. Seine Gegenwart bringt viele neue Impulse in den Kreis. Matthias und Elisabeth aus Glauchau sind wieder dabei. Matthias hat mir Holzschnitte seines Vaters zur Ansicht mitgebracht.

5. Mai 1986

Bei einer Tasse Tee reden wir im Ehekreis über das Thema »Bewahrung der Schöpfung«. Frank hat sich vorbereitet. Er legt erschreckende Fakten auf den Tisch. Alle Veränderungen beginnen mit der Einsicht. Vielleicht kann der Einzelne mehr tun, um die Umwelt zu schützen, als er glaubt.

7. Mai 1986

Ich ziehe eine Wäscheleine quer durch mein Arbeitszimmer und klammere die Holzschnitte an. Ich will sie auf mich wirken lassen, bis sie zu reden beginnen. Johannes Feige hat biblische Szenen in Bilder gebracht. Einfach in der Form, kraftvoll in der Aussage. Dass dieser Künstler ausgerechnet von mir Texte für seine Arbeiten möchte, ist für mich ein ausgesprochener Glücksfall.

10. Mai 1986

Am 9. Juni sind Wahlen. Der Staat buhlt wieder um jede Stimme. In Cottbus spricht Günter Grewe, Mitglied des Präsidiums des

Nationalrates der Nationalen Front und des CDU-Hauptvorstandes vor kirchlichen Amtsträgern. Er zieht eine »eindrucksvolle Bilanz«. Niemand hat etwas anderes erwartet. Hauptanliegen der Politik sei ein Leben in Frieden. Soziale Sicherheit müsse stets aufs Neue erkämpft werden. Grewe erinnert an die Zusammenarbeit zwischen Staat und Kirche und hebt in diesem Zusammenhang die umfangreiche Bautätigkeit der Kirchen hervor. Indirekt sagt er damit: Ihr könnt nichts, wenn wir es nicht genehmigen.

21. Mai 1986

Seit Tagen sitze ich in jeder freien Minute über Bibeltexten. Johannes Feige hat Bilder gefunden. Ich suche nach Worten. Die Holzschnitte inspirieren mich, die Bibeltexte inspirieren mich. Es entstehen Meditationen, die die Aussage der Holzschnitte unterstreichen oder ihr etwas entgegensetzen. Diese Arbeit bereichert mich sehr.

6. Juni 1986

Die Aktionsgruppe für Natur- und Umwelterhaltung des ökumenischen Friedenskreises lädt zu einem Gesprächsabend ein. Thema: »Betroffenheit durch Kohle«. Pfarrer Radeke informiert über den geplanten Kohleabbau in der Region und über einschneidende Veränderungen, die der Bergbau mit sich bringt.

Dörfer verschwinden von der Bildfläche, Kirchen verschwinden, Gemeinschaften werden aufgelöst. Der Pfarrer plädiert dafür, sich der umgesiedelten Menschen anzunehmen.

8. Juni 1986

Die Zwillinge haben sich Freunde zur Geburtstagsfeier eingeladen. Ich kann mich nicht richtig um die Kinder kümmern. Heute wird gewählt. Da bin ich als Redakteurin im Einsatz. Wozu eigentlich? Meinen Beitrag hätte ich doch schon vorschreiben können, irgendwas vom »überwältigenden Bekenntnis« und so. Es weiß doch jeder, wie es ausgeht. Ich muss eine neue Schiene für mich finden. Die Schönfärberei hängt mir zum Halse heraus.

10. Juni 1986

99,74 Prozent haben für die Einheitsliste der Nationalen Front gestimmt.

13. Juni 1986

In Cottbus findet ein Kirchentagskongress statt. Das Veranstaltungsangebot ist vielfältig. Jürgen Rennert liest in der Klosterkirche. Berliner Studenten führen das Schauspiel »Ein Engel kommt nach Babylon« auf. Es gibt Podiumsgespräche und Vorträge, Gebetstreffs und musikalische Veranstaltungen. In acht Arbeitsgruppen wird jeweils über ein Gebot gesprochen. Ich schaue kurz in alle Gruppen hinein, um möglichst ausführlich über den Kongress berichten zu können.

14. Juni 1986

Ein Dutzend Gedichte sind zu den Holzschnitten entstanden. Wilfried und ich fahren nach Glauchau, Texte und Grafiken im Gepäck. Die Kinder sind bei Verwandten. Endlich wollen wir Johannes Feige persönlich kennen lernen. Bisher haben wir uns nur per Post ausgetauscht. Auf dem Glauchauer Bahnhof schauen wir uns um. Wer sieht wie ein Künstler aus? Auf dem Bahnsteig steht ein Mann mit langen weißen Haaren und grauem Bart. Der könnte es sein. Ist es aber nicht. Johannes Feige steht am Ausgang des Bahnhofs, eine Grafikrolle unterm Arm.

Wir lernen im Feige-Haus wundervolle Menschen kennen und sind glücklich über die Begegnung. Am Abend nimmt Johannes einen Holzschnitt nach dem anderen in die Hand. Ich lese meine Texte laut vor.

15. Juni 1986

Die Grafiken sind fertig. Die Meditationen sind fertig. Und wie nun weiter? »Daraus muss ein Buch werden«, sagt Johannes. Er will mit Johannes Schöne über ein entsprechendes Projekt reden. Wir sitzen im Atelier und haben das Gefühl, einander schon lange zu kennen.

16. Juni 1986

Tobias übt täglich fleißig und konzentriert am Klavier. Sein Ehrgeiz ist erstaunlich. Doch als er zum ersten Vorspiel gehen soll, weigert er sich. Er hat Lampenfieber, nicht nur sinnbildlich. Tobias verkriecht sich in sein Bett und verkündet, heute auf gar keinen Fall mehr aufzustehen. Er gesteht mir: »Ich habe Angst. Ich möchte nicht vorspielen.« – »Wir können doch aber wenigstens hingehen«, rede ich auf ihn ein. »Hingehen ja, vorspielen nein. Ich spiele nicht vor fremden Leuten. Vor dir würde ich ja spielen, aber nicht vor anderen.«

Endlich gehen wir doch in das Kulturhaus. »Ich spiele aber nicht«, sagt er noch. Da wird er schon als Erster aufgerufen. Er springt vom Stuhl, setzt sich ans Klavier, spielt fehlerfrei drei kleine Stücke, freut sich über den Beifall und ist sehr erleichtert.

4. Juli 1986

Zeugnisausgabe. Diesmal bin ich bei den Zwillingen dabei. Beide haben sehr gute Zeugnisse und erhalten Urkunden für gutes Lernen, wie Thomas auch. Zu Hause wartet für jeden eine kleine Überraschung.

5. Juli 1986

In Boltenhagen haben wir Familie Lange kennen gelernt. Am Tag der Abreise setzte sich Pastor Lange an unseren Tisch und bot uns an, mit unseren Kindern Urlaub an der Ostsee zu machen. Er habe da eine kleine Hütte in Markgrafenheide, nichts Besonderes, aber eben an der See. »Und wenn Sie wollen ...« Klar wollen wir. Die Koffer sind gepackt. Die Kinder schnallen sich ihre Campingbeutel um. Los geht's!

11. Juli 1986

Der erste Urlaub mit der Familie an der Ostsee – und es regnet und regnet. In der Nacht hat es richtig gestürmt. Die Fensterläden an der Hütte klapperten gespenstisch. Jetzt regnet es Schusterjungen.

Trotzdem haben wir den Gartentisch zum Frühstück gedeckt. In der Hütte ist es zu eng, um noch einen Tisch aufzustellen. Wir spannen eine Plastefolie über unsere Köpfe. Die Kinder finden das lustig.

Wir fahren mit dem Zug nach Stralsund. Als wir auf den Turm der St. Marienkirche steigen, stellt Thomas fest: »Immer, wenn man denkt, man hat es geschafft, kommt eine neue Leiter.« So ist das Leben.

Die Aussicht lohnt alle Mühe. Mir schlottern die Knie. Seit ich Kinder habe, habe ich Höhenangst. Im Meereskundemuseum müssen wir die Kinder fest an den Händen halten. Das Gedränge der Besucher ist groß. Hier könnte ich Platzangst kriegen.

13. Juli 1986

Keine Kirche weit und breit. Wir gestalten uns selbst einen Gottesdienst. Die Kinder spielen uns die Geschichte vom barmherzigen Samariter vor. Wir malen Urlaubsbilder und danken Gott für alles, was wir hier bisher erlebt haben.

16. Juli 1986

Endlich ist es richtig Hochsommer geworden. Wir sind den ganzen Tag am Strand. Wo sonst? Gesine schwimmt bis zur Sandbank. Michael schlickert Burgen auf. Wilfried hat einen Sonnenbrand und ist auch noch stolz darauf. »Die Kollegen sollen doch sehen, wo wir waren.« Ich suche Bernstein und finde ein paar Donnerkeile. So könnte der Urlaub weitergehen. Leider ist er in zwei Tagen zu Ende.

30. August 1986

Stolz trägt Tobias seine Zuckertüte. Endlich kann auch er lesen und schreiben lernen. Dass seine Geschwister ihm immer etwas voraushaben, ärgert ihn schon lange. Vielleicht geht er deshalb so gern zum Klavierunterricht. Etwas können, was seine größeren Geschwister nicht können! Neulich setzte sich Gesine an das Klavier. Er vertrieb sie mit wütendem Geschrei: »Das ist mein Klavier! Nicht deines! Wir haben nur ein Klavier, und das ist meins!«

3. September 1986

Wir wohnen Wand an Wand mit einer jungen Familie. Die Tochter geht in Tobias' Klasse. Sie besucht uns gern, um zu spielen. Seit einiger Zeit kommen ihre Eltern zu den Ehekreisabenden. »Warum habt ihr uns nicht viel früher eingeladen?«, fragten sie uns neulich.

26. September 1986

Es ist Pilzwetter. Aber wir lassen die Butterpilze und Steinpilze, Maronen und Pfifferlinge im Wald stehen. Vielleicht sind sie ja doch verstrahlt. Aber ist dann nicht alles verstrahlt, was wir in diesen Tagen ernten? Die Weintrauben, die Birnen und Äpfel?

18. Oktober 1986

Wir sitzen vor dem Sebnitzer Bungalow, genießen die Herbstsonne und trinken Kaffee. Eine Woche lang wollen wir im Elbsandsteingebirge wandern. Erst einmal ausspannen. Die Kinder erforschen die Umgebung. Wir verlieren sie aus den Augen. Wilfried wird unruhig. Er will nach ihnen sehen. Plötzlich hört er lautes Kinderschreien. Auf einer großen Wiese greift ein alter Schafbock Tobias an. Mit Wucht stößt das Tier den Siebenjährigen um. Kaum steht dieser wieder auf, folgt der nächste Stoß. Tobias weint. Die größeren Geschwister stehen abseits, schreien. Wilfried rennt auf die Wiese, reißt Tobias hoch, wird nun selbst angegriffen. Ein Bauer kommt rettend mit einem Knüppel. Das ist noch einmal gut gegangen.

23. Oktober 1986

Seit Tagen malt Tobias immer wieder Bilder, auf denen ein Schafbock mit Riesenhörnern zu sehen ist und ein kleiner Junge, der dem Tier die wehrlose Hand reicht und fragt: »Willst du mein Freund sein?« Und der Schafbock auf den Zeichnungen sagt mit freundlichem Gesicht: »Mähhh«, was ein deutliches Ja sein soll. Ich staune darüber, wie unser Sohn den Vorfall verarbeitet. Er sucht bewusst, dem Gegner zu begegnen. Er sucht Versöhnung. Er will den Streit nicht. Er will Freundschaft, trotz der schmerzhaften Erfahrung. Offen reicht er dem Gegner die Hand.

4. Dezember 1986

Tobias steht in der Zeitung. Er hat in einem Zeichenwettbewerb gewonnen. Seine Geschwister staunen. Konsum und HO suchten Kinderzeichnungen, die sie in weihnachtlich geschmückten Schaufenstern der Verkaufsstellen ausstellen wollen. Alle vier Kinder haben sich mit Zeichnungen zum Weihnachtsfest am Wettbewerb beteiligt. Thomas, Gesine und Michael bekommen jeder einen gefüllten Adventskalender. Tobias kann sich außerdem über einen Plüschhasen freuen.

24. Dezember 1986

Kein Stuhl ist leer zur Christvesper. Viele, die das ganze Jahr über nicht ein Mal den Fuß über eine Kirchenschwelle gesetzt haben, sind gekommen, um die Weihnachtsgeschichte zu hören. L. sitzt auch da, in der ersten Reihe. Seinen Fotoapparat dabei, wie immer. Alles muss er fotografieren, das Krippenspiel, die Flötengruppe, die Gottesdienstbesucher ... Na, wenn es ihm Spaß macht. Jemand stößt mich an und zeigt auf L.: »Kümmert euch mal um den. Der hat Probleme mit Alkohol. Und seine Arbeit ist er auch los.« Nach der Christvesper spreche ich L. an. »Wenn ich dir helfen kann, sage es.« Er wehrt ab: »Danke, aber ich komme schon zurecht.«

23. Februar 1987

Der Arbeitskreis »Seelsorgeausbildung« des Bundes Evangelisch-Freikirchlicher Gemeinden tagt in Berlin. Es geht um Ehekonflikte und um Konfliktberatung. In der Pause werde ich wegen der Artikelserie »Am runden Tisch« in »Wort und Werk« angesprochen. Das Echo ist gut. Ich freue mich darüber.

24. Februar 1987

Günter Lorenz hat mich gebeten, Texte von Ulrich Schaffer zusammenzustellen. Die Evangelische Versandbuchhandlung will ein Buch von ihm herausbringen. Dafür biete ich gern meine Hilfe an. Mir ist auch schon ein Arbeitstitel eingefallen: »Hilf mir bei meiner Gratwanderung«. Ich glaube, das trifft den Nerv der Leser in der DDR. Sind wir nicht alle auf einer Gratwanderung?

8. März 1987

Seit einem Jahr kommt L. nun schon in unseren Kreis. Noch immer ist er uns fremd. L. verdient sein Geld mit Gelegenheitsjobs und übt sich im Schreiben, zum Beispiel im »Zirkel Schreibender Arbeiter«. Heute liest er uns einige seiner Gedichte vor. Ich finde zwar keinen Zugang zu seinen Arbeiten, finde es aber gut, dass er den Mut hat, sich zu öffnen. Ist er wirklich Alkoholiker? Wenn ja, dann ist er ein Quartalstrinker. Ich merke nichts von Alkoholproblemen bei ihm.

18. März 1987

Tobias lädt einen Freund ein: »Du kannst ja mit uns zu Mittag essen.« Der Spielkamerad fragt vorsichtig: »Was gibt es denn?« Unser jüngster Sohn zuversichtlich: »Das weiß ich nicht, aber es schmeckt ganz gut.«

14. April 1987

Johannes Feige hat geschrieben. Seine Holzschnitte und meine Meditationen sollen in einem gemeinsamen Buch veröffentlicht werden.

4. Mai 1987

Die Korrekturabzüge für das Buch »Auf der Suche« sind eingetroffen. Ich will mich gleich an die Arbeit machen.
Günter Lorenz will die Idee prüfen, ein Grafiken-/Meditationsbuch zu verlegen, auch wenn keine Riesenauflage absetzbar sei. »Ein wenig sollte der Verkümmerung des Visuellen und Emotionalen bei uns Baptisten schon gegengesteuert werden«, meint er in seinem Brief.

11. Mai 1987

Die Zwillinge sitzen gerade in der Badewanne, da klingelt es an der Tür. Wilfrieds Mutter ist aus Wolfsburg zu Besuch gekommen. »Kinder, beeilt euch, die Oma ist da!«, rufe ich ins Bad. Gesine fragt: »Die Oma aus dem Land mit den großen Weintrauben?« Ich bejahe. Blitzschnell klettert sie aus der Wanne.

26. Mai 1987

»Wort und Werk« hat mein Buch angekündigt. Außerdem steht jetzt fest, dass das Buch »Holzschnitte zur Bibel« 26 Grafiken umfassen soll. Entsprechend viele Texte habe ich vorzulegen. Da kommt noch einige Arbeit auf mich zu.

Zum Glück hält mir Wilfried den Rücken frei. Er hat den größten Teil des Haushalts übernommen, damit ich in Ruhe schreiben kann. Neulich lag ein kleiner Zettel von ihm neben der Schreibmaschine: »Ich wünsche dir Gelingen für alle deine Vorhaben.« Das macht mir Mut. Ohne Wilfrieds Ermutigung hätte ich es gar nicht so weit geschafft.

1. Juni 1987

Die große Überraschung zum Kindertag: Thomas bekommt ein eigenes Zimmer. Es ist klein, aber sein. Immerhin wird er in diesem Jahr schon dreizehn Jahre alt. Da braucht er seinen eigenen Bereich.

3. Juli 1987

Vier Kinder in drei Schulklassen. Und alle bekommen zur gleichen Zeit ihre Schulzeugnisse. Diesmal bin ich bei Tobias dabei. Er hat die erste Klasse geschafft. Mit elf Einsen und drei Zweien. Stolz nimmt er seine Urkunde entgegen. Zu Hause legen die anderen ihre Zeugnisse auf den Tisch, damit auch Wilfried sie gleich sieht, wenn er von der Arbeit kommt. Nachmittags gehen wir Eis essen. Die großen Ferien haben begonnen.

5. August 1987

Es klingelt. L. steht vor der Tür. »Du musst mir helfen. Ich kann nicht mehr. Ich mache mich ja kaputt. So geht das nicht mehr weiter mit mir.« Er ist vollkommen betrunken. Ich bitte ihn, am nächsten Tag wieder zu kommen, nüchtern. »Dann können wir reden«, sage ich und verspreche, mich inzwischen im Krankenhaus zu erkundigen, ob sie ihn aufnehmen können.

6. August 1987

L. ist wieder gekommen. Er erzählt aus seinem Leben und von seiner Abhängigkeit. Ich gebe ihm einen Kalender und einen Rotstift. »Von heute an kannst du jeden Tag durchkreuzen, den du ohne Alkohol lebst«, sage ich. Ich bin froh, dass wir ihn so kurzfristig im Krankenhaus unterbringen können, denn wir wollen als Familie an den Stechlinsee fahren. L. ist mit dem Entzug im Krankenhaus einverstanden. Er wird dort bleiben, bis wir aus dem Urlaub zurück sind.

12. August 1987

Der Röblinsee. Wir wissen, dass er die Asche tausender Frauen aufgenommen hat. Ravensbrück ist nur zehn Kilometer von Neu-Globsow entfernt. Sprachlos gehen wir durch die Mahn- und Gedenkstätte. Erschüttert sehen wir auf die Bilddokumente, können das Grauen nicht begreifen, wissen nur, es darf sich nicht wiederholen. In der kleinen Verkaufsstelle, die Bücher über die Gedenkstätte anbietet, sagt ein Mann unerwartet: »Ich war auch hier.« Die Verkäuferin stockt, sagt: »Das kann doch nicht sein. Hier waren nur Frauen.« Der Mann leise: »Ich war ein Kind. Ich war als Kind hier.« Die Umstehenden halten die Luft an. Die Verkäuferin weiß nicht, wie sie reagieren soll. Sie sagt hilflos: »Hat man Sie, ich meine, sind Sie registriert?« »Ja«, sagt der Mann: »Es hat alles seine Ordnung. Es ist schon gut.« Er geht.

1. September 1987

Seit 20 Jahren bei der Zeitung. Der Chefredakteur gratuliert. Ich hätte meine Berufung als Redakteurin immer sehr ernst genommen, meint er und betont: »Das ist umso mehr hervorzuheben, da Ihre Pflichten als Mutter und Hausfrau in gleichem Maße gestiegen sind, Sie also mit großem Kraftaufwand um die Bewältigung aller dieser Verpflichtungen ringen.« Rückwirkend ab Juni bekomme ich eine vorläufige monatliche Leistungszulage von 100 Mark bei voller Stelle.

Eine volle Stelle aber kommt für mich nicht mehr in Frage. Ich brauche Freiräume. Wie sollte ich sonst alles andere schaffen, die Kalenderzettel, die Beiträge für »Wort und Werk«, die Kurzgeschichten für Kirchenzeitungen ...?

Auch Thomas bekommt eine Anerkennung vom Verlagsdirektor. Die Schule hat dem Verlag mitgeteilt, dass er mit der Urkunde »Für gutes Lernen« ausgezeichnet worden ist. Der Verlag schenkt ihm einen Büchergutschein.

10. Oktober 1987

L. hat sich bekehrt. Er ist frei vom Alkohol. »Gott hat mir die Hand hingehalten«, sagt er und strahlt mich an. »Er hat sie mir hingehalten, und ich habe sie ergriffen. Ich will sie nicht mehr loslassen.« Ich freue mich. L. will sich taufen lassen. Mit einem Lichtbildervortrag über die Besinnungswoche, in der er sich für ein Leben mit Christus entschieden hat, macht er sich mit der Gemeinde bekannt und bittet darum, aufgenommen zu werden. Wir nehmen ihn gerne auf. Außerdem rufen wir in der Gemeinde eine Arbeit für Suchtgefährdete ins Leben. Einmal wöchentlich wollen wir uns treffen. L. ist nicht der einzige trockene Alkoholiker.

11. November 1987

Thomas feiert seinen dreizehnten Geburtstag. Er überrascht seine Gäste mit einem Zauberprogramm. Er und Michael gehören seit einiger Zeit zum »Magischen Zirkel«. Beide haben schon oft auf Bühnen gestanden und Applaus geerntet. Seit ich Requisiten für die beiden Zauberlehrlinge nähe, komme ich hinter manches streng gehütete Geheimnis. Eigentlich schade. Ich staune so gern.

12. November 1987

Friedensgebete. Aufkeimende Hoffnung in Lieder und Gebete gekleidet. »Sonne der Gerechtigkeit, gehe auf zu unsrer Zeit ...« Der Pfarrer liest das Schuldbekenntnis: »Wir haben geschwiegen, wo wir hätten reden müssen. Unsere Trägheit hat anderen Hoffnung genommen.«

18. November 1987

Unsere Gemeinde lädt ab heute zu evangelistischen Abenden. Wir haben einige Freunde und Bekannte eingeladen. Jörg Swoboda aus Buckow spricht.

22. November 1987

Die Abende mit Jörg waren sehr gut besucht. Hinterher gab es die Möglichkeit zum Gespräch. Auch davon haben viele Gebrauch gemacht. L. fotografiert viel in unserer Gemeinde. Immer und überall ist er mit seinem Fotoapparat dabei. Es sei sein Hobby, sagt er. Ich bitte ihn, wenigstens nicht während der Gebete zu fotografieren und auch nicht die Leute, die sich von uns haben einladen lassen. »Mancher möchte doch lieber anonym bleiben. Die Leute wollen nicht fotografiert werden.«

27. November 1987

Unter den Kirchendächern versammeln sich Umweltgruppen, Friedensgruppen und Menschenrechtsgruppen. Jeder findet seine Nische. Aber es ist auch immer häufiger von Repressalien, Verboten, Verhören und Verhaftungen die Rede. In der Umweltbibliothek der evangelischen Zionskirche soll es Verhaftungen gegeben haben.

3. Dezember 1987

Mehr und mehr konzentriere ich mich in meiner Arbeit auf Kultur und Kirche und auf geschichtliche Beiträge. Auch Gerichtsberichte schreibe ich wieder. Wenn ich mir meine Themen nicht größtenteils selber suchen könnte, würde ich es bei der Tageszeitung nicht aushalten. Der Widersinn ist manchmal einfach zu groß. Wozu in Betriebe gehen, wenn doch nur Erfolgsmeldungen herauskommen dürfen? Ich habe mir angewöhnt, neben den Beiträgen für die Zeitung kleine Geschichten zu schreiben, auf die ich bei meinen Recherchen stoße. Nur so halte ich es aus. Ich schreibe im Dienst, was der Chefredakteur lesen will. Ich schreibe zu Hause, was ich schreiben muss, um zu überleben.

20. Dezember 1987

Wilfried bringt Apfelsinen nach Hause. Gut, dass er beim Handel arbeitet.

12. Januar 1988

Wilfrieds Mutter schenkt uns Fliesen für das Badezimmer, über GENEX. Wofür sie Westgeld hingeblättert hat, kommt aus einem Werk ganz in unserer Nähe. So etwas macht mich wütend. Wie war das doch gleich? »Was des Volkes Hände schaffen, soll des Volkes Eigen sein« ...

20. Januar 1988

Tobias will sich unbedingt einen Film ansehen. Ich bin der Meinung, dass er ins Bett gehört. Es kommt zu einer anstrengenden Auseinandersetzung. Autoritäre Erziehung wäre manchmal kraftsparender. Alle Versuche, ihn zu überzeugen, dass dieser Film im Fernsehen für ihn ungeeignet ist, überzeugen ihn nicht. Schließlich setze ich doch meinen Willen mit Macht durch. Ihm bleibt nur die Ohnmacht. Wütend sagt er zu mir: »Ich protestiere gegen dein Verhalten.« Recht hat er. Wenigstens protestieren sollten wir in unserer Ohnmacht.

14. Februar 1988

In Dresden versammeln sich die Kirchen. Es geht um Gerechtigkeit, Frieden und Bewahrung der Schöpfung.

25. Februar 1988

Das Telefon klingelt, es ist Wilfried. Er ruft aus der Werbeabteilung an. »Bring mir bitte den SVK-Ausweis«, sagt er. »Komm schnell, ich muss ins Krankenhaus.« Auch das noch. Wilfried ist im Neuschnee ausgerutscht und hat sich beidseitig das Sprunggelenk gebrochen. Es muss unheimlich weh tun. Wilfried ist aschfahl im Gesicht.

15. März 1988

In Leipzig demonstrieren Hunderte für Reisefreiheit. Ich besuche Wilfried jeden Tag im Krankenhaus, schon die dritte Woche. Ich weiß nicht mehr, wie ich alles unter einen Hut bekommen soll, die Arbeit in der Redaktion, die Hausarbeit, die Kinder. Eigentlich möchte ich nur noch schlafen, nichts sehen, nichts hören.

18. März 1988

Wilfried wird entlassen. Aber am 11. April muss er erneut ins Krankenhaus.

Zum Glück sind die Kinder ziemlich selbständig. Für Nebenämter habe ich jetzt keine Kraft. Auch zum Schreiben komme ich kaum. Ich bin froh, wenn ich die Arbeit in der Redaktion schaffe.

21. April 1988

Unser Kollektiv wird erneut mit dem Titel »Kollektiv der sozialistischen Arbeit« ausgezeichnet. Ich bemühe mich ernsthaft um eine Ausbildung für die Beratungsarbeit. So sehr ich mit meinem Beruf verwachsen bin, so deutlich spüre ich, dass es ein Ende haben muss. Ich bin einfach kein Funktionärstyp.

1. Juni 1988

Wilfried geht wieder arbeiten. Aber der Fuß macht ihm noch zu schaffen, besonders, wenn das Wetter umschlägt.

15. Juni 1988

Jahrelang hatten wir nichts mehr voneinander gehört, und jetzt hat sie uns nach Waren eingeladen: Agnes. Zwei Jahrzehnte haben wir einander nicht gesehen. Wir kennen uns, weil sie ihre Ausbildung in Forst gemacht hat und damals zu uns in die Jugendgruppe kam.

16. Juni 1988

Aus Berlin ist ein Päckchen gekommen. Mein Buch!!! Es ist, als hätte ich ein Kind bekommen. Ich freue mich riesig. Ich bin glücklich, ich bin glücklich! Ich kann es noch gar nicht richtig fassen. Immer wieder nehme ich es in die Hand, blättere darin herum. Auch ein wenig Angst ist in mir. Wie wird die Reaktion der Leser sein? Wird es sich verkaufen? 8000 Exemplare sind gedruckt.

Die von mir ausgesuchten Ulrich-Schaffer-Texte liegen inzwischen beim Kulturministerium vor. Ich habe extra darauf geachtet, nur Texte auszusuchen, die keinen Anstoß erregen. Texte, in denen von Mauern, von Freiheit, von Grenzen die Rede ist, habe ich von vornherein aussortiert.

10. Juli 1988

Urlaub in Mecklenburg. Unser Quartier beziehen wir unter dem Dach des Gemeindehauses. Die Küche befindet sich im Keller. Alles ist ein wenig umständlich. Macht nichts. Hauptsache Tapetenwechsel.

Agnes hat uns zum Mittagessen eingeladen. Wir sitzen im Garten. Karl-Heinz grillt vierzehn Forellen! Wann habe ich eigentlich das letzte Mal Forelle gegessen? Ich kann mich nicht entsinnen. Karl-Heinz arbeitet in der Fischwirtschaft. Wir essen sein Deputat für das Jahr 1988 auf.

2. August 1988

Während unsere Kinder in Schmiedeberg und Malchow an Kinderrüstwochen teilnehmen, sind Wilfried und ich in Buckow zu einer Weiterbildung. Es geht um Seelsorge, um das richtige Hinhören.

Dem anderen zur Seite stehen, bei ihm sein, wenn es schwer wird, das wollen wir lernen.

7. August 1988

Eine Nachbarin wollte ihre kranke Mutter im Westen besuchen. Ihr Antrag wurde kurzfristig abgelehnt. Sie hatte den Koffer schon gepackt. Ein Polizist wollte sie trösten: »Zur Beerdigung werden Sie sicher fahren dürfen.«

1. September 1988

Jörg hat eine Kassette mit seinen Liedern herausgebracht und uns eine geschickt. Ich freue mich mit ihm. Mit vielen Liedern verbinde ich gute Erinnerungen.

Gehorsam geht vor Verstehen – dieses Lied ist mir neu. Es gefällt mir. Ich möchte Gott gehorchen. Aber was will er von mir? Was hat er vor mit meinem Leben? Wenn ich das nur wüsste. Solange ich mir nicht sicher bin, kann ich keine Entscheidungen treffen und sitze im Krisenloch fest.

8. September 1988

Das Manuskript für das Feige-Buch ist fertig. Joachim Schöne hat einleitende Worte zu den Holzschnitten geschrieben.

10. September 1988

Betriebsausflug in die CSSR. Mit mehreren Bussen fahren wir von Dresden nach Jablonec und auf den Jested hoch. Ich bin erschrocken über den Zustand der Bäume. Sie sind krank und kahl.

16. September 1988

Es kann nicht länger geheim bleiben: Ich bin im Mittelalter angekommen. 40 Jahre und über 30 Gratulanten. Die letzten Gäste sind nach 22 Uhr gekommen, Teilnehmer des theologischen Grundkurses, der gerade in unserem Gemeindezentrum stattfindet. Wilfried hat mir einen kleinen goldenen Ring mit rotem Stein geschenkt. Die Kinder haben mich mit Gebasteltem beglückt. Viel Post ist gekommen. Ein gutes Gefühl, Freunde zu haben. Überall stehen Blumen in der Wohnung. Nur noch der Abwasch, dann ins Bett.

25. September 1988

Michael zeigt mir einen großen Apfel. »Wasch dir die Hände, ehe du ihn isst«, sage ich. Er: »Und zu dem Apfel sagst du gar nichts?«

Beim Abendessen sehen seine Hände immer noch aus, als könnten sie Seife vertragen. »Der Schmutz geht so schlecht ab«, klagt Michael. Ich erkläre: »Körperhygiene ist vielleicht nicht das Wichtigste, aber wichtig ist sie schon.« »Und was ist das Wichtigste?«, will Gesine wissen. Tobias: »Dass man lebt.«

Wieder einmal hat er den Nagel auf den Kopf getroffen.

3. Oktober 1988

Nach dem Abendessen bleiben wir noch etwas sitzen. Wenn wir den Kindern erzählen, was wir in unserer Kindheit und Jugendzeit erlebt haben, sind sie ganz Ohr. Manche Geschichte wollen sie immer wieder hören. »Mutti, erzähl doch noch einmal von dem Jungen im Ferienlager, der gesagt hat, du bist sein Ersatz.« Ich erinnere mich. Damals war ich neun Jahre alt und sehr verliebt, doch auch bald sehr enttäuscht, denn mein Freund hatte plötzlich eine zweite Freundin und gab ihr offensichtlich den Vorzug. »Das war aber nicht unser Papa!«, stellt Gesine fest und fragt: »Woher hast du eigentlich gewusst, dass Papa der Richtige ist, den du heiraten sollst?« Dann rückt sie mit ihrem Problem heraus: »Weil mir doch drei Jungen in der Klasse gefallen.«

5. Oktober 1988

Das Honorar für mein Buch ist da! Und wie es der Zufall will, gibt es im Haushaltswarenladen ein Kaffeeservice, wie ich es schon lange suche. Es ist wunderschön. Weißes Porzellan mit geschwungenem Goldrand und Rosendekor. Aus Lichte. Mit Butterdose und Konfektschälchen, mit Teekanne und Kaffeekanne. Eine Augenweide. Ich stürze in die HO-Verkaufsstelle und bitte die Verkäuferin, es für mich zu reservieren. »Ich hole nur schnell Geld«, sage ich und nenne ihr meinen Namen. Die Verkäuferin legt einen Zettel in die Vitrine.

Als ich kurze Zeit später zurückkomme, ist die Vitrine leer. Ich frage die Verkäuferin: »Haben Sie das Kaffeeservice schon für mich eingepackt?« Sie meint verwundert: »Das hat doch schon Ihr Mann abgeholt.« »Das kann nicht sein«, sage ich, »mein Mann hat das nicht abgeholt. Ich will es jetzt holen.« Die Verkäuferin wird blass. Dann sagt sie: »Das tut mir aber Leid. Sie waren kaum fort, da kam ein Mann und sagte, er soll das Service holen, das seine Frau reserviert hat. Er hat auch den richtigen Namen genannt. Also, das Kaffeeservice ist jetzt weg. Wir haben wirklich geglaubt, es wäre Ihr Ehemann. Wir haben es ihm verkauft.« Ich bin sauer. »Haben Sie nicht noch ein solches Service?« – »Nein, das war ein Einzelstück, eigentlich für den Export bestimmt. Geben Sie uns doch Ihre Telefonnummer«, sagt die Verkäuferin. »Sollte mal wieder etwas mitkommen, rufen wir Sie an.«

Ich bin sauer. Mir ist der Tag verdorben, der so gut angefangen hatte.

9. Oktober 1988

Auf der einen Seite machtvolle Militärparaden, auf der anderen Seite Nachdenken über Frieden und Gerechtigkeit. Zwei Seiten, die nicht zusammenkommen.

12. Oktober 1988

Thomas ist mit seiner Schulklasse nach Kühlungsborn gefahren. Abends klingelt das Telefon. Ein R-Gespräch. »Ja, wir nehmen an.« Es wird doch nichts passiert sein? Es ist Thomas. »Kannst du mir das Morse-Alphabet durchsagen? Es ist ganz dringend. Hier blinken nachts immer welche.«

5. November 1988

Die Zeit ist reif. Geschwiegen wurde zu lange. »Friede den Fernen –

Friede den Nahen« steht über der Friedensdekade. Für den »innerkirchlichen Gebrauch« taucht auch in unserer Gemeinde Informationsmaterial unter dem Titel »Aufbruch« auf. Auf Wachsmatrizen geschrieben. Frieden, Gerechtigkeit, Bewahrung der Schöpfung – drei große Worte, die in kleinen Bereichen mit Leben erfüllt werden sollen, zum Beispiel in einem zivilen Friedensdienst.

Pfarrer begehren gegen das System auf.

12. November 1988

Beim Zeitunglesen bleibt mein Blick an einer Überschrift hängen: »Nahezu alle Babys in der DDR sind Wunschkinder«. Mich erinnert das an: »In Peperonien sind alle Menschen glücklich. Wer nicht glücklich ist, wird gehenkt. Und täglich wird gelacht. Zweimal.«

Wie viele Menschenleben wurden seit der Freigabe des Schwangerschaftsabbruchs 1972 beendet, weil es keine Wunschkinder waren, die da geboren werden wollten? Allein im ersten Jahr sollen 160 000 Eingriffe vorgenommen worden sein. Konkrete Veröffentlichungen gibt es nicht. Aber es sind jährlich über 100 000 Abbrüche. Auf drei geborene Kinder kommt ein ungeboren gebliebenes. Und wir reden von Bewahrung der Schöpfung.

20. November 1988

Der »Sputnik« ist verboten. Von der Sowjetunion lernen, heißt siegen lernen! Oder nun doch nicht mehr? L. kam zu Besuch. Er wollte wissen, was ich davon halte, dass der »Sputnik« verboten wurde, und wie ich die politische Lage einschätze. Ich fand das sehr merkwürdig und habe versucht, unser Gespräch auf andere Themen zu bringen.

29. November 1988

Unsere Arbeitsgemeinschaft zur Abwehr von Suchtgefahren ist für viele ein wichtiger Anlaufpunkt. Erst waren es zwei Alkoholkranke, jetzt sind es schon ein Dutzend Leute, die sich jeden Dienstag zusammenfinden.

12. Dezember 1988

Es soll Farbfernseher zu kaufen geben. Vor dem Fachgeschäft postieren sich potentielle Kunden. Sie haben Zeit mitgebracht und kleine Hocker. Manche sitzen die ganze Nacht vor dem Laden. Andere lösen sich ab. Wilfried besorgt für meine Eltern einen Farbfernseher. 8000 Mark! Während vor dem Geschäft die Leute stundenlang Schlange stehen, geht er hinten rein und sagt dem Verkäufer: »Stell mir mal einen zur Seite. Nach Feierabend hole ich ihn mir ab.«

1. Januar 1989

»Keinem von uns ist Gott fern«, heißt die neue Jahreslosung. Ein tröstliches Wort. Und ein weiteres Wort tröstet mich. Es steht auf dem Kalenderblatt: »Kein Winter ist endlos.«

15. Januar 1989

Siegfrieds Mutter will ihren Sohn in Hannover besuchen. Ihr Antrag wird abgelehnt. Daraufhin stellt sie sofort einen neuen Antrag. Einen Ausreiseantrag.

»Die wollen es doch nicht anders«, sagt sie.

17. Januar 1989

Die Herrnhuter Brüdergemeine hat zur Sachspendenaktion aufgerufen. Ich sehe die Kleiderschränke durch und sortiere aus, was den Kindern zu klein geworden ist. Zwei große Kartons mit Kleidung, mit Stoffen und Schuhen will ich nachher hinbringen. Wir haben mehr als genug.

25. Januar 1989

Die Texte für das Grafiken-Buch sind genehmigt. Fast alle. Die staatliche Zensur nicht überstanden hat mein Gedicht zum Holzschnitt, der die Flucht aus Sodom darstellt und Lots Frau zeigt, die zur Salzsäule erstarrt, weil sie zurückblickt. Das hätte ich mir denken können. Von Flucht darf man nicht reden in einem Land, dem immer mehr Leute entfliehen wollen. Mir tut es Leid um den Text. Vielleicht ergibt sich später einmal die Gelegenheit, ihn zu veröffentlichen.

Manchmal ist Flucht der einzige Weg.
Manchmal rettet nur der Blick nach vorn.
Manchmal darf man nicht stehen bleiben.
Manchmal darf man nicht zurücksehen.
Manchmal muss man alles hinter sich lassen,
ohne Abschied.
    Sieh dich nicht um!
    Verlier dich nicht in dem, was war!
    Erstarre nicht im Gestern!
    Fang neu an!
Geh!

27. Januar 1989

Der Wahlaufruf steht in den Zeitungen. Nun geht der Rummel wieder los. Rechenschaftslegungen der Abgeordneten, Kandidatenvorstellungen, Versammlungen, Reden, Versprechungen, Eingaben, Worte, Worte. Es heißt, diesmal soll kein Druck ausgeübt werden. Also nicht mehr mit der Wahlurne ins Haus, den Fuß in der Tür? Der Ruf nach mehr Demokratie wird laut. Geht das? Demokratie in einer Diktatur?

28. Februar 1989

Peter Drescher arbeitet als Buchhändler. Er schreibt aber auch Geschichten. Er hat mein Buch in der Tageszeitung wohlwollend rezensiert und eine Kopie zur weiteren Verwendung an Günter Lorenz geschickt. Zu spät. »Auf der Suche« ist längst vergriffen. Ob eine Neuauflage kommt, hängt vom Papierkontingent ab.

5. März 1989

Ausländer dürfen wählen. Ein überraschender Beschluss der Volkskammer. Das war vorher nie im Gespräch. Was weiß ein Ausländer von der Problematik im Land?

2. April 1989

Wir erleben interessante Stunden mit der Evangelischen Akademie in Buckow. In den Gesprächsrunden geht es sehr offen zu. Aber was die Berliner Teilnehmer von den Machenschaften der Staatssicherheit erzählen, vom skrupellosen Eindringen in die Privatsphäre, ich will es nicht glauben. Und sie wollen nicht glauben, dass ich so naiv bin.

4. April 1989

Wilfrieds Mutter wird im Mai 70 Jahre alt. Sie hat uns nach Wolfsburg eingeladen. Wir haben einen Antrag gestellt und müssen zum Volkspolizeikreisamt. Das Wartezimmer ist gefüllt. Alles schweigt. Wer weiß, ob die Gespräche nicht aufgezeichnet werden? Man ruft uns auf. Es folgt eine Art Verhör: »Wie oft haben Sie Kontakt zur Mutter? Wann zuletzt? Üben Sie gesellschaftliche Tätigkeiten aus? Was machen Sie in der Freizeit? Sammeln Sie Münzen? Wo bleiben die Kinder, wenn Sie reisen? Welchen Parteien gehören Sie an?«

Wir beantworten brav jede Frage. Bloß nicht unangenehm auffallen.

9. April 1989

Thomas ist aus dem Bibelunterricht entlassen. Das feiern wir mit vielen Gästen. Er soll sich nicht benachteiligt fühlen, denn alle anderen in seiner Klasse haben Jugendweihe. Eigentlich haben wir damit gerechnet, dass jemand vom Jugendweiheausschuss ins Haus kommt, um uns zu überzeugen. Von anderen Familien hören wir, dass sie mehr unter Druck gesetzt worden sind. Vielleicht lassen sie uns in Ruhe, weil die Fronten klar sind.

12. April 1989

»Warum sind Sie gegen unseren Staat?«, fragt mich die Klassenlehrerin der Zwillinge. – »Ich bin kein Staatsgegner«, erwidere ich. Frau F.: »Wenn Ihre Kinder nicht Pioniere sind, dann muss man doch annehmen, dass Sie staatsfeindliche Ansichten haben. Warum lassen Sie die Kinder nicht beides machen, Konfirmation und Jugendweihe? Später können sich die Kinder dann selbst entscheiden. Warum legen Sie ihnen Steine in den Weg?«

Wir legen unseren Kindern keine Steine in den Weg. Die Steine legen andere. Wir wollen nicht, dass unsere Kinder ohne nachzudenken auf ausgetretenen Pfaden laufen, dass sie tun, was alle tun. Sie sollen ihr Fähnchen nicht in den Wind hängen, egal, woher er weht. Wir wollen keine Ja-Sager. Wir wollen keine Nein-Sager. Wir wollen, dass unsere Kinder sagen, was sie denken, und dass sie tun, was sie sagen.

23. April 1989

Wilfried fährt mit der Jungschargruppe nach Fürstenwalde. Er besichtigt mit den Kindern die Samariteranstalten. Ich bin nach Buckow gefahren. Morgen soll ich vor den künftigen Pastoren über Stilistik sprechen, über die Wirkung des Wortes. Für mich eine aufregende Sache.

27. April 1989

Wir haben unsere Pässe beim VPKA abgeholt. Wilfried und ich werden im Mai nach Wolfsburg fahren. Zehn Tage BRD! Zu zweit. Ich bin wahnsinnig aufgeregt. Wir dürfen in den Westen fahren! Bald werden wir mitreden können mit denen, die bereits eine Reise hinter sich haben. Jeder redet auf uns ein: »In den Blumenläden werden euch die Augen übergehen.« »Und auf dem Markt erst einmal!« »Und die Sauberkeit in den Straßen!« »Sogar die Wiesen sind dort grüner.« Wir werden sehen.

6. Mai 1989

Das ist er also, der Interzonenzug, auch Rentnerzug genannt. Stimmt, die meisten Mitreisenden sind schon betagt. Man redet wenig miteinander. Man kann ja nie wissen ...

Die Grenze rückt näher. Der Zug hält. Passkontrolle. Zollkontrolle. Alles schweigt. Bloß nichts Falsches sagen. Besser gar nichts sagen. Dann großes Aufatmen. Plötzlich redet alles durcheinander, redet von Bleikristall im Koffer und vom Kaninchenfleisch im Rucksack. Man will ja nicht mit leeren Händen zu seinen Verwandten kommen. Ich schaue nach den grünen Wiesen aus. In einem Kleingarten steht ein Fahnenmast. Hier zeigt einer Flagge: schwarz, rot, gold. Ohne Hammer, Zirkel, Ährenkranz. Der traut sich was, denke ich. Im selben Moment fällt mir ein, wir haben das Terrain der DDR bereits seit zehn Minuten verlassen.

7. Mai 1989

»Das sind meine Kinder aus dem Osten«, stellt uns Wilfrieds Mutter beim Besuch des Gottesdienstes in der evangelischen Kirche vor. »Na, dann essen Sie sich mal richtig satt«, sagt der Küster. Peinlich im Blick auf mein leichtes Übergewicht. Aber immer noch besser, als zur Begrüßung auf dem Bahnhof eine Banane geschenkt zu bekommen, wie es anderen passiert sein soll.

Abends sitzen wir vor dem Fernseher. Wir sind auf die Wahlergebnisse gespannt und schließen Wetten ab. Dann das Ergebnis: 98,85 Prozent aller gültigen Stimmen für »das bewährte Miteinander, für einen starken Sozialismus und sicheren Frieden«. Wer macht eigentlich wem etwas vor? Potemkinsche Dörfer. Der Kaiser führt seine neuen Kleider vor. Wo ist das Kind, das seine Nacktheit erkennt?

8. Mai 1989

In einem Geschäft für Bastlerbedarf fragt mich der Verkäufer: »Sie sind aus dem Osten? Und da brechen Sie nicht in Tränen aus?«

Heulen, ja, das könnte ich dann wirklich, als ich einen Buchladen betrete. Nur kaufen kann ich nichts. Erst nach dem Gang zum Sozialamt, wo ich Westgeld bekomme.

Jede D-Mark wird einige Male umgedreht, ehe sie ausgegeben wird. Schlimm ist es in der Spielzeugabteilung des Kaufhauses. Wofür entscheiden? Es gibt wahnsinnig viel. Vom Überfluss wird mir schwindlig. Abends gehen wir in eine Kirche zum Konzert. Hier kaufen wir am Büchertisch eine Kinderbibel.

9. Mai 1989

An die gefüllten Regale könnte ich mich schnell gewöhnen. Und an den Anblick eines Bettlers? Der alte Mann heute vor dem Warenhaus Hertie, die Kleidung schmutzig, ein Pappschild vor der Brust: »Ich heiße Willi. Ich bitte um eine Spende für ein Nachtquartier«. Ich sah den Mann an. Er blickte zur Seite. Nur ein Augenblick. Ich kann seine Augen nicht vergessen.

10. Mai 1989

Bekannte laden uns zu einer abenteuerlichen Rundreise ein. Sie wollen uns viel zeigen. Wir wollen viel sehen. Den Teutoburger Wald gibt es also nicht nur im Geschichtsbuch. Wir stehen auf dem Hermanns-Denkmal, wandern zu den Externsteinen, lernen Schwalenburg kennen.

Auch unsere Freunde Uta und Johannes aus Hückeswagen kommen nach Wolfsburg. Endlich lernen wir uns von Angesicht zu Angesicht kennen. Auch sie laden uns in ihr Auto und düsen mit uns über die Landstraßen. Wer weiß, ob und wann wir wieder Gelegenheit haben, etwas von diesem Deutschland kennen zu lernen. Wir genießen alles, schlafen kaum. Johannes steckt uns ein Briefkuvert zu. Hundert Mark West! »Damit ihr uns nicht immer bitten müsst, wenn ihr etwas braucht.«

14. Mai 1989

Wilfried fotografiert Graffiti an den Häuserwänden, auch den Satz an der Kirchentür: »Ausländer raus!« Ich betrete einen Frauen-Laden. Hier haben Männer keinen Zutritt. Ein geschützter Raum. Ich kann mir nicht vorstellen, dass Frauen in der DDR einen solchen Raum brauchen.

15. Mai 1989

Reich an neuen Eindrücken fahren wir zurück. Und schwer bepackt, viel zu schwer. Ein großes Paket wird mit der Post folgen.

Wir freuen uns auf die Kinder. Die werden Augen machen! Irgendwo habe ich gelesen: »Man liebt nur, was man verlassen kann.« Ich will reisen. Die Welt ist so groß. Wir sind nur einmal Gast auf Erden. Mit welchem Recht sperrt eine Regierung ein ganzes Volk ein?

23. Juni 1989

Mitglieder des Gemeindekirchenrates, Christen aus verschiedenen Kirchengemeinden und im Kirchendienst tätige CDU-Mitglieder sind zu einer »differenzierten Veranstaltung« eingeladen. Mit am Tisch sitzt der Superintendent. Neben ihm nimmt der CDU-Bezirksvorsitzende Platz. Dritter im »Präsidium« ist der Vorsitzende des Rates des Bezirkes für Inneres.

Der ökumenische Friedenskreis unserer Stadt hat die Funktionärsgemüter beunruhigt. Vergeblich versuchte der Superintendent, seine Schäfchen zu bändigen. Jetzt schaut er betreten. Einst hat er in Bethel und Tübingen Theologie studiert. Dann war er dem Ruf in den Osten gefolgt, um Christsein im Sozialismus zu praktizieren. Aber jahrelanges Wandern zwischen Anpassung und Verwerfung haben ihn ermüdet. Ein Staatsfeind wollte er nie sein, eher der bessere Staatsbürger. Er wollte eine menschlichere Gesellschaft. Jetzt sieht er sich in seinen Idealen getäuscht.

Der Bezirksvorsitzende für Inneres sucht nach salbungsvollen Worten. »Die Staatspolitik in Kirchenfragen ist im Verlauf der 40 Jahre DDR-Geschichte gewachsen und gereift«, leitet B. die Gesprächsrunde ein. Aus anfänglichem Misstrauen sei Vertrauen geworden. Dieses Vertrauen müsse immer wieder neu probiert werden.

Ich höre die Worte und habe ein flaues Gefühl in der Magengegend. B. und ich haben zusammen die Schulbank gedrückt. Unsere Wege sind weit auseinander gedriftet.

B. spricht davon, wie nötig der konstruktive Dialog sei. Wann hat es jemals einen wirklichen Dialog zwischen Staat und Kirche gegeben?

In der Pause wird er mir gegenüber deutlicher. Kumpelhaft umfasst er mich, klopft mir auf die Schulter und sagt: »Dass ihr euch in eurer Baptistengemeinde um Alkoholiker kümmert, das finden wir gut. Dagegen haben wir nichts. Und wenn ihr Hilfe braucht, sagt es. Das ist eine wichtige Arbeit. Aber einige von euch arbeiten im ökumenischen Friedenskreis mit. Eine gefährliche Sache. Ihr solltet dafür sorgen, dass diese Leute für andere Aufgaben eingesetzt werden. Der Friedenskreis kann eure Gemeinde kaputtmachen. Ihr müsst das doch nicht aufs Spiel setzen. Ich sage dir das ganz im Vertrauen. Wir sind da dran.«

Mir ist schlecht. Woher weiß er das alles? Natürlich weiß er das alles. Inneres, das ist Staatssicherheit. B. bietet mir gönnerhaft an, unsere Gemeinde zu einem Essen in ein schönes Cottbuser Restaurant einzuladen. »Um einmal ganz intensiv im Gespräch zu sein. Ihr seid ja nicht so viele. Also, das kriege ich hin. Ich kann das abrechnen. Es kostet euch keinen Pfennig. Du bist doch im Gemeinderat. Sprich doch da mal darüber. Wir sollten wirklich viel enger zusammenarbeiten.«

Mir ist zum Kotzen übel. Waren wir wirklich einmal Freunde?

25. Juni 1989

Bei Berthold Brecht lese ich: »Wem der Boden noch nicht so heiß ist, dass er ihn lieber mit jedem anderen vertauschte, als dass er dabliebe, dem habe ich nichts zu sagen.«

1. Juli 1989

In mir ist alles durcheinander! Heute Morgen kam ein dicker Brief mit der Post, ein Brief vom Bund Evangelisch-Freikirchlicher Gemeinden. Ungeduldig riss ich ihn auf. Papiere fielen mir entgegen. Formulare. Der Bund delegiert mich zu einem Workshop nach Rüschlikon. Ich soll in die Schweiz fahren! Erst konnte ich das gar nicht fassen. Immer wieder las ich mir den Brief durch. Da stand es schwarz auf weiß: zur Teilnahme delegiert. Es soll Anfang November stattfinden. Ich bin aufgeregt. Und wenn die Reise nicht genehmigt wird? Nein, sie muss einfach. Die Konferenzsprache wird Englisch sein. Ich habe mich gleich auf den Weg gemacht und mir Lehrbücher besorgt, um mein Schulenglisch aufzufrischen. Auf meinem Schreibtisch liegen viele Formulare, die ich auszufüllen habe. Sogar einen Lebenslauf muss ich schreiben. Ich hätte nie für möglich gehalten, dass ich einmal in die Schweiz komme. So richtig kann ich es noch nicht glauben. Am liebsten würde ich es jedem erzählen, aber ich behalte es lieber für mich. Es genügt, wenn die Familie davon weiß. Denn die Reise muss ja erst bewilligt werden. 40 Jahre bin ich alt, und viel gesehen habe ich noch nicht von der Welt, eine Woche in der CSSR, BRD, ein paar Tage Polen, als die Grenzen offen waren, drei Tage Moskau, eine Auszeichnungsreise. Und jetzt das. Wie oft habe ich den Brief seit heute Morgen gelesen? Fünfmal? Zehnmal?

10. August 1989

Täglich verlassen Hunderte das Land. Das Beängstigende ist das Schweigen der Medien dazu. Es wird einfach nicht wahrgenommen, dass die Unzufriedenheit wächst, dass Menschen ihre gesicherte Existenz aufgeben, gut eingerichtete Wohnungen, Einfamilienhäuser, schöne Grundstücke verlassen, Freunde zurücklassen, Heimat verlassen, dass sie die Ungewissheit, die Fremde vorziehen. Vor der Wahl ist für viele der Antrag auf Ausreise genehmigt worden, nach der Wahl haben viele andere einen Antrag gestellt.

Wird es wirklich nicht wahrgenommen?

Und dann die anderen, die mit der Reisetasche in der Hand, mit dem Rucksack auf dem Rücken das Weite suchen, Hals über Kopf, wie es scheint, fluchtartig. Sie suchen Schutz in den BRD-Botschaften in Warschau, in Prag, in Budapest, sie laufen über die offene ungarisch-österreichische Grenze, schwimmen durch die Donau, fliehen, fliehen. Wir weinen denen keine Träne nach, heißt es. Aber mir ist zum Weinen. Beinahe täglich höre ich: »Der ist jetzt auch weg, und der und die.« Der Freundeskreis unserer Gemeinde ist nur noch ein Häuflein Zurückgebliebener. Von unseren Gemeindemitgliedern ist noch keiner gegangen, aber von anderen Gemeinden hörte ich erschreckende Meldungen. Hat uns Gott nicht hierher gestellt? Ist es gut zu gehen? Ist es richtig zu bleiben? Je mehr sich für das Weggehen entscheiden, desto stärker wird das Fragen in mir. Es ist, als müsste ich mir begründen, weshalb ich bleibe. Das Thema Gehen oder Bleiben beschäftigt uns ständig.

In unseren Nachrichtensendungen ist die Welt heil, auf unseren Zeitungsseiten tummeln sich Erfolgsmeldungen. Der Wahlbetrug wird nicht zugegeben. Haben wir alle den Blick für die Realitäten verloren? Laufen wir alle mit rosaroten Brillen umher? Wie lange noch lässt sich Unrat unter den Teppich kehren? Wie hieß es auf der 8. Tagung des ZK der SED? »Die Kommunalwahlen sind ein klares Votum für unsere Politik.« Welch ein Selbstbetrug! Und es ist noch gar nicht so lange her, da stellte der Parteivorsitzende Gerald Götting vor Mitgliedern der CDU fest: »Als das schönste Ergebnis der zurückliegenden 40 Jahre betrachten wir das beständig wachsende Vertrauensverhältnis zwischen Menschen unterschiedlicher sozialer Herkunft, weltanschaulicher oder Glaubenshaltung.«

Wo haben die Regierenden ihre Augen? Wo haben sie ihre Ohren? Warum wohl haben bereits Tausende das Land verlassen? Alles Abenteurer? Kriminelle? Vaterlandsverräter? Menschen, die nur den Wohlstand sehen?

Warum gehen sie alle, wenn doch laut offizieller Meinung unser Land von Jahr zu Jahr erstarkt, wenn Effektivität und Qualität wachsen, wenn sich die Menschen in den Städten und Gemeinden zunehmend wohl befinden, wenn jeder seine gesicherte Existenz hat? Soziale Sicherheit ist viel, aber nicht alles. Soziale Sicherheit ohne Freiheit, was ist das wert? Soziale Sicherheit in einem Land, in dem sich nichts bewegt außer den Flüchtenden.

Wie viele werden noch gehen? Was muss noch passieren, damit die Regierenden endlich aufmerken, damit sie hinsehen und hinhören?

Wenn ich an die Abschiedsrunde bei S. denke. Lange musste er warten, Jahre. Er hat alles auf sich genommen, Diskriminierung, Entfremdung. Endlich die Ausreisegenehmigung, überstürztes Packen, was mitnehmen, was loslassen, in fast leeren Räumen, auf Holzkisten der Umtrunk mit Freunden, Sektkorken flogen, zu trinken gab es im Überfluss, doch Stimmung kam nicht auf. Schweigend saß die Runde. Alles Gute! Bleibt gesund! Adieu! Ein letztes Umarmen.

Wo mag er jetzt leben? Was tut er? Hat er Freunde gefunden? Trennungsschmerz liegt über dem Land und der Schmerz darüber, den Schmerz nicht zuzugeben. Wir lassen unsere Fahnen wehen. »Ich leb so gern in meinem Land«, betitelt sich ein Kinderliteratur-Wettbewerb. Ich möchte schreiben: Alles Lüge!

Immer wieder verlassen werden.
Immer wieder verlassen sein.
Immer wieder erleben müssen,
dass Freunde gehen.
Immer wieder leben müssen,
hier und heute.

11. September 1989

Heute las ich in der Zeitung einen Artikel über Träume. Darin sagte Dr. phil. Tögel: »Seiner Träume sollte man sich nicht schämen, sondern bemüht sein, über im Traum dokumentierte Inhalte einen besseren Zugang zu sich selbst zu finden. Das schließt natürlich auch die Wahrnehmung und Integration der dunklen, problematischen Seiten der Persönlichkeit ein. Eine solche Forderung bindet natürlich jedes Mitglied der Gesellschaft ein, z.B. auch die Journalisten. Sie kennen ja wohl am besten das Bild, das unsere Presse von der derzeitigen gesellschaftlichen Wirklichkeit zeichnet. Die Realität ist sehr viel differenzierter und schattierter als diese Bilder. In der gleichen Weise wie in diesem Beispiel die Presse, gehen viele Menschen mit sich selbst um.« Die Integration der dunklen Seiten. Ich weiß nicht mehr, wer es gesagt hat, aber ich glaube, es stimmt: Du kannst nur über deinen Schatten springen, wenn du ihn annimmst.

Aber Schattenseiten gibt es im Sozialismus einfach nicht. Es darf sie nicht geben. Wir lieben optimistische Farben. Wir lieben die Superlative. Wir arbeiten nicht einfach gut oder besser, nein, immer noch besser. Wachsende Qualität, höhere Effektivität, Höchstleistungen, schöner unsere Städte und Gemeinden, schöner Wohnbezirk, schönes Dorf, mein Arbeitsplatz: ein Kampfplatz für den Frieden.

Mit den Besten vergleichen, Spitze erreichen! Die Statistik weist es aus: Wir werden immer besser, verbrauchen immer mehr, wohnen immer komfortabler, leben immer glücklicher. Wir sind geübt im Verdrängen der Schattenseiten. Wir wollen die rosarote Brille gar nicht absetzen, denn dann müssten wir die grauen Häuserfassaden sehen und den Zerfall der Bausubstanz in der Innenstadt, die zugenagelten Fenster mit den zerbrochenen Scheiben, die zerklaffenden Schornsteine, die fehlenden Dachziegel, das Moos in den

Dachrinnen, dann müssten wir die Abfälle in den Grünanlagen entdecken, die schmutzigen Bahnhöfe, die defekten Spielgeräte, die verdreckten Sandkästen, wir müssten das Sterben der Bäume registrieren und den Artenreichtum der Tierwelt vermissen, wir würden erschrecken angesichts der kaputten Familien, der Alkoholkranken, der Resignierenden. Wir wollen die Realität nicht sehen. Der Sozialismus hat keine Schattenseiten. »Immer lebe die Sonne!«

Hier sind alle glücklich. Die Unglücklichen haben das Land zu verlassen, freiwillig oder unfreiwillig. Denen weinen wir keine Träne nach!

Und der Schatten wird immer größer, das Verdrängen schwieriger, es nimmt uns ganz und gar in Anspruch. Spruchbänder vor leeren Regalen, Losungen auf bröckelndem Putz, Fahnen auf undichten Dächern. Schönfärberei, Aufschneiderei, schillernde Seifenblasen. Planerfüllung mit spitzem Bleistift.

Und ich? Die guten ins Töpfchen, die schlechten ins Kröpfchen. So habe ich es nicht während des Journalistikstudiums gelernt, keiner hat mir gesagt: Du musst schönfärben, Phrasen dreschen. Aber die Praxis hat es mich gelehrt. Mit jeder Beule, die ich mir hole, gehe ich vorsichtiger durch die Welt. Nach jedem Fettnäpfchen, in das ich getreten bin, versuche ich, noch geschickter vorzugehen. »Mehr Fingerspitzengefühl!«, empfiehlt mir die Erfahrung. Die guten Informationen für den Artikel notieren, die schlechten schlucken, vergessen, verdrängen. Her mit den Erfolgsmeldungen, her mit den Bestleistungen! Der Leser will betrogen sein! Wir brauchen die Lüge, denn was bleibt, wenn sie nicht mehr bleibt? Wahrheit kann schaden, kann Wasser auf die Mühle des Feindes sein.

Die schlechten ins Kröpfchen. Ich schlucke und schlucke und habe ständig Magendrücken. Mein Arzt meint, ich hätte den verkehrten Beruf. Aber in welchem Beruf ginge es mir besser? Wo müsste ich nicht schlucken?

14. September 1989

Viel zu lange war Schweigen die Antwort auf die Flüchtlingswelle. Jetzt versucht man, Worte zu finden, Erklärungen und Schuldige. Schuld darf natürlich nicht unser System sein. Nein, es ist eine »stabsmäßig organisierte Provokation gegen die DDR«, es ist der

»große Coup aus der BRD«, es ist ein »eiskaltes Geschäft mit DDR-Bürgern«. »Silberlinge für Ungarn«, den Verräter. In den Zeitungen wird von der »illegalen Nacht-und-Nebel-Aktion« berichtet und von »Kopfgeldern«. Und wir lassen TASS melden: »Massenmedien der BRD und bestimmte politische Kreise dieses Staates betreiben tendenziöse Kampagne gegen die DDR.« Alles ist nur propagandistischer Rummel. Na wunderbar, die Verdrängung klappt noch immer vorzüglich. Und an Sündenböcken fehlt es nicht, hat es nie gefehlt.

Warum sollten auch Fehler im eigenen Land gesucht werden? Nein, schuld sind Kräfte in der BRD, »die rücksichtslos mit Menschenschicksalen umgehen und das Völkerrecht verletzen«, die »unverhüllte Abwerbung betreiben« und eine »zügellose Verleumdungskampagne gegen die DDR«.

Es wird gewarnt, »nach anfänglicher Euphorie kommt das Tal der Enttäuschung«. Es sind nun schon Zehntausende, die das Land verlassen haben. Alles abgeworbene, verführte Menschen? Alles Menschen, die sich am Wahltag noch ganz klar für die Politik des Staates entschieden haben?

Die Widersprüche werden immer größer. Das Schweigen dazu wird unheimlicher.

Meine Magenschmerzen signalisieren: So geht es nicht weiter. Ich möchte aussteigen, möchte Augen und Ohren verschließen. Oder schreien, alles herausschreien.

Oder auch gehen? Neu anfangen? Ist es besser zu fliehen? Weil schon so viele geflohen sind, wird das Hierbleiben immer fragwürdiger. Ist Flucht der einzige Weg?

Nein, es gibt auch den anderen Weg, den auf die Straße. Jeden Dienstag wird in der Tagesschau vom Friedensgebet in Leipzig berichtet und von anschließender Demonstration. Menschen werden festgenommen, aber von Montag zu Montag vermehrt sich die Zahl derer, die unbeirrt ihren Weg gehen, nicht in Richtung Westen. Wir bleiben hier, rufen sie.

16. September 1989

Thomas Münzer, Spartakus des 16. Jahrhunderts, hoch geehrt an historischer Stätte. Für seine Träume hat er gekämpft, für Ideale hat er gelebt und gestritten. Wo stünde er heute? Gorbatschow hat einen DDR-Besuch angekündigt. Hoffnung.

25. September 1989

Was in Leipzig los ist, lässt mich hoffen, ängstigt mich aber zugleich auch. Die Montagsdemonstranten fordern gewaltlos, aber unüberhörbar Veränderungen, Reformen. Und es werden immer mehr. Und die Angst? Ich muss an China denken und daran, wie mit brutaler Gewalt gegen andersdenkende Menschen vorgegangen wurde. Panzer rollten, überrollten Menschen. Die Armee des Volkes gegen das eigene Volk. Ein Verbrechen ist da geschehen auf dem Platz des himmlischen Friedens. Und kein Wort des Abscheus von unserer Regierung. Mit großen Buchstaben stand es in allen Zeitungen: Konterrevolution erfolgreich niedergeschlagen. Ich habe Angst, denn erst kürzlich las ich in der Zeitung: »Wir dulden keinen Angriff auf die Stabilität unserer Ordnung!«

3. Oktober 1989

Gestern fragte der CDU-Kreissekretär bei mir an, wie ich denn zu einer Reise in die Schweiz käme. »Inneres« habe sich bei ihm über mich erkundigt. Er hätte nur gut für mich gesprochen, versicherte er. Eigentlich hätte ich es ja wissen müssen. Die lassen natürlich nicht jeden einfach in die Schweiz fahren, denen genügen auch nicht die zig Formulare, die ich ausfüllen musste, auch mein Lebenslauf sagt nicht genug aus, nein, da erkundigt sich Berlin in meiner Heimatstadt, da werden Funktionäre befragt, wie sie über mich denken, was sie von mir wissen. Es ärgert mich. Meinen Freunden habe ich bisher nichts von der geplanten Reise gesagt, und nun reden andere längst darüber. Und C. aus Köln hat schon lange nicht mehr geschrieben. Oder liegt die Post vielleicht nur irgendwo herum? Alles unter Kontrolle. Heute sprach mich die Mitarbeiterin der Abteilung Inneres für Kirchenfragen an und sagte: »Sie haben ja noch eine weite Reise vor sich.« Ich erwiderte: »Wenn sie genehmigt wird.« Und sie: »Wenn das Ministerium für Inneres seinen Segen gegeben hat, was soll dann noch schief gehen?«

Mich wurmt es, abhängig zu sein von Entscheidungen, die andere über mich fällen. Aber ich freue mich auch, denn sie hat mir so nebenbei gesagt, dass die Genehmigung perfekt ist.

Gestern war wieder Friedensgebet. Ich glaube, es ist eine ganz wichtige Sache, sich zum Gebet für unser Land zusammenzufinden, alle Demonstrationen mit Gebeten zu begleiten. Es darf einfach zu keinem Blutbad kommen. Manchmal denke ich, was in China geschah, das kann inmitten von Europa nicht geschehen. Das wagen sie nicht. Dennoch fällt auf, wie sehr sich die Regierenden plötzlich für China interessieren. Egon Krenz ist seit Tagen mit einer Delegation dort. Die DDR-Abordnung hat einen Kranz auf dem Tiananmen-Platz niedergelegt. Für die Helden des Volkes. Damit sind nicht jene Studenten gemeint, gegen die mit brutalster Gewalt vorgegangen wurde, nein, die »Niederwerfung des konterrevolutionären Aufruhrs« wird gefeiert. Honeckers brüderliche Grüße wurden von Krenz überbracht. Mir scheint das alles wie eine Drohung. Ich habe Angst und Hoffnung zugleich. Und ich bete mit vielen anderen, und die Leipziger rufen es in Sprechchören: »Keine Gewalt!« – »Wir sind das Volk!«

7. Oktober 1989

40 Jahre DDR – Zehntausende haben das Land in den letzten Wochen und Monaten verlassen, Zehntausende gehen Montag um Montag auf die Straßen, demonstrieren Unzufriedenheit und den Willen zu Reformen. Aber Honecker lässt die Jugend aufmarschieren zum »machtvollen Bekenntnis«. Der Fackelzug gestern Abend in Berlin, ein einziger Selbstbetrug.

Wer macht wem etwas vor? Ich habe in meinem Leben bisher Widerspruch kaum je so stark erlebt. Und die Ängste sind spürbar. Ängste nicht bei denen, die in den letzten Wochen stundenlang verhört wurden, engagierte Christen – Ängste nicht bei denen, die mit hohen Ordnungsgeldern unter Druck gesetzt wurden – Ängste nicht bei denen, die in ihren Friedenskreisveranstaltungen bespitzelt wurden – nein, Ängste sind spürbar auf der Seite derer, die unter Druck setzen, die bespitzeln, die verhören.

Heute Vormittag waren wir als Familie unterwegs in der Stadt, schauten uns das »Volksfest« an. Vordergründige Fröhlichkeit,

Flohmärkte, Kremserfahrten, Kinderspiele, Musik, Stimmung. Wir trafen F. vom ökumenischen Friedenskreis, unterhielten uns ein paar Minuten, und als wir weitergingen, gingen zwei Männer hinter uns her. Von nun an wurden wir die beiden unauffälligen Begleiter nicht mehr los. Den einen kannte ich von früheren Begegnungen, den anderen werde ich von nun an wieder erkennen. Wir bummelten ziellos durch Verkaufsstände, blieben hier und dort stehen, kauften ein paar Kleinigkeiten. Und immer, wenn ich mich umdrehte, sah ich die beiden ganz in der Nähe. Aber es waren nicht die einzigen Männer, die zu zweit unbeteiligt und unauffällig herumstanden. Überall fielen sie mir jetzt auf. Welch Aufgebot! Und auf dem Dach eines Neubaus im Stadtzentrum zwei Männer in Grün. Was erwarteten sie denn? Wovor hatten sie solche Angst? Was glaubten sie, was geschehen würde am Geburtstag der Republik? Hat sich am Wahltag nicht das Volk machtvoll zur Politik von Partei und Regierung bekannt? Was erwarteten sie denn nach 40 Jahren »erfolgreichem Kampf für den Sozialismus«?

Haben sie Angst vor einigen wenigen »Randalierern, Kriminellen, Asozialen«?

Unsere »Begleiter« verschwanden erst, als wir nach Hause gingen. Wenn wir schon beschattet werden, wer dann noch alles? Und wer eigentlich nicht? Und wie viele müssen es sein, die sich für eine solche Arbeit hergeben, vielleicht sogar gut bezahlen lassen? Was in unserer kleinen Stadt als Konflikt in der Luft lag, entlud sich in den Großstädten. Gorbatschow in Berlin, ein Mann, der neu hoffen lässt. Wer nicht mit der Zeit geht, wird von ihr überholt, sagt er. In Berlin, in Leipzig, in Dresden kommt es zu harten Auseinandersetzungen. Das Volk auf der einen Seite, die Macht der Gewalt auf der anderen.

8. Oktober 1989

Vorhin hörte ich von R., dass man ihn mit anderen Jugendlichen an der Neiße verhaftet hat. Das war heute Vormittag. Er wollte zum Flohmarkt. Vielleicht wollten die Jungen es herausfordern, vielleicht wollten sie auch wirklich nur mal unter der kaputten Brücke pinkeln gehen, egal wie, jedenfalls sprangen Uniformierte aus den Büschen und stellten die drei Jugendlichen. Die beiden ohne

Ausweis mussten sich ins Gras legen, Arme und Beine gespreizt, R. musste in eben dieser Haltung stehen. Sie wurden behandelt wie Verbrecher. Man warf ihnen versuchte Republikflucht vor, verlud sie auf einen LKW, brachte sie kilometerweit fort in ein Dorf, ebenfalls an der Grenze gelegen, verhörte sie stundenlang, redete ihnen ein, sie könnten es ruhig zugeben, es wäre ja auch gar nicht so schlimm, es flüchteten jetzt ja so viele. R. erzählte, als man ihn nach Waffen abtastete, schlug ihn einer in die Kniekehlen. R. ging einen Schritt nach vorn, um nicht zu stürzen. »Mach das nicht noch mal«, schnauzte ihn der Uniformierte an, »bei Fluchtversuch wird sofort geschossen.« »Weißt du«, sagte R. zu mir, »ich hatte nie daran gedacht, dieses Land zu verlassen, aber in jenem Moment, da ging es mir durch den Kopf.«

Das Entsetzen nimmt zu. Als ich ein Kind war, badete ich mit anderen Kindern im Neißewasser. Manchmal warfen wir einen Ball auf die polnische Grenze, um ihn dann zu holen, um zu sagen: Ich war in Polen. Selten bekam man einen Grenzer zu Gesicht. Im Winter fuhren wir mit den Schlitten den Neißedamm hinunter, im Herbst sammelten wir hier Kastanien. Als Jugendliche saßen wir oft auf den Wiesen, sangen, lachten.

Und jetzt? Seit Ende September wird die Grenze dichtgemacht. Grenzposten werden durch Kampfgruppeneinheiten verstärkt. Tag und Nacht liegen sie in den Büschen, laufen den Damm entlang, bewaffnet. Bereitschaftspolizei und Staatssicherheit halten sich dort auf. Sperrgebiete wurden eingerichtet, Sperrschilder vor Grenzortschaften. Beim Pilzesuchen in den Wäldern muss man damit rechnen, auf Uniformierte zu stoßen, die dann den Personalausweis verlangen und ihre Fragen stellen. Fahrzeuge werden kontrolliert. Jeder, der sich nicht ausweisen kann oder aus anderen Gründen irgendwie der Republikflucht verdächtigt ist, wird stundenlang verhört von Polizei und Stasi. Manchmal hört man Schüsse in der Nacht, manchmal erzählen die Leute, dass wieder welche gefasst worden sind.

Ist das noch die Friedensgrenze? Stacheldraht, Absperrungen. Mauern, Grenzen – kann man ein ganzes Volk einsperren?

Wäre es nicht besser zu fragen, weshalb Menschen ihre Heimat verlassen? Wäre es nicht richtiger, die Zustände zu ändern, sich auf einen Dialog einzulassen? Mit welchem Recht wird ein ganzes Volk eingesperrt?

Ich habe furchtbare Angst vor einem Krieg im Land, habe Angst vor einem zweiten China, habe Angst vor der Gewalt.

In der letzten Zeit zittern mir oft die Hände. Die Magenschmerzen werde ich ohnehin nicht mehr los. Der Arzt empfiehlt mir Rudotel. Aber ich will mich nicht beruhigen durch Tabletten. Ein Kollege sagt: »Trink einen Schnaps, dann geht es dir besser.« Nein, über das, was zum Aufregen ist, will ich mich aufregen. Ich will mich nicht beruhigen, wenn Unruhe mich ergreift. Ich will das Zittern wahrhaben, denn es ist die Angst in mir. Und der Druck im Magen sagt mir mehr, als in den Zeitungen steht.

10. Oktober 1989

Ich lese die »Märkische Union«, lese die Überschrift »Es ist möglich, miteinander zu reden«, lese den Beitrag, lese ehrliche, offene Worte über die Geschehnisse in Dresden, lese zum ersten Mal menschliche Worte über die Demonstrationen, kann es kaum glauben. Ich wische mir die Tränen vom Gesicht, aber sie rinnen unaufhaltsam, erlösend, befreiend. Ist das Wirklichkeit? Beinahe ungläubig schaue ich auf den Text. Hier beginnt etwas Neues! Hier bricht sich die Wahrheit Bahn! Hoffnung.

11. Oktober 1989

Neue Zeichen sind gesetzt. In Dresden hat der Dialog begonnen. Die Angst vor Gewalt ist der Hoffnung auf Verständigung gewichen. Und nun steht es auch in der Zeitung, noch nicht in jeder, erst in der einen, was gefordert wird: Reisefreiheit, freie Wahlen, Freiheit für die inhaftierten Demonstranten.

Das erlösende Wort ist gefunden: Dialog. Unser Land ist nicht mehr das, was es vor wenigen Tagen war. Erstarrte sind bewegt worden. Stumme beginnen zu reden, ja, sie schreien alle verschluckten Wörter aus sich heraus. Immer mehr Blinde beginnen zu sehen. Aber auch das andere ist noch da; mit Gewalt wird versucht, Redende zum Schweigen zu bringen. Da heißt es, Polizeieinsätze waren unumgänglich, da werden noch immer Demonstrationen als »Störungen der öffentlichen Ordnung« bezeichnet und als »ungesetzliche Zusammenrottung«. Es wird von »aufgeputschten

Störern« gesprochen und von »kriminellen Elementen mit staatsfeindlichen Parolen«.

Wird die Wahrheit oder die Lüge Oberhand gewinnen?

Tief ist die Betroffenheit, aber die Hoffnung lässt sich nicht auslöschen. Und einmal aus der Sprachlosigkeit herausgetreten, gibt es kein Schweigen mehr. Ein kleiner Samen keimt, wurzelt, wächst heran, wird ein Baum. Hat Gewaltlosigkeit eine Chance? Kann Gewaltlosigkeit gegen Gewalt siegen? Ja, ich möchte daran glauben. Ein ganzes Volk ist auf den Beinen, nicht alle gehen in die gleiche Richtung. Viele, viel zu viele verlassen das Land, sehen einen Ausweg nur noch in der Flucht und im Neubeginn. Aber viele, und es werden täglich mehr, glauben an einen anderen Ausweg, glauben an einen Neubeginn im eigenen Land. Die Kirchen haben seit langem ihre Türen geöffnet für Gespräche, die buchstäblich not-wendig sind. Manche sagen, das sei nicht Aufgabe der Kirche, aber andere Türen sind den Gesprächsuchenden verschlossen. Und darf sich ein Christ der Gesellschaft verschließen?

16. Oktober 1989

Jeder Montag wird mit Spannung erwartet. Heute waren es über 100 000 Leipziger, die auf der Demo Presse- und Reisefreiheit forderten. Vor zwei Tagen beriet sich Honecker mit den Vorsitzenden der Blockparteien. Beriet er sich wirklich? Oder sagte er ihnen, was zu tun ist? Weiß er, was zu tun ist? Was sieht und hört und weiß er überhaupt von dem, was im Lande geschieht? Aber wenn doch die Stasi alles sieht und hört, meldet sie dann nicht nach oben, wie ernst die Lage ist? Wer belügt wen und warum? Warum ist Honecker so halsstarrig? Begreift er nicht? Kann nicht sein, was nicht sein darf?

24. Oktober 1989

Die Ereignisse überstürzen sich. Oft komme ich nicht zum Schreiben, mache mir nur kurz Notizen. Honecker ist zurückgetreten, angeblich aus gesundheitlichen Gründen, und das Befürchtete trat ein: Egon Krenz nimmt seinen Platz ein. Heute hat ihn die Volkskammer gewählt. Ich hoffe, es ist nur eine Übergangslösung. Denn was ist gewonnen mit einem Mann an der Spitze, der bisher eine unrühmliche Rolle gespielt hat? Er müsste heute ehrlich Stellung nehmen zum Wahlbetrug, zum Beifall für China. Er hat sich unglaubwürdig gemacht. Ich glaube nicht, dass es klug war, ihn in dieser zugespitzten Situation an die Regierungsspitze zu stellen. Vor einigen Tagen nahm ich an einer Redaktionssitzung teil. Wir Journalisten fordern ein neues Mediengesetz, eine Medienkonferenz, fordern Schutz vor den Zugriffen der Staatssicherheit. Letzte Anweisung für uns Redakteure, die eigentlich keine Anweisung mehr ist: Es gibt keine Anweisungen mehr, jeder arbeitet auf Eigenverantwortung, es gibt keine Tabus mehr, es kann, es soll über alles berichtet werden, wahrheitsgetreu.

Ich kann es kaum fassen. Geschieht im Land wirklich Veränderung? Menschen reden offener, Masken fallen. Ist das wirklich wahr? Oder wird das böse Erwachen kommen?

26. Oktober 1989

Endlich halte ich die Papiere für die Schweizreise in den Händen. Das Kaufen der Fahrkarte war noch einmal aufregend, denn ich wollte nicht über Leipzig-München, sondern über Hannover-Stuttgart. Ich bin gespannt auf die Woche in Rüschlikon, gespannt aber auch darauf, was im Land los sein wird, wenn ich zurückkomme.

31. Oktober 1989

Egon Krenz reist nach Moskau. Ich fahre quer durch die Bundesrepublik, sitze zum ersten Mal in einem IC. Als Dienstreisende brauchte ich beim Übergang Friedrichstraße nicht anzustehen. Ich habe schon einige Stunden Fahrt hinter mir und bin mit manchem Mitreisenden ins Gespräch gekommen. Hier ist die Anteilnahme an dem, was bei uns zur Zeit geschieht, sehr groß. Die politische Aufgeschlossenheit der DDR-Bürger wird bestaunt. Es regnet, seit ich unterwegs bin. Schade, da fahre ich nun zum ersten Mal eine solche Strecke, und es regnet und regnet. Und plötzlich ein Regenbogen, Zeichen der Versöhnung. Wir sind nah am Thüringischen, fahren dicht an der grünen Grenze entlang. Auf einmal bin ich meinem Land wieder ganz nah.

1. November 1989

Ich bin in der Schweiz. Ich stehe am Zürichsee. Am Horizont schneebedeckte Berge. Ich kann es nicht fassen. Christen aus 19 Nationen sind hier zusammengekommen, um zu lernen, wie biblisches Studienmaterial erarbeitet wird. Christen aus Indien, Panama, Ungarn, Polen, der Sowjetunion, aus Großbritannien, Brasilien, Kenia, Jugoslawien, Ghana usw. Wir beten das Vaterunser, jeder in seiner Sprache. Verbundenheit wird spürbar. Wir sind Kinder eines Vaters.

Obwohl es hier so viel zu sehen und zu erleben gibt, sind meine Gedanken doch oft daheim, und ich werde oft von den anderen angesprochen. Was in unserem Land geschieht, hat Bedeutung nicht nur für die DDR, nicht nur für die deutsche Nation, nicht nur für Europa. Abends lassen wir uns über den Fernseher informieren. Zu Hause geschieht jetzt Entscheidendes.

3. November 1989

Seit zwei Tagen sind die Nachrichtenprogramme des DDR-Fernsehens nicht mehr wieder zu erkennen. Den »Schwarzen Kanal« (wer mag ihn überhaupt gesehen haben) gibt es nicht mehr. Gerald Götting ist unter dem Druck der CDU-Mitglieder zurückgetreten, der FDGB-Mann Harry Tisch musste ebenfalls gehen, und Krenz appellierte heute an das Volk, »entschlossen und vor allem besonnen ans Werk zu gehen und in harter Arbeit Probleme zu lösen«.

4. November 1989

Solche Bilder, wie sie heute in der Nachrichtensendung aus der DDR zu sehen waren, habe ich noch nie gesehen. Eine halbe Million Menschen waren in Berlin auf den Beinen, eine halbe Million Menschen, alt und jung, demonstrierten in beeindruckender Gewaltlosigkeit und Festigkeit für Meinungs-, Presse- und Versammlungsfreiheit.

Wir saßen im Klubzimmer, saßen wie gebannt, mir kamen die Tränen. Eine halbe Million Menschen auf der Straße, friedlich, sich einig. Ich hatte den Wunsch, dort zu sein, dabei zu sein. Es geht längst nicht mehr um Reformen, um eine neue Tapete. Revolution ist angesagt! Wie werde ich das Land vorfinden, wenn ich in zwei Tagen wieder die Grenze passiere? Es ist unwahrscheinlich, mit welchem Mut und mit welchem Humor die Karten auf den Tisch gelegt werden. Ist das noch das Land, in dem ich aufgewachsen und zur Schule gegangen bin? Ist das noch das Land der funktionierenden Funktionäre?

Viele Wörter sind Mode geworden: Dialog, Wende. Neu ist: Wendehälse. Jetzt geht es nicht mehr nur um Reise- und Pressefreiheit, es geht auf Tausenden von Füßen gegen den Führungsanspruch der SED. Ich bezweifle, dass die Genossen so ohne weiteres abtreten. Aber ich glaube auch, für ein gewaltsames Eindämmen der Rufe ist es zu spät. Es sind zu viele, die hinter ihren Öfen hervorgekrochen sind und sich nun im aufrechten Gang üben. Es sind zu viele, die nicht mehr länger schweigen wollen. Und nicht nur in Berlin, in Leipzig und Dresden gab es ein Erwachen, überall erlaufen sich Menschen ihre Rechte, zu Tausenden, zu Zehntausenden.

8. November 1989

Wieder im Land. Nicht ich erzähle den anderen, wie es eigentlich nach solch einer Fahrt üblich wäre, nein, die anderen haben mir zu erzählen. Es gibt unheimlich viele Neuigkeiten. Seit gestern lese ich aufmerksam die Zeitungen der vergangenen Tage. Jeder Artikel ist spannend. Früher, und dieses Früher ist erst wenige Wochen her, da reichte es, die Überschriften zu überfliegen. Ich verstehe jetzt, weshalb die DDR immer ein Land der Bücherleser war. Die Zeitungen waren ja nicht lesbar. Früher genügten zehn Minuten, heute brauche ich täglich mindestens eine Stunde, und es steht auch nicht mehr in allen Zeitungen das Gleiche.

Jeder ist aufgeregt. Jeder möchte reden. Es gibt nur ein Thema: die Revolution im Lande. Ob beim Brotkaufen, ob in der Straßenbahn, ob in einer Geburtstagsrunde, ob beim Spazierengehen – geredet wird über die gesellschaftlichen Veränderungen. Jeder ist beteiligt. Es geht ja auch um unsere Zukunft. Wie bisher kann und wird es nicht mehr weitergehen. Gestern erklärte der Ministerrat seinen Rücktritt. Der Entwurf des Reisegesetzes wurde sofort ausgepfiffen. Nicht mehr scheibchenweise wollen wir Freiheit. Forderungen überall: Zivildienst, neues Bildungsgesetz usw. Und noch immer strömen Menschen in Richtung Westen. Sie verlassen Familien, Arbeitsplätze, Aufgaben. Sie fehlen. Wo soll das hinführen? Es ist beängstigend. Egon Krenz appelliert: »Vertrauen Sie unserer Politik der Erneuerung! Ihr Platz, liebe Mitbürger, ist hier!« Doch das Vertrauen ist hin. Und mit Worten wird es nicht wiederhergestellt. Worte sind genug gewechselt. Jetzt sind Taten dran.

Letzten Montag demonstrierten in Dresden trotz Dauerregens 100 000 Menschen gegen den Führungsanspruch der SED und für freie Wahlen. »Stasi in die Volkswirtschaft!«, riefen sie immer wieder, »Abbau der Verwaltungsstruktur!« und »Neue Lehrpläne!«

Eben habe ich es im Radio gehört: Ein neues Politbüro ist gewählt, Egon Krenz wurde als Generalsekretär bestätigt. Ausgeschieden sind Axen, Hager, Krolikowski, Mielke, Mückenberger, Neumann, Sindermann, Stoph und Tisch. Was, auch Mielke? Aber waren Umbesetzungen nicht schon allein aus Altersgründen nötig? Da werden Namen ausgetauscht. Ändert das allein schon alles? Noch Mitte Oktober hat Egon Krenz behauptet: »Wir stehen mit dem Gesicht zum Volke!« Und: »Eine Partei wie unsere hat keine anderen Interessen als das Volk.« Jetzt sagt er: »Mit dem heutigen Tag werden wir eine Wende einleiten.«

Mit dem Gesicht zum Volke? Die einen packen ihre Koffer, die anderen malen Transparente. Interesse am Volk? Solche Worte sind unglaubwürdig geworden, haben ihren Wert verloren. Keiner glaubt ihnen mehr. Wir werden die Wende einleiten? Nein, ihr habt sie nicht eingeleitet; die Wende eingeleitet haben die, die sich unermüdlich zum Friedensgebet zusammengefunden haben, die trotz Gummiknüppeln und Fußtritten, trotz Verhören und Inhaftierungen immer wieder auf die Straße gegangen sind.

Die Wende eingeleitet haben auf ihre Art auch die, die das Land verlassen haben. Die Wende eingeleitet haben die Opfer des stalinistischen Regimes.

Namen werden ausgetauscht, Sündenböcke gesucht.

»Bleiben Sie hier«, bittet Christa Wolf. Aber für sehr viele Menschen hat dieses Land seine Zukunft verloren. Vertrauen ist hin.

10. November 1989

Das gibt's nicht! Das ist der helle Wahnsinn! Die Grenzen zur Bundesrepublik und zu Westberlin sind offen. Ein Freudentaumel ist ausgebrochen. Die Welt steht Kopf. Oder kommt sie jetzt auf die Beine?

11. November 1989

Gegen Mittag kommt Tobias vom Unterricht nach Hause. Ich erwarte ihn am Hoftor. Er rennt. Ganz aufgeregt ist der Neunjährige. Als er mich sieht, bleibt er stehen, reißt die Schulmappe von den Schultern, öffnet sie, holt etwas heraus und winkt damit heftig. Und dann in der Wohnung legt er uns stolz sein Heft auf den Tisch. »Aus dem Westen«, sagt er. »Die Mauer ist kaputt.«

Grenzenloser Wahnsinn. Die Mauer ist nicht mehr. Berlin steht Kopf. Was Tobias in der Hand hält, ist ein Knax-Heft aus einer Sparkassen-Filiale in Berlin-West. »Das hat uns unsere Lehrerin mitgebracht«, sagt er stolz.

Rund 200 Kilometer ist sie heute Nacht gefahren, um dabei zu sein. Nichts konnte sie zurückhalten, auch nicht der Gedanke, am nächsten Morgen unterrichten zu müssen. Und dann hat sie nach durchfeierter Nacht auf dem Kurfürstendamm einen Stapel Knax-Hefte mit nach Hause und am nächsten Morgen mit in die Schule genommen. Für jeden ihrer Schüler ein Heft. Tobias erzählt: »Wir sollen das Heft gut aufheben, hat sie gesagt. Es soll uns immer an den Tag erinnern, an dem die Mauer umfiel.« –

Wilfried erinnert sich an ein Erlebnis aus seiner Schulzeit. Beim Mittagessen erzählt er davon. »Ich war damals acht oder neun Jahre alt, und ich besaß auch ein kleines buntes Heft. Ich weiß gar nicht mehr, wo ich es herhatte. Es war ein Heft für Kinder, ein Werbeprospekt von der Firma Salamander. Weil es so bunt war und mir so gut gefiel, habe ich es eines Tages mit in die Schule genommen. Meine Freunde sollten es sich auch angucken. Plötzlich stand die Lehrerin vor mir. Sie nahm mir das Heft weg, zerriss es in tausend Stücke und ließ die Schnipsel in den Papierkorb fallen. ›Das ist Schundliteratur‹, sagte sie. Ich bekam einen Tadel im Klassenbuch. Ich konnte nicht verstehen, was so schlimm an diesem Heft sein sollte. Ich war natürlich sehr traurig. Ich wusste ja nicht, wie ich jemals an ein neues Heft kommen sollte.«

Tobias schiebt das Knax-Heft über den Tisch. »Nimmst du eben das«, sagt er.

12. November 1989

Auf einmal ist alles so einfach. Der Personalausweis genügt, ein Stempel genügt. Lange Warteschlangen vor den Polizeiämtern. Alle wollen reisen, möglichst sofort. Wer weiß, ob es wirklich bei den offenen Grenzen bleibt. Auch die hundert Mark Begrüßungsgeld locken. Das Jahr ist bald zu Ende, also ranhalten, sich die Gelegenheit nicht entgehen lassen! Jeder ist aufgeregt, drängelt sich, will mit bei den Ersten sein. Freudentränen auf beiden Seiten. Menschen fallen sich in die Arme. Sektkorken fliegen. Volksfest in Berlin. Ich kann es nicht beschreiben. Es ist unwirklich, verrückt, herrlich verrückt. Hätte mir einer im Sommer gesagt, dass dies möglich sein wird, ich hätte ihn ausgelacht. Die Mauer hat Löcher bekommen. Massen zwängen sich hindurch. Einmal auf dem Kudamm sein! Wieder einmal ist alles in Bewegung in Richtung Westen. Wieder gibt es nur ein Gesprächsthema: Westreise.

Ein Ablenkungsmanöver? Die Regierenden haben eine Schleuse geöffnet. Der Druck soll raus. Wer auf dem Kudamm spazieren geht, kann nicht gleichzeitig demonstrieren.

Die Grenzen zum Westen sind offen, aber ich lebe an einer Ostgrenze mit zerstörten Brücken. Reisefreiheit ist nicht alles. Bananen sind nicht alles. Hoffentlich lässt jetzt die Kraft nicht nach, wird der Ruf nicht leiser. Es gibt noch so viel anderes zu verändern. Und es gibt so viel aufzudecken an Korruption und Machtmissbrauch. Lasst euch nicht blenden!, möchte ich rufen.

26. November 1989

Meine Befürchtungen haben sich nicht erfüllt. Trotz der Reisewelle wird weiter demonstriert. 100 000 Dresdner waren es am 20. November. In der Regierung gibt es immer wieder Kaderveränderungen. Doch nicht darum geht es, Strukturen müssen verändert werden, damit wirklich etwas neu wird. Das Land ist heruntergewirtschaftet. Wir müssen schnellstens weg von der zentralen Bilanzierung. Betriebe, Schulen, andere Einrichtungen dürfen nicht länger SED-bestimmt sein. Keine Diktatur mehr! Endlich Demokratie!

Neue Gruppen bilden sich. Es ist schwer, sich zurechtzufinden. Es wird jetzt so viel aufgedeckt an Betrug. Die Emotionen schlagen hohe Wellen. Hass, oftmals blinder Hass, wütet. Es darf auch jetzt nicht zu Gewalt kommen. Kann Feuer durch Feuer gelöscht werden?

Nicht nur bei uns, auch in der CSSR bricht sich Erneuerung Bahn. Aber das rumänische Volk wird tyrannisch unterdrückt. Wir dürfen nicht nur an uns denken.

Es wird Stimmung gegen die Polen gemacht. Das beunruhigt mich. Wohin entwickelt sich alles? In Westberliner Kaufhäusern drängen sich DDR-Bürger, Züge sind überfüllt. Wer seine Ellenbogen am besten gebrauchen kann, ist gut dran. Manche holen sich das Begrüßungsgeld gleich ein paarmal. Es ist beschämend. Doch es gibt täglich auch Hoffnungszeichen: Bislang verbotene Filme kommen auf die Leinwand.

1. Dezember 1989

Der letzte Monat im Jahr beginnt. Wie wird das Jahr zu Ende gehen? Advent? Weihnachten? Mir ist nicht weihnachtlich zumute. Abend für Abend bin ich unterwegs, nehme an Versammlungen teil, an Kundgebungen. Was jetzt alles aufgedeckt wird, geht auf keine Kuhhaut. Die von uns Askese verlangten, lebten selbst wie die Götter. Ich habe bisher geglaubt, wir wären ein armes Land, aber dafür ein ehrliches, ein soziales, ein Land mit Idealen. Und jetzt zeigt sich, dass die Regierenden den Feudalfürsten in nichts nachstanden. Welchen Sozialismus wollten sie eigentlich verteidigen? Solidaritätsgelder wurden verschleudert. Jeder hat seine Schäfchen ins Trockene gebracht, hat öffentlich Wasser gepredigt und heimlich Wein getrunken. »Elf 99«, die kritische Jugendsendung des DDR-Fernsehens, war in Wandlitz. Das Fernsehteam durfte nicht sofort rein, nein, da musste ja erst einiges aufgeräumt werden. Die Lüge geht weiter! Hat nicht Krenz versprochen, dass alles aufgedeckt wird? Nichts wird aufgedeckt. Zugegeben wird nur, was bekannt wird. Sieht so die Wende aus? Es ist ein Skandal!

Jetzt, wo Licht auf die dunklen Machenschaften fällt, zeigt sich die ganze Verlogenheit.

Häuser für Familienangehörige – und wie wohnt das Volk? Sonderjagdgebiete, Läden mit Waren für gehobene Ansprüche zu Spottpreisen. Sie haben schlimmer gelebt als die Fürsten, denn sie erhoben den Anspruch, besser zu sein, sich für die Sache aufzuopfern, für das Volk zu arbeiten. Sie haben sich abgesichert, haben das Volk geschröpft, haben das Land ruiniert und auf unsere Kosten gelebt. Ich bin so wütend. Und ich kann den Ruf nach Rache verstehen. Aber wir dürfen uns jetzt nicht von Emotionen leiten lassen. Der Ruf nach Wiedervereinigung wird laut. Viele, vielleicht die meisten, haben genug von diesem Lug-und-Trug-System. Die SED hat dem Sozialismus am meisten geschadet. Die führenden Funktionäre haben ihn verspielt durch eigenes feudalistisches Verhalten.

Ich habe es gerade gehört: Der Führungsanspruch der SED ist aus der Verfassung gestrichen.

6. Dezember 1989

Wiedervereinigung oder wider Vereinigung, das ist jetzt die Frage. Christa Wolf und Stefan Heym haben einen Aufruf »für unser Land« verfasst. Helmut Kohl ist mit einem 10-Punkte-Programm angereist. Die Geister scheiden sich. Die DDR-CDU ist aus dem Block ausgetreten. Sozialismus ja/nein? Was ist Sozialismus? Was wir bisher hatten, kann nicht Sozialismus gewesen sein. Es war die Diktatur herrschender Funktionäre. Was des Volkes Hände schufen, war nie des Volkes Eigen. Devisen, wo flossen sie hin? Und das für mich Schockierendste: Sie haben sogar Waffen in Krisengebiete verkauft, um es sich wohl gehen zu lassen. Ich könnte schreien vor Wut! Mein Arbeitsplatz – ein Kampfplatz für den Frieden!? Alles Lüge! In welchem Land ist je so geheuchelt worden? Und den geheimen Waffenhandel deckte nicht Egon Krenz auf, nein, es waren aufmerksame Bürger. Verrat an allen Idealen. Für dieses Land bin ich viel zu naiv. Was tut sich noch hinter Mauern und Zäunen? Ehemals führende Leute sind inhaftiert. Aber genügt das? Müssen Machtstrukturen nicht endlich so verändert werden, dass es nie mehr zu solchen Verbrechen kommen kann?

Der Oberdevisenbeschaffer Schalck-Golodkowski konnte ins Ausland fliehen. Wie ist das möglich? Deckt man sich gegenseitig?

7. Dezember 1989

Gestern ist Egon Krenz als Staatsratsvorsitzender zurückgetreten. Wieder hat sich eine Hoffnung erfüllt. Gerlach hat seinen Platz eingenommen, vorübergehend. Es wird eine Amnestie geben. Heute kommt zum ersten Mal der Runde Tisch zusammen.

16. Dezember 1989

Keiner denkt an Weihnachten. Kundgebungen und Demonstrationen gehören nun schon zum Alltag. Kerzen vor Polizeigebäuden, Kerzen auf dem Panzerdenkmal. Die Wende ist noch nicht zu Ende. Der Ruf nach einem einig Vaterland wird lauter. Gysi ist neuer SED-Chef. Staats- und Rechtsanwälte haben viel zu tun. Die Stasi, neuerdings »Nasi« (»Amt für nationale Sicherheit«), gibt es nicht mehr. Es gibt sie nicht mehr? Kann das sein, es gibt sie nicht mehr?

Meine Akte

Ich habe die Akteneinsicht beantragt. Nach drei Jahren kommt ein Brief von der Außenstelle Frankfurt/Oder, von der »Gauck-Behörde«. Ungeduldig reiße ich das Kuvert auf und überfliege das amtliche Schreiben: » ... die Recherchen in den Karteien des Staatssicherheitsdienstes auf Grund Ihres Antrages haben ergeben, dass Sie vom Staatssicherheitsdienst der ehemaligen Deutschen Demokratischen Republik mit Ihren Personalien in einer Zentralen Materialablage der Abteilung II (zuständig für Spionageabwehr, ausländische Vertretungen, akkreditierte Journalisten) der Bezirksverwaltung Cottbus sowie einem Vorlauf AIM-Vorgang (Archivierte Vorlaufakte zur Gewinnung eines Inoffiziellen Mitarbeiters) der Kreisdienststelle Forst erfaßt wurden. Diese Erfassung deutet darauf hin, dass Unterlagen zu Ihrer Person vorhanden sein könnten.« Deuten darauf hin ... vorhanden sein könnten ... Wieder nichts Konkretes. Ich warte ein weiteres Jahr und bekomme endlich einen Termin, meinen Termin.

Dem Schreiben liegt ein Merkblatt bei. »In Kürze werden Sie die Möglichkeit haben, in die Akten, die der Staatssicherheitsdienst über Sie angelegt hat, Einsicht zu nehmen. Dies ist kein einfacher Schritt, können doch alte Verletzungen wieder aufbrechen und schmerzliche Erkenntnisse über menschliches Versagen gewonnen werden. Auf der anderen Seite ist die Akteneinsicht eine Chance, der Vergangenheit zu begegnen, quälende Fragen nach Schuld und Bewährung zu klären, falsches Mißtrauen aus dem Wege zu räumen und frei zu werden für die Gestaltung der Gegenwart und Zukunft.«

Aufgeregt bin ich, angespannt. Ich betrete als Erste den Lesesaal. Vorher muss ich meinen Personalausweis abgeben. Meine Tasche verschwindet in einem Schließfach. Ich spüre unangenehme Kälte. Ist das die Angst? Hätte ich mich besser nicht auf die Konfrontation mit der Vergangenheit einlassen sollen?

Die Mitarbeiterin, die meine Akte bearbeitet hat, sagt, es sei eine abgeschlossene Akte, ein »IM-Vorlauf«. Ich höre dieses Wort zum ersten Mal. IM steht für Stasi-Spitzel. Ist ein IM-Vorlauf der Vorgang, der den eigentlichen Spitzeldienst einleitet?

Die Mitarbeiterin der Behörde spricht beruhigend leise und

betont langsam. Sieht sie den aufgescheuchten Krähenschwarm in meinem Kopf?

Willst du der Vergangenheit nicht begegnen, wird sie dich verfolgen.

Ich schrecke aus meinen Gedanken.

»Es handelt sich bei der vorliegenden Akte um eine IM-Vorlauf-Akte. Offensichtlich sollten Sie für den Staatssicherheitsdienst geworben werden.« Die Akte umfasse den Zeitraum vom April 1970 bis zum April 1971. Ein Jahr lang habe man damals überprüft, ob ich zum Inoffiziellen Mitarbeiter geeignet sei.

»Eine saubere Sache«, sagt die Frau ruhig. Spürt sie meine Aufregung?

»Wie aus der Akte hervorgeht, haben Sie eine Zusammenarbeit klar abgelehnt. Damit wurde die Akte geschlossen. Sie werden wahrscheinlich keine großen Überraschungen erleben.« Vorbereitende Gespräche seien aber oft nötig. »Sie glauben gar nicht, womit sich mancher plötzlich konfrontiert sieht. Es ist nicht leicht, damit umzugehen, wenn man es schwarz auf weiß vor sich sieht, wer einen bespitzelt hat. Oft engste Freunde, der Ehepartner, der Vater, der freundliche Nachbar, der Lehrer, der Kollege. Es ist ratsam, sich vorher zu überlegen, ob man damit umgehen kann. Denn hinterher muss man damit umgehen. Das lässt sich dann nicht mehr zurückdrehen.«

Die Frau überreicht mir einen Schnellhefter. Er ist nicht sonderlich dick.

Ich könne mir alles an Ort und Stelle notieren, betont sie und begründet: »Sie können hinterher auch Kopien von Ihrer Akte anfordern. Bei Kopien werden die Namen beteiligter Personen und alles, was auf sie verweist, geschwärzt. Aber selbst dann werden Sie wohl zwischen den Zeilen lesen können, um wen es sich handelt.«

Zwischen den Zeilen lesen, zwischen die Zeilen schreiben, das habe ich ein Leben lang gelernt. Immer stand das Wesentliche zwischen den Zeilen. Das Geschriebene war unwichtig, Mogelpackung, Ablenkungsmanöver. Das Unausgesprochene war das Wesentliche.

Im Lesezimmer wähle ich mir einen Platz mit dem Rücken zur Wand. Urinstinkt. Noch bin ich die einzige Person in diesem sachlich gehaltenen Raum, die ihre Akte einsehen will. Vor mir liegen Blätter mit Informationen zum Aufbau und zur Arbeitsweise des Staatssicherheitsdienstes. Auch ein Verzeichnis der im Ministerium für Staatssicherheit (MfS) gebräuchlichsten Abkürzungen finde ich vor. Mitarbeiter der Behörde stehen bereit, um meine Fragen zu beantworten und unverständliche Passagen der Akte zu erläutern. Ich kann nichts fragen. Ich bin viel zu aufgeregt.

Später kommen weitere Leute, verteilen sich an den kleinen Tischen, breiten die Schnellhefter vor sich aus, blättern, lesen, machen sich Notizen. Kein Wort fällt. Nur ein knappes Grußwort, wenn einer kommt, wenn einer geht. Jeder begegnet seiner Vergangenheit stumm.

Meine Akte.

Sie beginnt am 18. April 1970.

Sie endet am 24. April 1971.

Nur zwölf Monate. Und doch öffnet sich mit dieser Akte die Tür zu einem Raum, der bis zum Deckenrand gefüllt ist mit Begegnungen, Erfahrungen, Enttäuschungen.

Ich sitze in der Lesestelle des Bundesbeauftragten für die Unterlagen des Staatssicherheitsdienstes der ehemaligen Deutschen Demokratischen Republik und schlage meine Akte auf.

Registriert ist sie unter Cottbus Vi/332/70, archiviert unter Cottbus 464/71. Wieviel Bekanntes wird mich überraschen?

Zuerst einmal steht da der Deckname: »Erika«. Passend für mich ausgesucht, habe ich damals doch die meiste Zeit des Tages an der Schreibmaschine gleichen Namens verbracht.

Datiert vom 18. April 1970 lese ich unter der Überschrift »Bekanntwerden der Person« aus der Kreisdienststelle des Staatssicherheitsdienstes:

»Der IMS-Kandidat mit vorläufigem Decknamen ›Erika‹ wurde im Zusammenhang der Absicherung im Bereich der Kultur (Massenkommunikationsmittel) benannt. Der Kandidat ist Redaktionsmitarbeiter der Märkischen Union. Außerdem besitzt der Kandidat enge Verbindungen zur Sekte der Baptisten und nahm auch an den Jugendstunden der Jungen Gemeinde teil. Die Perspektive des IM besteht in der Absicherung der Kreise der Baptisten und der Redaktion der Märkischen Union.«

Maßnahmen zur »Aufklärung des Kandidaten« werden festgelegt.

Eine VA-IM-Akte soll angelegt und im Referat XII registriert werden. Auch, wer auf mich angesetzt wird, ist aufgelistet. Zum Beispiel IMS »Ernst«. Er hat ein umfassendes Persönlichkeitsbild aus meiner Schulzeit an der Erweiterten Oberschule abzuliefern. Den Staatssicherheitsdienst interessieren dabei schulische Leistungen ebenso wie die politische Einstellung, die Teilnahme am gesellschaftlichen Leben, Umgangskreis, Elternhaus, Zugehörigkeit zu Religionsgemeinschaften und ihre Auswirkung auf die Schule. Weiterhin soll eine IMV »Kerstin« meine Rolle innerhalb der Jungen Gemeinde einschätzen. Ein Anlieger aus unserer Straße, Genosse B., taucht in der Akte auf. Das überrascht mich nicht. Jeder aus der Straße wusste, dass er für die Stasi arbeitete. Genosse B. hat »zur Familie des Kandidaten« zu ermitteln, zur politischen Einstellung der Eltern, zur gesellschaftlichen Arbeit im Wohngebiet, zur Aktivität in der Baptistengemeinde. Drei weitere Personen erhalten betreffende Spezialaufträge. Eine »Legende zur Aufnahme des Kontaktes« und die »Festlegung von Maßnahmen zur Durchführung eines konspirativen Gespräches« sollen ebenfalls erarbeitet werden. Vorletzter Punkt der umfangreichen Strategie: »Auf Grundlage des 1. Kontaktgespräches ist der Kontakt weiter zu festigen und auszubauen, das Vertrauen der Person zu gewinnen und Treffs in Abständen von zehn Tagen durchzuführen, um das Vertrauen und Bereitschaft zur Zusammenarbeit zu überprüfen.«

Später sollte eingeschätzt werden, »ob eine Werbung zweckmäßig und erfolgreich ist«. Verantwortlich zeichnet Feldwebel T. Ein kleines handschriftliches »erl.« hinter einigen Punkten zeigt mir, »Ernst«, »Kerstin« und andere haben ihren Auftrag termingemäß erfüllt.

Ich bin für die Linie XX vorgesehen. Was das bedeutet, will ich hinterher fragen.

Dann lese ich, was »gute Bekannte« herausgefunden und gemeldet haben. »Kerstin« schätzt die Jugendgruppe der Baptisten als »sehr abergläubisch« ein. »Die Baptisten halten sich streng an ihre Glaubensrichtung und weichen nicht von ihr ab.« Wer ist »Kerstin«? Ich versuche vergebens, es zwischen den Zeilen zu erkennen. Über mich sagt sie: »Wie auch ihre Mitbeter ist sie streng gläubig. Sie wurde von Kindheit von ihren Eltern in diesem Sinne erzogen. Die Eltern sind selbst Mitglieder der Sekte der Baptisten. Der Vater ist Genosse.« Vergeblich krame ich in meinem Gedächtnis. »Kerstin«, ein Spitzel der Jungen Gemeinde. Das schmerzt, obwohl es mich nicht wundert, dass die Junge Gemeinde bespitzelt wurde. Sie war Machthabern immer ein Dorn im Auge. Versuchte Walter Ulbricht nicht schon 1953 mit seinem geheimen Plan die »Tarnorganisation für Kriegshetze und Spionage« zu liquidieren? Damals wurden Jugendveranstaltungen der Kirche illegalen Treffs gleichgesetzt. Innenminister Willi Stoph teilte dem damaligen FDJ-Vorsitzenden Erich Honecker mit: »... daß die FDJ in ihrer Arbeit durch die sogenannte ›Junge Gemeinde‹ empfindlich gestört wird ...« Und 1958 spricht Prof. Albert Norden, Sekretär des Zentralkomitees der SED in Greifswald parteiintern aus, welche Meinung die SED zur Kirche und ihren Aktivitäten hat. Ein Pfarrer, als Gast anwesend, stenografiert es mit und veröffentlicht es 1960 im Jahrbuch der Evangelischen Kirche Deutschland. Er zitiert Prof. Norden: »Die Jugend ... haben wir zu 99 Prozent hinter uns. Sie fällt nicht mehr auf die hinterwäldlerischen Phantasien der Kirche herein ... Wo ihr seht, liebe Genossen, daß noch eine Zahl Jugendliche in die Kirche, in den Gottesdienst, ins Pfarrhaus, in den kirchlichen Unterricht geht, da ist in dieser Gemeinde etwas nicht in Ordnung. Da müßt ihr mal aufwachen und – wenn nötig – Fraktur reden. Laßt sie ihren Zauber in den Kirchen noch ein bißchen treiben! Eines Tages müssen sie von alleine aufhören, weil ihnen die Luft und das Geld ausgeht. Wenn ihnen in den nächsten Jahren die letzten alten Frauen weggestorben sind, dann können sie bloß noch die leeren Kirchenmauern anplärren. Also sollen wir uns um diese aussterbenden Museumsfiguren noch groß bemühen? Laßt sie zur Wahl gehen oder nicht, das ist uns völlig schnuppe.« Ob eigentlich immer ein Spitzel unter uns war, wenn wir uns in der Jungen Gemeinde trafen, um Antworten auf unsere Fragen zu finden?

»Kerstin« spricht in ihrem Bericht von der »Sekte der Baptisten«. Wenn je eine Sekte in der DDR existierte, dann war das die SED, die Sozialistische Einheitspartei Deutschlands. Nichts ließ sie neben sich gelten. Sie maßte sich an, den Stein der Weisen zu besitzen. Sie maßte sich an, über alles zu bestimmen und jeden zu vereinnahmen. Sie beanspruchte die totale Macht. Wer total herrschen, beherrschen will, der ist gewöhnlich auch total misstrauisch. Wer die totale Macht will, hat immer Angst, sie zu verlieren. Er sieht sich gefährdet und muss deshalb Angst verbreiten. Er kann keine Kritik ertragen, kann sich nicht in Frage stellen lassen. In Behörden, wie dem Rat des Kreises, gab es »rote Gebetsecken« mit Lenin-Ikonen und dem Manifest als Bibel. Nicht die Freikirche, die SED war eine Sekte.

»Kerstin« bezeichnet mich und meine Freunde als »fanatische Christen« und »verbohrte Kirchengänger«. Hat sie uns so erlebt? Oder will sie sich mit dieser Wortwahl lieb Kind machen bei den Mächtigen?

IMS »Ernst« hat seinen Bericht mündlich über mich eingebracht. »Ihre kirchliche Einstellung (Mitglied der Baptisten) war in der Schule bekannt und sie wurde als fanatisch eingeschätzt. So schrieb sie in ihrer Darstellung der Entwicklung, dass ihr in einer bestimmten Situation Gott erschienen sei.« Meine Selbsteinschätzung, auch sie finde ich in der Akte wieder. Schön säuberlich für die Schule geschrieben. Beim Staatssicherheitsdienst ist sie gelandet. Ich suche nach der Stelle, wo ich geschrieben haben soll, dass mir Gott erschienen ist und lese: »... die Lehre von Marx ist sehr logisch aufgebaut. Doch mein Erleben mit Gott kann ich nicht leugnen ...«

Ob alle diese Schülerarbeiten weitergereicht worden sind? Oder nur ausgewählte? »Ernst« berichtet: »An einer gesellschaftlichen Tätigkeit an der Schule beteiligte sie sich nicht. Es ist aber auch nicht bekannt, daß sie während der Zeit als Schülerin versucht hätte, andere für die Sektentätigkeit zu gewinnen. Bekannt ist, daß sie die Jugendabende der Jungen Gemeinde der evangelischen Kirche sowie auch Gottesdienste der evangelischen Kirche besucht. In der letzten Zeit ist ein verstärktes Interesse der Person an der EOS bzw. an einzelnen Schülern zu verspüren. Es kam bereits mehrmals vor, daß sie sich die Genehmigung holte, um im Unterricht zu hospitieren. Anläßlich der konstituierenden Kreistagssitzung ist aufgefallen, daß sie einer Schülerin einen Zettel zusteckte. Durch den Direktor wurde dieser von der Schülerin verlangt, die diesen dann auch zeigte. Auf dem Zettel stand, daß die betreffende Person diese Schülerin zum nächsten Jugendabend der Sekte einlud.« Durch den

Direktor sei diesbezüglich eine Eingabe gemacht worden an den Genossen B. Dieser habe mit der Person eine Aussprache durchgeführt. Am 27. April habe der Schuldirektor eine Antwort über die durchgeführte Aussprache erhalten.

Ich hätte es wissen müssen. Auch der kleine aus dem Steno-Block herausgerissene Zettel, den ich damals Kornelia zugesteckt habe, ist beim Staatssicherheitsdienst angekommen. Hat dieser Zettel die innere Sicherheit des Arbeiter-und-Bauern-Staates gefährdet?

Ich sei in der Aussprache darauf hingewiesen worden, dass ich nicht das Recht besitze, in Ausübung meines Amtes als redaktioneller Mitarbeiter der »Union«, Werbung für die Sekte der Baptisten zu machen. Wörtlich: »Sie wurde darauf aufmerksam gemacht, daß sie sich nicht in die Angelegenheiten des Staates sowie der gesellschaftlichen Organe einzumischen hat ... Im Wiederholungsfalle wurde ihr eine Strafe in der Richtung einer Ablösung als Red. Mitarbeiter bei der ›Union‹ angedroht.«

Wenn das alles nicht so traurig wäre, es wäre einfach nur zum Lachen. Und beim Weiterlesen muß ich dann wirklich über die Spitzelarbeit des Ministeriums für Satire lachen. »Ernst« behauptet allen Ernstes von meinem Vater: »Der ist Genosse der SED. Zu Hause hat er jedoch nichts zu sagen, sondern dort muß er tun, was die Frau sagt. Es ist anzunehmen, daß auch er Mitglied der Sekte ist.« Zu meiner Person stellt »Ernst« fest: »Einen Umgangskreis hatte sie nicht in der Schule. Sie hatte zu keinem der Schüler ein besonders festes Verhältnis. Sie verkehrt mit solchen Jugendlichen, die ebenfalls der Sekte angehören, namentlich sind diese jedoch nicht bekannt.«

Mein Magen streikt. Mir kommt die Galle hoch. Dabei habe ich Glück. Die meisten Zuträger beurteilen mich wohlwollend. In einem Ermittlungsbericht der Kreisdienststelle datiert vom 12. Mai 1970 lese ich, dass meine Einstellung zum Staat von »der Quelle« als positiv eingeschätzt wird. »Sie tritt zumindest so in Erscheinung«, heißt es vorsichtig. Meine Arbeit als Kreisredakteurin wird als »sehr rührig« eingeschätzt. »Sie zeigt eine hohe Einsatzbereitschaft und ist stets bestrebt, so viel wie möglich in ihrer Presse zu berichten. Ihre Einstellung zur Arbeit ist sehr gut. Sie ist sehr viel unterwegs.«

»Die Quelle« – wer ist das? Ein weiteres Blatt klärt mich auf. Bei der »Quelle« handelt es sich um die damalige Kaderleiterin der Textilingenieur-Schule. Hatte ich je mit ihr zu tun?

Beinahe schmeichelt es mir zu lesen, wie wohlwollend sich diese Frau über mich äußert. Mit dieser Beurteilung könnte ich mich jederzeit überall bewerben. Als aufgeschlossen und patent kennzeichnet mich Genosse B. aus dem Nachbarhaus. Er hebt meine gesellschaftliche Arbeit hervor, informiert den Staatssicherheitsdienst aber auch darüber, dass ich im Wohngebiet »aktiv zur Werbung für die Sekte der Baptisten« beitrage. Er habe mich beobachtet, als ich mich mit Kindern in der Straße unterhielt. Solche Beobachtungen habe er schon öfter gemacht. Unsere Familie sei streng gläubig. »Besonders die Mutter wird als verbohrte Kirchengängerin eingeschätzt. Sie ist es auch, die die Kinder in diesem Glauben erzogen hat.« Von meinem Vater weiß Genosse B. zu sagen: »Im Wohngebiet leistet er keine gesellschaftliche Arbeit. Zu Staatsfeiertagen hängt er auch keine Fahne raus.«

B. informiert, ich habe Theologie studieren wollen, um anschließend eine Tätigkeit in der Sekte aufzunehmen. Ich sei aber von den entsprechenden Stellen abgelehnt worden. Da irrte er. Ich wollte nie Theologie studieren. Psychologie wollte ich studieren. Aber wer kann das alles schon immer auseinander halten? Und außerdem habe ich dann ja Journalistik studiert.

Manches ist eben einfach nur lustig in dieser Akte, wie der Vermerk vom 24. Juni 1970: An jenem Tag war ich per Anhalter vom Dienst nach Hause gefahren und dabei an einen hauptamtlichen Mitarbeiter der Staatssicherheit geraten. Ausgerechnet er nahm mich mit. Wir plauderten über meine Arbeit, wie viel Spaß sie mir mache und dass ich ab September in Leipzig studieren würde. Oberleutnant Sch. vermerkte hinterher stolz: »Durch geschickte Fragestellungen meinerseits entwickelte sich ein sehr lockeres Gespräch allgemeiner Art.«

Diesen Satz muss man sich einfach auf der Zunge zergehen lassen.

Datiert vom 29. August 1970 meldet sich der 1. Sekretär der FDJ-Kreisleitung in der Kreisdienststelle der Staatssicherheit zu Wort. Zwar hätte ich »ein gutes Allgemeinwissen«, mein Umgangskreis lasse jedoch zu wünschen übrig. Er habe gesehen, wie ich mit Jugendlichen nachts singend durch die Stadt gezogen sei. Über die Gruppe könne er keine Angaben machen. Von einer anderen Begegnung mit mir konnte er detailliert berichten. Feldwebel T. notiert aus dem Ausspracheberich: »Zum 6. Pioniertreffen fuhr die Person am 8. August 1970 mit dem Sonderzug der Pioniere mit in die Bezirkshauptstadt zum zentralen Treffen.« Genosse L. habe sie darauf aufmerksam gemacht, dass auch sie ein Blauhemd tragen sollte wie die anderen. »Darauf antwortete sie, es sei einzig und allein ihre Sache, was sie anzieht, und außerdem fährt sie nicht als Teilnehmer, sondern als Reporter mit. Diese Äußerung machte sie in einem Ton, als ob sie etwas Besonderes darstellt.«

Der damalige Leiter der Bezirksredaktion, in der ich arbeite, hebt vor der Stasi-Bezirksverwaltung Cottbus, Abteilung XX, meine »überdurchschnittlichen Leistungen« hervor und singt ein Loblied auf meine Tugenden. Es könnte wie Honig herunterlaufen. Und doch bleibt da bei aller Süße ein bitterer Nachgeschmack. Die Beurteilungen wurden vorgenommen, ohne dass ich je davon erfuhr.

Erst heute ist es soweit. Fünfundzwanzig Jahre später.

Ende 1970 ist die Kreisdienststelle von meiner Loyalität und nötigen Verschwiegenheit überzeugt. Ich soll mich einreihen in die Front vieler Hunderttausender Augen und Ohren. Vierzehn Jahre später wird Mielke diese IM-Front als »Hauptwaffe im Kampf gegen den Feind« bezeichnen.

Einem Werbegespräch mit mir steht nun nichts mehr im Wege.

Nur wo soll die Kontaktaufnahme zum VA-IM »Erika« erfolgen?

»Auf der Grundlage der bisherigen Ermittlungstätigkeit über den VA-IM ergeben sich im Arbeits- sowie im Freizeitbereich wenig Möglichkeiten für eine Kontaktaufnahme zum VA-IM«, heißt es. Weder in der Arbeitsstelle noch im Wohngebiet sei es möglich. Ich soll in das Volkspolizeikreisamt bestellt werden. Leutnant B. legt fest: »Beim Kontaktgespräch wird dabei nicht konkret auf die Perspektive der Tätigkeit und Ausnutzung im Rahmen der Religionsgemeinschaft der Baptisten eingegangen. Grundlage des Kontaktgespräches bilden die Aufgaben des Ministeriums für

Staatssicherheit bei der Sicherung und Festigung unserer Republik, wobei der vorbeugenden Tätigkeit zur Verhinderung von Feindtätigkeiten eine große Rolle und Bedeutung zukommt. In dieser großen Aufgabe unseres Organs benötigt das MfS die Unterstützung und Hilfe der gesamten Bevölkerung. Dem VA-IM wird dargelegt, daß wir der Meinung sind, daß sie auf Grund ihrer Tätigkeit als Redakteur sehr große Möglichkeiten zur Aufklärung von Feindtätigkeit und bestimmter Erscheinungsformen besitzt. Dieses Problem wird auch am Beispiel der durchgeführten Kreiskulturkonferenz abgehandelt, an welcher sie teilgenommen hat. Hierbei soll erreicht werden, daß sie offen über die ihr dabei bekannt gewordenen Probleme und Hinweise spricht und ein gutes Familienverhältnis zum Mitarbeiter entstehen kann. Nach der Zustimmung zur Führung weiterer Gespräche und der Unterstützung unseres Organs wird eine allgemeine Schweigepflicht abgenommen und eine weitere Zusammenkunft im Treffzimmer der Kreisdienststelle vereinbart.«

Vom Kontaktgespräch am 25. März 1971 heißt es:

»Am heutigen Tage erfolgte im Treffzimmer der KD in der Zeit von 14 bis 15 Uhr ein Kontaktgespräch mit oben genanntem VA-IM. Der VA-IM erschien pünktlich zu diesem Treff. Es zeigte sich dabei, dass der VA-IM solche Vorstellungen hatte, daß seitens unseres Organs Hinweise gegeben werden, die für die journalistische Tätigkeit ausgenutzt werden können. Seitens des Mitarbeiters wurde dargelegt, dass wir nicht daran interessiert sind, dass unsere Probleme in der Öffentlichkeit behandelt werden, und daß wir in der Zusammenarbeit solche Vorstellungen haben, daß bestimmte Probleme und Erscheinungen sowie Feststellungen seitens der V. uns mitgeteilt werden. Sie brachte daraufhin zum Ausdruck, daß sie eine derartige Zusammenarbeit ablehnt, da sie auf der einen Seite ihre Gedanken sowieso in der ›Märkischen Union‹ äußert und wir diese dort lesen können. Auf der anderen Seite verfüge sie nicht über die Zeit, um sich mit uns über solche Probleme zu unterhalten, da sie alle Zeit benötigt, um ihren redaktionellen Aufgaben gerecht zu werden ...«

Leutnant B. befindet außerdem: »Die Erkenntnis, dass eine Zusammenarbeit mit unserem Organ für die Erhaltung des Friedens sowie für die Entwicklung unseres sozialistischen Staates erforderlich und notwendig ist, war bei ihr nicht vorhanden und sie nahm in dieser Hinsicht keine Einsicht.«

Schließlich werde ich »kategorisiert«: »Sie wird als eine Person eingeschätzt, bei welcher vereinzelte operative Merkmale vorhanden sind, die sich besonders auf ihre Tätigkeit innerhalb der Religionsgemeinschaft der Baptisten beziehen. Aus diesem Grunde wird die Person in dieser Tätigkeit unter eine operative Kontrolle gestellt.«

Datiert vom 22. April 1971 heißt es zusammenfassend: »Durch den VA-IM wurde im Rahmen der Kontakttätigkeit eine Zusammenarbeit mit unserem Organ konsequent abgelehnt. Aus diesem Grunde erfolgt die Ablage der VA-IM.«

Ich klappe die Akte zu.

Die Vergangenheit lässt sich nicht so einfach zuklappen. Die Mitarbeiterin der Behörde gibt mir meinen Personalausweis zurück: »Soll die Suche nach weiteren Akten eingeleitet werden? Es ist möglich, dass noch einiges gefunden wird. Es gibt Hinweise aus den 80er Jahren.«

Ich schüttele den Kopf.

Klar wüsste ich gern, wie das damals in den 80er Jahren mit dem Gerichtsbericht und der Bildzeitung wirklich war und was sie herausgefunden haben. Auch wüsste ich gern, was L. aus unseren Gemeindeveranstaltungen und Gesprächen im Freundeskreis für mitteilenswert hielt. Dass er ein IM war, weiß ich. Doch will ich wirklich mehr wissen? Es ist nicht leicht, die Gespenster der Vergangenheit zu bändigen. Ich habe sie gerufen. Sie haben meine Narben aufgerissen. Jetzt will ich es gut sein lassen.